引领孩子健康成长

——寄宿制幼儿园的教育实践与探索

章伟君 著

ZHEJIANG UNIVERSITY PRESS
浙江大学出版社

目　录

绪　论

　　20 世纪 40 年代,宋庆龄在上海创办了第一所全托幼儿园,寄宿制教育这一特殊的教育形式开始为国人熟悉并逐渐发展起来,在我国当前的学前教育领域呈现出较快的发展势头。在全国各地,特别是上海、北京等一线城市,以及江浙等发达省份,寄宿制幼儿园以其良好的硬件设施、优质的师资、小班化的教学,以及富有特色的办园理念,得到了社会和家长的认可,寄宿制幼儿园在园孩子的人数也呈现出较大幅度的增长态势。

　　儿童早期教育机构价值的发挥是建立在儿童家庭教育基础之上的,幼教机构良好的教育对于最大限度地发展儿童的潜力有着重要的作用。当下,寄宿制幼儿园之所以能为家长接受,除了相对优越的教育环境和办学条件外,更多地是来自家长的现实需求和对寄宿制教育形式的认同。有研究者曾对寄宿制幼儿园的家长进行了调查,结果表明有 75% 的家长对寄宿制教育持肯定态度。家长们认为寄宿制幼儿园的主要好处在于:(1)能培养孩子的独立自主精神;(2)能使孩子得到全面发展;(3)能减轻家长的教育负担。[①]

　　首先,寄宿制幼儿园的出现满足了当前一部分家长事业发展的客观需求。孩子正在上幼儿园的家长,正值个人事业重要的打拼期,激烈的竞争使得年轻的父母不得不按照工作需要安排自己的生活节奏,加班加点、学习充电、外出培训成为生活的主要内容,他们无法按照孩子的生活和教育节奏来安排自己的时间。特别是一些都市白领,他们有一定的经济能力,也很希望孩子接受良好的教育,所以当他们因事业需要而无暇顾及孩子时,教育条件良好的寄宿制幼儿园便会成为他们的选择。

　　其次,培养幼儿独立自主能力是幼儿教育的一项重要任务,寄宿制幼儿园在这方面具有不少优势。寄宿制幼儿园设施更为完善,餐饮设施、寝室设施、盥洗设施的设计都围绕儿童独立生活而设计;寄宿制幼儿园对幼儿的生活保教工

---

① 　侯昆仑.贫困地区乡镇寄宿制幼儿园的调查和思考[J].陕西教育,2008(2):123.

作十分重视,不但配有专门的生活老师,而且围绕幼儿一天生活的各个环节都设有严格的保教制度;在寄宿制幼儿园里,幼儿的早起床、早漱洗、早餐、午餐、午睡、晚餐、晚漱洗、晚就寝等内容都要独立完成,不但生活有规律,而且没有人可以依赖,避免了在家庭中大人的过多包办,使孩子在独立自主能力方面有了更多的锻炼和学习机会。①

寄宿制幼儿园的出现满足了社会发展需要和部分家长对幼教的需求,现有的研究也表明,在寄宿制幼儿园中,儿童的独立自主能力的确可以得到较好的发展。② 但对寄宿制幼儿教育,教育学家、心理学家们仍是褒贬不一。在西方,由于受心理学家鲍尔比"依恋理论"的影响,"最好的托幼机构不如一位最好的母亲"的观点颇有市场。对于儿童来说,家庭对其发展具有其他教育环境不可替代的作用,寄宿制幼儿园在某种程度上使得儿童与家庭"隔离",是对其重要社会环境的"客观剥夺"。有些心理学家认为,让读幼儿园的低龄儿童离开亲人,在寄宿制学校过集体生活,这种"母爱剥夺"对幼儿身心发展极为不利,也有悖于早期教育的基本规律,因为这一时期亲人的关爱与互动是儿童获得安全感的重要条件。英国精神分析学家 J.鲍尔毕的研究发现,在教养院和孤儿院长大的儿童,经常表现出各种各样的情绪障碍问题,如不能与别人建立亲密持久的人际关系等,在经历短期正常家庭生活后被迫与亲人长期分离的儿童也有类似的心理症状。③

对那些刚入园的幼小孩子来说,脱离家庭熟悉的环境,一下子开始过陌生的集体生活,由于陌生的环境、一群不认识的同样茫然的小伙伴、完全不一样的生活节奏,他们难免产生分离焦虑和思念家人的情绪。虽说有幼儿园教师和保育人员的安抚,但教师资源有限,不可能充分照顾每一位学生。尤其是到黄昏、临睡前、早起这些时间段,幼儿情绪波动就会特别明显:有的站在教师面前哭闹;有的会焦虑不安地来回走动;有的会茫然无助地望着窗外;有的含着眼泪躲在一边偷偷地哭;甚至还会出现暴力行为;孩子们内心承受着巨大的焦虑。④ 孩子的这种负面情绪如果得不到及时疏导,就会影响儿童心理的健康发展和性格形成。因此,在看到寄宿制幼儿园在培养儿童方面存在优势的同时,我们也的

---

① 曹勤.寄宿制幼儿园培养幼儿独立生活能力的优势[J].幼儿教育,2000(4):15.

② 徐丽丽,李文霞,钱志超.幼儿园寄宿生与非寄宿生社会适应能力及社交焦虑研究[J].牡丹江师范学院学报(哲学社会科学版),2012(4):130-132.

③ 刘焱,潘月娟.《幼儿园教育环境质量评价量表》的特点、结构和信效度检验[J].学前教育研究,2008(6):60-64.

④ 姚捷如.寄宿制幼儿园好心情日历教育课程的实践研究[J].上海教育科研,2005(4):49-51.

确不能忽略这种特殊的集体教育方式所存在的客观问题。作为幼儿教育工作者,我们应该对此抱有比较清醒的认识,怎样办好寄宿制幼儿园、促进孩子健康发展,需要我们进一步探索和总结。

温岭市是浙江省台州市所辖的县级市,在改革开放进程中,温岭人发奋图强,经济发展迅速,温岭成为"全国农村综合实力百强县(市)""中国明星县(市)""全国农民收入先进县市"。经济的发展吸引了大量创业人才的流入,与此同时也扩大了社会对教育的需求。1993年,温岭市中心幼儿园作为唯一的一所公立寄宿制幼儿园诞生于温岭市城区,它由温岭籍台胞江道生先生捐资,市政府斥资百万美元兴建。园区占地面积10500m²,建筑面积8050m²,户外场地5133m²;幼儿园环境整洁、优美,享有"花园式幼儿园"的美誉。幼儿园以创建"健康学园、和谐乐园、文化艺园"为特征的"精品智慧型品质园"为目标,设施设备、人员安排均立足幼儿发展需求,按照省一级幼儿园标准配备。作为温岭市最早的一所省级示范性幼儿园,温岭市中心幼儿园在发展历程中始终坚持走高品位、内涵式发展道路,认真贯彻执行《幼儿园工作规程》(以下简称《规程》)、《幼儿园教育指导纲要》(以下简称《纲要》)、《3—6岁儿童学习与发展指南》(以下简称《指南》)精神,秉承"宁静致远,追求完美"的园训,坚持"让每个孩子健康成长,和谐发展"的办园理念和"一切为了孩子"的办园宗旨,积极开展"感恩教育""快乐阅读"等特色活动,全力搭建内容丰富、形式多样的活动平台,努力培养一批"健康活泼有自信,好奇探究乐表达,友好交往善合作,诚实勇敢有责任"的孩子,打造一支结构合理、素质全面、特长鲜明、风格各异的现代型保教团队,成就一所品质化"精品智慧型"省一级幼儿园。

在二十余年的办园历程中,我们对寄宿制幼儿园的认识和理解有一个逐渐发展的过程,伴随着办园过程中困惑与难题的解决,我们对寄宿制幼儿园有了更为深入的认识。既然社会有需求,寄宿制幼儿园就有其存在的必要性。一所幼儿园办得好不好,办学形式不是最根本的决定因素。有人认为寄宿制学校封闭式管理方式可以促进孩子的独立自主能力的发展,使得如今娇生惯养的孩子在一定程度上能更加自立。这其实是对寄宿制办学优势的片面认识,封闭式的校园生活只是为孩子独立能力的发展提供了条件和可能性,要把这种可能性转化为孩子现实的发展,需要幼儿园在管理理念及激励措施上进行积极的探索。在非寄宿制的幼儿园,只要教育措施恰当,也同样可以很好地培养孩子的独立能力。

同样,我们也不必对寄宿制幼儿园的一些问题过于担忧。孩子和亲人的分离,是会产生一些问题。但如果幼儿园能根据寄宿幼儿身心发展的特点,注重营造良好的教育氛围,在一日的生活教育内容设计上能结合寄宿幼儿的特点和

需求，在晨间、晚间等一些关键时间段，通过有益的活动设计、人文化的管理让孩子有良好的情绪情感体验，绝大多数孩子都能顺利地适应寄宿制幼儿园的生活。如果幼儿园能在丰富的活动中将社会、家庭和幼儿园教育紧密结合，使之与日间教育全面融为一体，互为补充，寄宿幼儿身心同样可以健康发展。①

基于这样的认识，我们在办园过程以"引导孩子健康成长"为理念，努力探索寄宿制幼儿园的发展之路，并在实践中形成了具有我园特色的"TRAIN"管理法。"TRAIN"即"教育、培养"，"TRAIN"管理法的特色主要体现为以下几点。

T：Talk，对话，包括沟通、谈话、交流。良好的师幼互动是寄宿制幼儿园开展教育的基础，也是营造寄宿孩子健康成长教育氛围的必要条件。对话不但是和孩子主动谈话、沟通，还包含教师对孩子的倾听与接纳。温岭市中心幼儿园的教师在一日活动中，会利用各种契机与孩子开展适宜的对话交流，比如通过晨间谈话、生活活动、集体教学活动、游戏、绘本阅读、晚间活动等一日活动中的任何环节和孩子展开积极的互动，了解孩子们的身心发展情况，和孩子一起分享生活的体验，进而形成彼此尊重、信任的师幼关系。

R：Relaxation，放松。寄宿的孩子在幼儿园要健康、快乐，就要消除远离亲人后的紧张感和焦虑感。孩子只有在放松、自由的心态下，才会更活泼、更自信。我们的教师充分尊重孩子的自主性，并且在孩子们的一日活动中，利用寄宿制幼儿园现有的办学资源，创造性地搭建各种自主平台，让孩子在放松、自由的状态下，毫无压力地畅享七彩童年。在温岭市中心幼儿园的自主活动、区域活动、餐后的自主阅读活动中，我们可以随处看到孩子们快乐的笑脸。

A：Action，行动。要想办一所有教育情怀的"精品智慧型品质园"，让孩子在寄宿制幼儿园也能畅享童年，获得更好的成长和发展，我们唯一的途径就是不断地行动与改变。我园教师主动开展实践反思、保教互动、课例研究等多种园本教研方式，全面提高职业素养。我们全园上下还依托课程改革，全员行动，在保障基础性课程实施的同时，引领孩子走进感恩教育、户外体锻、绘本阅读等特色园本课程及活动，让我们幼儿园的孩子们活动有律，全面发展。

I：Interest，兴趣。我们的行动以孩子的发展为根，以孩子的需要为基，以孩子的兴趣为本。多元活动平台、多彩园本课程、各类开放型活动的创设，充分调动了孩子的积极性，这些新鲜、新颖、欢乐的活动不但满足了孩子的兴趣，愉悦了他们的情趣，培养了他们的特长，也使得寄宿制幼儿园的生活更为丰富多彩。

---

① 贾玉珍.寄宿制幼儿园早、日、晚间教育活动的设计与组织[J].天津市教科院学报，2007(2)：71-72.

N：Nutrition，营养，包含孩子生理发展、心理发展所需要的营养。作为一所高品质的寄宿制幼儿园，我们注重通过均衡膳食供给、培养健康生活习惯、积极进行户外体锻，努力促进孩子的身体健康；良好的师幼互动、快乐的阅读分享、多样的嬉戏活动则有助于孩子们的心理健康。

表1就是温岭市中心幼儿园一日活动的安排表，从中可以发现该园在实施"TRAIN"管理法上对良好师生互动、多样自主活动、健康生活方式的重视。

表1　温岭市中心幼儿园一日活动时间表

6:40—7:50	起床等生活活动、晨间锻炼、自由活动
07:50—08:00	晨间谈话
08:00—09:05	户外活动（区域活动）
09:05—09:45	自主活动、生活活动、教学活动
09:45—10:50	生活活动、自主点心、区域活动（户外）
10:50—11:35	午餐
11:35—12:00	餐后阅读活动
12:00—14:20	午睡
14:20—15:05	起床、点心、自主活动
15:05—16:30	游戏（教学活动、户外活动、区域活动、生活活动）
16:30—17:20	生活活动（餐前活动、进餐、餐后休息）
17:20—18:00	晚间散步或区域活动（可自主）
18:00—19:30	晚间游戏、自主活动、盥洗
19:30以后	就寝

二十多年来，我与幼儿园共生共存，既见证了它的发展历程，又享受着它几十年的发展成果。如今的温岭市中心幼儿园已经走上了集团化办园之路，拥有2个园区、38个班级，其中本部17个班级，开元分园21个班级。园内师资力量雄厚，教师大专及以上学历达100%，本科率达70%；拥有省、地、市级教坛新秀6人；地级名师1名；市级名园长1人；市级名师3人；温岭市骨干教师16人；台州市幼教新星1人；温岭市幼教新星3人；浙江省幼儿教师职业大赛二等奖获得者1人；地、市级大比武获得者8人；地、市级优质课荣誉获得者近20余人；教师在各级各类评比中获300多项奖项；论文、课题成果有400余篇在各级、各类评比中获奖。

温岭市中心幼儿园的育人成果得到了家长和社会的广泛认可，获得了浙江

省一级幼儿园、省体育示范幼儿园、省绿色幼儿园等荣誉称号。家长对我们这所寄宿制幼儿园也高度信任，每年幼儿园报名都呈现供不应求的局面。作为一名在寄宿制幼儿园工作二十多年的幼教管理者，我想提醒家长的是，当你计划将孩子送到寄宿制幼儿园的时候，首先要比较客观地评估自己孩子的身心发展特点，看自己的孩子性格、社会适应能力是否适合过寄宿制的校园生活。其次，要注意在平常的家庭生活中循序渐进地培养孩子的自理能力和独立意识，一般而言，家庭生活中独立能力较好的孩子，更适应寄宿制幼儿园的生活，融入快，不良情绪反应也相对较少。再次，要尊重孩子的意愿，提高孩子的心理适应性。我们曾对一届的幼儿家长做过调查，发现幼儿家长对寄宿制教育的确存在着一些模糊的认识。在幼儿园开放日，很多有意向入园的家长带孩子来参观我们幼儿园，当我们问及"您家的孩子愿意上寄宿制幼儿园吗"，90％的家长都说愿意。但当我们进一步问"那您有没有和孩子介绍过寄宿制幼儿园的特殊性"的时候，绝大多数家长都摇头否认。很多孩子在参观完幼儿园后，当父母亲问起"你愿不愿意到这所幼儿园上学"时，孩子们可能会很愿意，但他们并没有真正理解寄宿制幼儿园的生活可能对他们造成的影响，这种愿意是基于孩子对幼儿园表象的理解，也就是说，很多孩子在进入寄宿制幼儿园前，对未来生活是没有任何心理准备的。最后，要家园合力，关注孩子的情感需求。当孩子经过入园初期的分离焦虑后，大多会慢慢适应寄宿制幼儿园的生活，这时他们内心对家人的思念、渴望出去看看、希望和家人在一起等心理需求往往被成人忽视。因此，对于寄宿制幼儿园的家长而言，除了要关心孩子在幼儿园社会性发展和能力成长外，更应加强与幼儿园的联系，深入了解孩子的内心世界，关注孩子的情感发展需求。在幼儿园亲子活动、周末家庭生活等环节，给孩子更多情感上的交流和关爱。

　　本书的相关内容是我们对二十余年寄宿制幼儿园办学经验的总结。寄宿制幼儿园的利弊有待我们更为深入地调查研究；对于怎样办好寄宿制幼儿园，也需要我们长期的探索和总结。我们坚信，尽管寄宿制幼儿园在办学上有很多困难，但只要坚持先进的幼教理念，以优秀的幼教师资、丰富的园本特色活动为支撑，寄宿制幼儿园总会走出适合自己的特色之路。

第一章　寄宿制幼儿园的亲情教育

　　家庭是社会的基本细胞,是社会中最亲密的团体组织,而亲情就是维系这个组织的纽带,战国时期思想家韩非子说过"人之情性莫爱于父母",意思是说,父母对于子女的爱是其他任何人的爱都不能比拟的。亲情最自然、最无私、最牢不可破,是人类情感世界的瑰宝。作为一切情感的源头,亲情对人的影响力是巨大的。

　　在人的成长过程中,亲情伴随始终,并深深影响着人的发展。尤其是处于幼儿期的孩子,最能发现和感受亲情,也最能在浓浓的亲情中得到情感的满足,获得愉悦和安全感;从长远发展来看,融洽、和谐的亲情关系也对他们以后良好人际关系的构建和健康情感的形成起着非常重要的作用。人类学家莫里斯曾明确指出,从婴儿期到青春期的每一个阶段,如果要让子女顺利度过、安然成长,父母和子女都应该有相应形式的亲热,包括身体接触与爱抚。[①] 对于年幼的学前儿童而言,从进入寄宿制幼儿园那天开始,就意味着要与家庭分离,亲子之间亲密接触的机会也将大大减少,这对儿童发展是极为不利的。

　　在瑞士进行的一项研究表明,婴儿越早接受高品质的托儿服务,则他们在 6～12 年后上小学或中学时的认知、情感、社会性发展会越好。[②] 寄宿制幼儿园中的儿童是否能在情感上获得好的发展,取决于托儿机构环境因素的质量。因此,全托机构要重视孩子良好情绪的培养,要努力创设宽松快乐的环境,同时要加强亲情教育,让幼儿体验家庭的温暖,为孩子一生的可持续发展营造一个相对完整的教育环境。

---

　　① 陈帼眉.学前儿童发展与教育评价手册[M].北京:北京师范大学出版社,1994:562-563.

　　② 贾玉珍.寄宿制幼儿园早、日、晚间教育活动的设计与组织[J].天津市教科院学报,2007(2):71-72.

第一节 寄宿幼儿在园的情感发展现状

对于一个年幼的孩子来说,从受家人万般宠爱的家庭,一下子到了一个陌生的、封闭的教育环境中,其在心理上的失落、无助、焦虑是必然的,家长和教师应该重视孩子的各种情绪、情感反应,并做出相应的调整策略。

一、寄宿幼儿同样渴望亲情关爱

温岭市中心园是一所寄宿和日托兼容的幼儿园,其中寄宿的幼儿近500人,他们在幼儿园一住就是十二天,过着与父母和外界完全隔绝的日子。在这十二天里,大多孩子会非常想念自己的爸爸妈妈,翘首以待父母来园接回的日子。每到寄宿的第二周,如果我们细心观察,总能看到这样的现象:大班的有些孩子在自主活动时会掐着手指与小伙伴算计着回家的日子;中班的有些孩子缠着老师喋喋不休地说着"老师,明天就可以回家了吗";而小班的孩子则会不知所措、自言自语地说着"老师,叫我的爸爸妈妈早点来接我"。尤其是到了日托孩子离园、晚上就寝、早上早起这些敏感时段,孩子们这种依恋情绪表现得特别明显。可是在寄宿制幼儿园中,孩子们的这种依恋和情感需求却无法及时得到满足,此时有些孩子们就难免会有一些猜想:爸爸妈妈是不是不要自己了?久而久之,孩子可能会产生对家长的不信任,回家时就会变得沉默寡言,不像以前那样和家长亲近。我们在与个别家长的访谈中得知,有些孩子连晚上做梦也会表现出分离焦虑,如有些孩子会在睡梦中喊:妈妈,我不去幼儿园!在我们的办园历程中,这样的情况是很常见的现象。下面的案例就是寄宿孩子当中的一些真实的小故事。

案例1 由于爸爸妈妈工作忙,宣宣这个学期从日托班转到我们班寄宿,在入学了解时,据他父母和日托班老师说,宣宣是一个比较活泼可爱的孩子,很逗人。但一个星期下来,我们发现宣宣的动作比较慢,总是慢吞吞、心不在焉;宣宣本人变得沉默寡言,也不和小朋友玩,经常一个人发呆,原来的活泼劲儿不见了。老师们就经常坐下来和这孩子聊天,问他为什么总是一个人发呆。宣宣可怜巴巴、焦虑地告诉我们,说怕自己以后再也见不到爸爸妈妈了。寄宿半个月后,我们发现宣宣由于入园方式的改变,缺失了安全感,对周围的人和事产生了不信任,还产生了焦虑情绪。看到这种情况,我就跟他妈妈沟通,叫他妈妈空余时间到幼儿园来看看孩子,跟孩子说说话,周末回家多跟孩子一起玩、一起学习,用亲情感染孩子,让孩子知道爸爸妈妈最爱他，打消他的顾虑……

案例2　最近发现依依每次上幼儿园都要哭闹，而且搂着爸爸的脖子死活都不肯放手，嘴里还会大叫着"爸爸早点来接我，爸爸早点来接我"。有一天，老师让孩子们画"我的爸爸"，看见依依的画纸上黑乎乎的一大片，隐约可以看出黑乎乎的下面是一个变形了的人物。老师就问："依依，怎么不好好画？"孩子看了老师一眼，低下头默不作声。老师继续说："看，你都把爸爸画成啥样了，爸爸会不高兴的哦。"没想到她抬起头气呼呼地说："哼！反正爸爸不要我了，我也不要爸爸。"老师被孩子的这句话吓了一跳，她为什么会产生这样的念头呢？后来经过了解才知道，她的爸爸妈妈做皮革生意，平时都很忙，根本没时间陪孩子。依依两周一次回家也都是跟爷爷奶奶在一起。孩子一次次渴望与父母的相处，得到的却是一次次的失望，亲情的缺失渐渐使依依产生了这样行为。

这是两则带班老师撰写的工作日记，从中可以反映出寄宿幼儿在情感发展方面出现的一些问题。从这两个真实的案例我们可以看出，寄宿幼儿并不是"特殊材料"的儿童，他们和其他孩子一样，同样渴望亲情的关爱。在全国这么多的寄宿制幼儿园中，这样亲情缺失的案例又有多少呢？

二、寄宿幼儿在情感发展上的常见问题

通过我们多年对连续寄宿在幼儿园的孩子的表现的观察，以及通过与老师的访谈和幼儿的交流所积累的信息，我们发现连续寄宿幼儿在情感发展上容易出现以下问题。

（一）逐渐与父母产生情感隔膜，与亲人缺乏融洽关系

很多父母说，长期寄宿的孩子回家后与父母不大亲热了，以前总是叽叽喳喳围着大人转的小不点儿，现在变得沉默了，老是独自一个人玩，也不和大家多交流。父母的心开始觉得空荡荡的，孩子以前那份缠人的感觉到哪儿去了呢？本来想着孩子周末回家，可以享受一下难得的天伦之乐，家里有了孩子，会更热闹一些。可是，有些寄宿孩子回家后，更多的是对父母长辈的冷淡和沉默，没有了小孩的天真与活泼。

（二）容易产生对父母亲的不信任，缺乏亲情安全感

童年时期的孩子们最需要安全感，安全感来自于父母的悉心照顾和陪伴，寄宿幼儿由于十二天不与父母接触，对父母接他回家产生了深深的期盼，对亲

情产生了极大的渴望,而这份期盼与渴望总不能及时地得到满足,渐渐地孩子对这份亲情产生了怀疑,内心感到不踏实、不安稳。一些孩子在入园时,会哭着对妈妈提出早点来接自己、明天就来接等要求。明明妈妈答应了,可是到时间了,妈妈还是没有出现,这时,孩子难免产生父母不喜欢自己了,才把自己放在幼儿园寄宿而不来接自己的想法。长此以往,孩子容易对长辈产生不信任,导致亲情安全感慢慢地丧失。

(三)情感压抑,孤僻易怒,社会交往能力受到抑制

寄宿制学校为了保证安全,在连续的寄宿生活中,孩子的生活和活动空间封闭而且固定,活动范围相对狭小(仅限于幼儿园),社会互动对象固定,缺少与父母、亲友、社会上其他人的沟通交流。再加上有时候幼儿又不把幼儿园里的老师当成贴心朋友,孩子在情绪、情感上的需求找不到倾诉和求助的对象,对亲情的渴求无法得到满足,这样长期压抑的亲情渴求容易导致一些孩子沉默孤僻,不太愿意和他人交流,有些孩子甚至会出现损坏物体、与人打闹以发泄自己的情绪的行为。这种消极的交往方式如果成为孩子在寄宿制幼儿园的常态,将直接影响孩子社交能力的提高,甚至会影响其性格发展。

(四)缺乏对家人的感恩之心,反哺观念淡薄

由于长期寄宿客观上剥夺了孩子们感受家庭温馨的机会和时间,幼儿家庭观念淡薄,家庭在他们幼小的心灵中缺乏完整的体验。孩子在内心深处对父母把自己孤零零地放在幼儿园有不满情绪,只知道父母赚钱让自己上幼儿园学本领,体会不了这也是父母根据家庭实际情况、经过慎重选择后对孩子关爱的一种方式,更体验不到这是亲情之爱。当孩子认为父母就是为了挣钱而不管自己,看不到父母为了其接受良好教育而做出的努力和付出,也不能很好理解父母的难处,亲情便会慢慢地淡漠,孩子的感恩之情将逐渐淡薄。

(五)自信心减弱,性格比较怯懦

幼儿在家庭中是大家关爱的中心,其一举一动都会受到大家的关注,他们是家里的"小太阳",有时可能会比较顽劣,但在家中表现得很自信。到了完全封闭的寄宿制幼儿园,孩子失去了父母和其他长辈的呵护和照顾,幼小的他们一下子被搁在了一个集体当中,面对陌生的环境和陌生的人群,以往依赖的人群不见了,心理上容易产生"自己什么都不行"的不良认知,导致孩子经常会做出躲着、藏着、掖着的动作,显得比较怯弱。孩子不但不自信,情感上还比较敏感,教师在教育时,稍不注意就会使幼儿表现出很委屈的情感反应。

第二节　寄宿制幼儿园加强亲情教育的策略

从寄宿孩子情感发展现状看,家庭缺位和亲情失落是孩子情感问题产生的重要原因。幼儿园若不采用适当的策略去改善这种情况,就有可能影响孩子性格的形成和亲情的健康发展,严重的还会影响孩子对周边人、事、物的看法,也可能会影响其成年后婚姻和家庭的组建。寄宿制幼儿园教师必须正视家庭隔离对幼儿造成的影响,通过创设家庭式的生活环境和氛围、开展合理开放的教育活动、密切家园合作等方式加强亲情教育,弥补幼儿发展过程中的情感缺欠,培养"完整"、健康的儿童。

一、改变接送模式,缩短在园寄宿时间

与亲人在一起,充分感受亲人的关心和呵护,体验家庭的温暖亲情,这是每一个孩子心中天生就有的期盼。温岭市中心幼儿园原来实施的是半个月接送一次的接送模式,在十几天里,孩子们一直与老师、同伴在一起,从我们的切身体验来说,时间的确太长了,这么小的孩子长时间见不到亲人,会严重阻碍孩子的亲情体验。

与亲人能经常见面、互动是亲情培养的必要条件,对寄宿制幼儿园的管理而言,接送时间的调整是加强亲情培养的有效途径。于是我们尝试缩短孩子在园时间,改变每十二天接送的模式,实施每周接送,周一来园,周五回家,让孩子们能有更多的时间享受家的温暖。我们在接送模式改变前,首先对家长开展了正确的育儿指导,大力宣传家庭、社会、幼儿园三结合的教育效应,着重强调孩子的健康成长离不开良好的家庭教育,并邀请省特级教师王芳园长就孩子的"亲情、健全人格的发展"对家长进行了讲座指导,将优秀的家教经验与家长分享。让一些因为工作忙而没有时间带孩子、有空余时间也不想带孩子的家长,逐渐改变思想意识,树立自己的孩子就一定得亲自教养的观念。通过宣传与教育,大部分家长慢慢地理解并认可了我们对接送时间的改变。接送方式改变后,经过一段时间的实践,我们针对亲情教育的关注点设计相关问卷,组织寄宿家长参与问卷调查活动,通过分析了解改变接送时间对幼儿亲情培养的推动效果。

接送模式改变后的家长问卷调查

一、幼儿园将两周接送改成一周接送后,孩子回家的情绪表现为:

　　1.比以前快乐(　　)　　2.和以前一样(　　)　　3.比以前不快乐(　　)

二、采用这种接送方式后,你和孩子的交流有增加吗? 情感更加融洽吗?

  1.有(　)   2.无(　)   3.一样(　)

三、你觉得这种接送方式有利于孩子的亲情培养吗?

  1.有利于(　)   2.不利于(　)

四、每周接送后孩子和家人更亲近吗?

  1.是(　)   2.不是(　)

五、请您记录和孩子相处时让您感动的几则小故事。

六、您用什么办法增进与孩子的沟通。

七、您觉得亲情培养对孩子一生的成长或良好性格的形成重要吗? 为什么?

八、采用这种接送方式后你孩子最大的改变是什么?

  通过对家长问卷调查结果的分析,结合家长访谈,我们发现:改变接送时间后,孩子们回家后比以前快乐,他们与父母的交流在增加,亲子情感也更融洽了。父母还告诉老师:采用这种接送方式后,孩子最大的变化就是变得喜欢上幼儿园,人也开朗多了,还会喋喋不休地告诉父母:我在幼儿园住四夜就可以回来了,我有两个家,一个是自己的家、一个是幼儿园,真好! 有些家长还在调查问卷上表示,自己的孩子比以前会关心家人,比以前听话,知道星期五妈妈就可以来接自己了,孩子脸上总是流露出灿烂的笑容和一份甜甜的爱意,而孩子以前老问:妈妈,你什么时候来接我? 总是一副焦虑不安的样子。

  与教师交流访谈中,大家纷纷说道:孩子所需要的父爱、母爱别人无法给予,因此家长角色无人能够替代,哪怕是最优秀的老师。缩短寄宿时间后,父母就有更长的时间陪孩子,这对培养孩子的健全人格很重要;孩子们参与一日各个环节的活动更加主动积极,并且也乐于与同伴交往,孩子们情绪更加愉悦,攻击性行为也减少了;孩子们的分离焦虑有所减轻,来园哭闹现象明显减少,安全感、自信心和亲情感都在提升;改变寄宿时间后,孩子们更喜欢上幼儿园了;亲子关系得到改善后,孩子的口语表达能力也得到了进一步的提高……

  可见,缩短寄宿时间有助于满足孩子们对亲情的渴望,有利于促进孩子健康亲情的发展;增进了孩子与父母之间的沟通和交流,使孩子在家庭中得到了更多的快乐和亲情;不但能让家庭洋溢着温暖与幸福,也为寄宿制幼儿园的相关育人工作奠定了很好的基础。

二、开展多元亲子活动,密切亲子关系

  幼儿园和家庭都担负着亲情教育的重任,亲情教育不是幼儿园或家庭单方

面就能独立完成的。所以，以家园互动的形式来开展亲情教育有着重要的现实需要和意义，家园互动开展幼儿亲情教育，有利于教育的连贯性、实效性、互助性、一致性。[①]我们幼儿园的亲子活动就是家园互动开展亲情教育的一种尝试。亲子活动指孩子和自己父母在幼儿园中一起参加的有意义的活动，在这种活动中孩子和父母互动密切，家庭团体味儿特浓。亲子活动往往洋溢着亲情，洋溢着温暖，孩子在亲子活动中能充分感受到父母的帮助与关心，感受到家的幸福。孩子从小就特别喜欢和父母一起活动，渴望得到父母的安抚、触摸。工作繁忙的父母亲能到幼儿园来，陪伴自己，一起参加活动，是很多孩子内心的期盼。牵着父母的手，让幼儿园的同伴们认识自己的父母，是孩子感受亲情最好的方式。对于寄宿制的孩子而言，满足他们内心的需要是亲情培养的最好途径。在寄宿制幼儿园相关活动的安排上，我们有计划地设计并组织开展各项亲子活动，如亲子手工活动、体锻游戏活动、亲情生日会、亲子联谊活动、家长开放日等，既在时间上为寄宿孩子创造与父母一起活动的机会，又极大地丰富了亲子联系的内容，还帮助孩子和父母在互动中体验亲情、加深情感。

（一）亲子手工活动

亲子手工活动指父母与孩子共同参与讨论，一起构思、制作的手工活动。这种活动既能提高孩子的动手能力、审美能力，又能促进亲子之间的沟通和交流，密切亲子关系。为了完成好手工，一家人共同讨论，在讨论中思维不断地碰撞，又在碰撞中不断地理解、接纳对方的想法，亲子间的个性和共性都得到了融合和张扬。每个学期我们都会组织亲子手工活动，每次活动父母和孩子都积极参与，现场气氛相当热烈。如图1-1中看似简单的粘贴活动，其实也是在亲子间讨论、交流、合作的过程中完成的，照片中展现的是孩子开心地贴、父母开心地帮忙的画面，就在这样看似简单的一来二去的过程中，亲情得到了巩固和升华。

孩子们看着父母为自己的活动忙前忙后，感激之情虽不会用语言表达，但是内心的情愫却是自然产生。我记得中二班禾禾小朋友特别喜欢帆船，亲子活动时就决定制作帆船。前一天，他的父亲就与他一起买卡纸，找螺丝，还一起将制作步骤画下来。第二天，一家人带着材料与工具来到幼儿园，小家伙看着示意图有板有眼地制作了起来，而父亲在旁边指导着，母亲在旁边拍摄，多么亲密的一家人啊！虽然是幼儿园的一个小活动，但是全家总动员，小家伙乐着呢！

---

① 陈恺.家园互动有效开展幼儿亲情教育[J].商情：科学教育家，2018(1)：241-242.

图 1-1

(二)亲子趣味游戏活动

幼儿园亲子趣味游戏活动,既能锻炼孩子某一方面能力,又能突出家庭的团队力量,让孩子体验亲子活动的乐趣,体验父母的关爱。在孩子寄宿期间,我们定期开展亲子游戏活动,活动体现的不仅是一个家庭的配合与协作,更是幼儿园大家庭的活动。孩子们在父母的陪伴下往往表现得更为自信,而且亲子关系也更加密切与融洽了。为此,我们幼儿园设计了很多的活动,如"快乐爬爬爬"活动(见图 1-2)。

游戏材料:自制纸箱、糖果、面具

游戏玩法:

孩子站在起点的圆圈里(家里),爸爸妈妈站成一横排,抱着孩子一个接一个传递,孩子到达对面的家(纸箱),找到纸箱做好准备,所有幼儿到达后成一纵队把纸箱当成坦克,开过爸爸妈妈用手搭成的山洞,一直到挂着糖果的墙边,此时爸妈在孩子钻完山洞后赶紧到小树林边找到面具戴好站成一横排。孩子把糖果摘下,然后躲在纸箱里,手膝着地爬往爸妈处,把糖果喂给他们吃。孩子喂完糖果后和爸爸妈妈一起将纸箱和本班其余家庭的纸箱连成一列火车开回起点。

游戏规则:

(1)每一组全部孩子传递完后才能把纸箱当成坦克钻过山洞。

(2)火车回来时要求全班家庭一起回来。

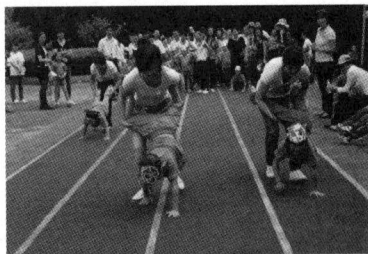

图 1-2

这样的活动多有意思,孩子们各个喜爱颜开。在活动中,大家相互协作,相互配合,父母仿佛回到了自己的童年时代,孩子们也在游戏中体验着与亲人在一起的快乐,在笑声享受着童年的美好时光。孩子的快乐笑脸无不传达着:我的爸爸妈妈最疼我,我的爸爸妈妈最棒!

(三)家长半日开放活动

家长半日开放活动指的是家长在预定的半日时间内走进孩子的生活、学习、游戏空间,与孩子、老师近距离接触,了解幼儿园半日活动,观察孩子与老师的互动情况,并与孩子一起学习、游戏、生活(见图1-3)。这个半日虽然让很多的家长牺牲了经商的机会、上班的时间,但是对孩子来说可是宝贵的半日。因为在这半日时间里,他们能与父母一起学习、生活,能有机会把自己最棒一面展现给父母,所以他们会更加自豪地抢着回答老师的问题,更加投入地表演游戏。在半日活动中,孩子们感受到了父母对自己的关注和期待,这就是关爱,就是亲情。虽然寄宿在幼儿园,但是父母可以来看自己学习,这多么令人高兴啊。这样的半日活动能让孩子们更加相信爸爸妈妈爱自己,老师爱自己,这是孩子们在半日活动中的心声。

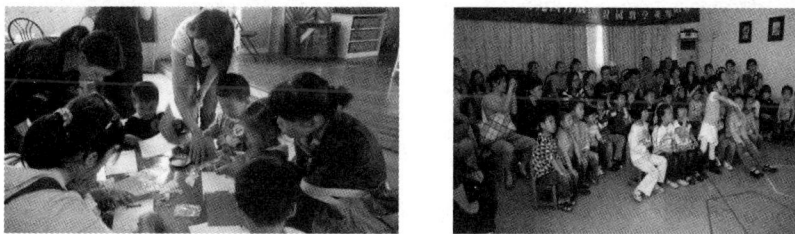

图 1-3

家长半日开放活动,帮助家长更加了解自己孩子的在园生活,结合自己看到的孩子在园的真实表现,对寄宿制幼儿园的教育教学目标及教师要求的良苦用心会更加理解,以后开展家庭教育就更具针对性,也会更加重视良好亲子关系的建立。

(四)亲子联谊一日游活动

寄宿孩子的家庭很多是事业型家庭、经商型家庭,父母长年忙碌,孩子从寄宿制幼儿园回家后,和他在一起的往往都是爷爷奶奶等长辈,身边缺少父母、小伙伴。长期下去,孩子与父母的感情会越来越淡。在家长的问卷调查中,我们发现有些家长强烈希望恢复两周接一次的寄宿模式,担心孩子回到家里没人陪

伴。另外,有的家长反映,他们也想带孩子出去玩,可是不知道怎么带。针对这样的情况,我们在思考:如何搭建平台,让这样的家庭通过幼儿园的组织,拥有更多的亲子相处机会。基于这样的思考,我们计划组织孩子开展亲子联谊一日游活动,让同班的孩子、家长一起外出郊游,实现亲子交流、家长交流、同伴交流,助推孩子的健康成长,也助推亲情的培养。于是,我们与旅行社联系,由他们组织一日郊游,并让每一次郊游富有活动意义,成为孩子们永久的亲情记忆。图 1-4 是大一班孩子与父母去玉环一日观光所拍摄的照片,孩子们玩得可开心了,家长们也觉得非常有意义。交流中有家长说:"看到自己的孩子能那么开心地融入活动,比自己赚了一大笔钱都要开心,放弃一天的生意又有什么可惜;家庭联谊活动这个平台搭得好,这是个很有意思的活动。以后,要多陪孩子出来,还是孩子重要啊。"

图 1-4

(五)亲情生日会

亲情生日会指的是由幼儿园教师与孩子们共同组织的小寿星生日聚会,邀请孩子的爸爸妈妈参加,让孩子一家和全班小朋友一起过个有意义的生日。寄宿的孩子尽管远离家庭,但是他们内心是非常希望在生日这个特殊的日子里有父母的祝福;其实父母也有一样的心理需求,平时工作忙,没时间陪伴孩子,到了孩子生日的那一天,也希望有机会和孩子一起过。于是,我们就创造条件,举行了亲情生日会活动,让孩子们和父母在幼儿园过生日,我们要让孩子们在远离家庭的时候也能感受到父母对他们的牵挂和关爱。当然,对于亲情生日会,我们要求在幼儿园与父母、小朋友一起过生日不攀比,也不搞特殊,而是通过这种方式感受和培养亲情。到孩子的生日了,爸爸妈妈会来看他们,爸爸妈妈会买来蛋糕给向他们祝贺生日,在老师、家人、小伙伴的欢笑和祝福中,孩子们能更好地体验到爸爸妈妈的关心和家的温暖。在我们幼儿园里,寄宿孩子的亲情生日会经常举办,而且老师还会和家长一起策划,亲情生日会形式多样,经常能给孩子们意外的惊喜,每当生日歌唱起,教室成为爱河,孩子在爱河里徜徉,这也成了寄宿制幼儿园的一道风景线。下面是教师亲历亲情生日会的记录,可见教师对此感慨颇深。

　　每次小朋友在幼儿园过生日,孩子们都兴奋地等待着香甜的蛋糕、甜甜的祝福,教室里洋溢着温馨与幸福。一大早,家长就为小朋友们准备了一份小礼物,他们要好好地和我们一起为他们的孩子祝贺生日。和家长一起为孩子过生日,有时候我会感到一丝丝的不自在、一份压力……

　　午睡起床后,大家就满怀欣喜地为这孩子举办生日会……他的家人就拿着相机等在旁边,非常开心地期待着生日会的开始。当听到小朋友们一个个积极地为孩子送上生日祝福时,家长的脸上浮现出一阵阵的笑意,家长的那份自豪和喜悦是那么自然和具有感染力,让我慢慢地融入到大家的一片欢笑中,从而渐渐地放松自己。小寿星也不时地瞧向父母,那份激动溢于言表。看着家长起劲地帮忙分蛋糕、不时地让其他小朋友多吃蛋糕的样子,看着小寿星拉着父母的手激动自豪的样子,我发现家长的参与其实是件好事,一份浓浓的亲情在其间流淌,让人感受到了家庭的浓浓爱意。

三、实施感恩教育活动,加强亲情联系

感恩教育是我们培养亲情的重要途径,我们认为不懂得感恩的人,既找不着亲情的根源,也不会珍惜别人对自己的情谊。我们经常可以看到以下的情形:一位年老的奶奶蹲在地上给孩子系鞋带,而孩子却心安理得,竟没有说一声"谢谢";孩子尿裤子了,老师急忙帮孩子换上干净的衣服,孩子却认为理所当然,没有任何表示;孩子的生日到了,妈妈为孩子准备了蛋糕和礼物,孩子高兴地接受着这一切,而没有想到要感谢妈妈……可见有些孩子对家长、别人给予的爱已经习以为常了,这种"感恩心的缺失"在寄宿孩子的身上更加常见。面对这样的现状,我们制订了感恩教育目标、实施计划,致力于培养小朋友的感恩心,力图让孩子在日常生活的一点一滴、一言一行中学会感恩。我们要让孩子知道,对父母点滴孝行、对他人看似微不足道的关心都是感恩,如主动问候父母,把好吃的东西留给没有下班的父母,帮助家人招待客人,与小客人分享食品、玩具、图书……

(一)集体的感恩教学活动

我们幼儿园在学期初就根据各年龄段特征制订感恩教育目标,然后根据目标制订丰富多彩的各个领域的教育教学内容。集体的感恩教学活动,是老师有目的的培养。孩子还很小,很多的思想、情感和行为都需要我们成人正确地去

引领、去培养。而集体教学活动正是一个极好的平台,生动形象的教学内容、活泼有趣的教学形式有利于培养孩子的感恩之心,升华其对家庭的感情,如以下两个案例。

案例1 今天我讲了一个关于小桃仁成长为大桃树的故事,在讲完故事后我问小朋友们:"小桃仁在长大成为大桃树的过程中,得到过谁的帮助呢?"孩子们大声地回答:"太阳的温暖,春雨的滋润,春风的鼓励。""小桃仁真幸福啊,孩子们,你现在长大了,你在成长的过程中得到过谁的帮助呢?""妈妈,爸爸。"我又问:"还有谁呢?""奶奶,爷爷。""还有吗?""……""哦,他们是怎样帮助你的?""妈妈做饭、洗衣服、打扫卫生,爷爷奶奶给我买东西吃。""他们为什么帮助你们呀?你爱他们吗?你帮过他们做过什么事情吗?"通过这个活动,孩子们更加清晰地感受到别人对自己的付出,从而会自然萌发感恩之心。在活动结束后,我们引导孩子回家给爷爷奶奶捶捶背、拿拖鞋,送上一个温馨的祝福、一个甜蜜的吻,让家人享受一份感动。

案例2 "只要妈妈露笑脸,露呀露笑脸,云中太阳齐开放……"孩子们正在学唱歌曲《只要妈妈露笑脸》,优美的旋律吸引着我和孩子们,整个活动在良好的氛围中进行着……

"有什么办法让妈妈露笑脸呢?"

"我帮妈妈干活。""亲亲妈妈。""我给妈妈捶捶背。"

"妈妈的节日就到了,我们把这首歌送给我们的妈妈吧!"

三月八日,雨梦妈妈和我说起了悄悄话,"陈老师,雨梦回家给我唱了一首歌,她说这是送我的节日礼物,我感动死了"。即便是过了两天,雨梦妈妈仍然很激动,这就是感恩教育的成效。

(二)渗透在一日生活中的感恩教育活动

感恩教育是每时每刻都需要开展的一个延续性的教育活动,尤其应渗透到幼儿的一日生活中,落实在他们的日常行为表现中。所以,我们应开展及时性、随机性的教育活动。根据寄宿孩子的一日活动特点,我们注重在日常生活和教学活动中渗透感恩教育,还经常围绕一日生活,开展情景表演、生活演练等活动,让孩子着实感受到爱与被爱,培养他们的感恩之心。就像下面的案例所描述的一样,幼儿园一日活动中时时有感恩教育的启迪,处处涌现感恩的心:

晚点心的时候,江老师把苹果一个个削好,分给孩子们。孩子拿走苹果,什么也没说。我走过去接过江老师手中的餐盘,故意装作不给的样子。孩子们对我的举动很不解,我说:"其实呀,老师在等你们的一句话呢!

刚才,江老师为你们每个小朋友做什么了?"有的孩子马上抢着说:"江老师帮我们把苹果皮削掉,还切好了。"孩子们马上明白了:"我们要说声谢谢。"我笑着说:"对了。"下午徐璐颖的水彩笔掉到地上,连欣昱马上帮她捡起来,这时徐璐颖马上说了声"谢谢"。对此,我从心里感到高兴。而当孩子们为我做了什么事时,我也会对他们说"谢谢"。有句话说得很好:感恩之心是沉睡在孩子心灵深处最美的天使。我们教师要用一颗感恩的心去叩开孩子的心扉,去唤醒这个"天使",让感谢成为习惯。到那时,我们的世界就会弥漫着爱的芳香。

(三)节日专题感恩教育活动

中国许多传统节日是开展感恩教育的好契机,譬如"三八妇女节""教师节""重阳节"等,我们紧抓这个契机开展各种类型的专题感恩教育活动。在这样的节日里,教育的氛围来自于全社会,我们和社会连接,和孩子的生活实际连接,对他们实施感恩教育,对孩子来说印象特别深刻,教育效果也特别明显。譬如"教师节"的时候,我们组织全体孩子开展"尊师爱师"活动,通过故事、图片、谈话、文娱活动等,让小朋友们更加细致地了解教师的工作,体验教师的辛苦,并引导孩子学会尊敬老师、关心老师。在这样的节日里,我们经常会看到孩子们将自制的爱心卡、自制的小红花送到老师的面前,并且还会深深地鞠一个躬,说声:"老师,你辛苦了! 谢谢老师!"这样的节日专题感恩教育对孩子来说意义巨大,影响深远。

四、建设精神家园,提供情感栖息港湾

寄宿孩子在四岁就离开父母进入幼儿园,生活、学习在班级这个陌生的大家庭里,一天二十四小时与同伴、老师相处,并持续五天。掐算时间,孩子每周与父母在一起的时间只有两天,他们更多地是和教师、同伴在一起。因此这个班级就成了孩子生活的一个新家庭。教师是"父母",同伴是"兄弟姐妹",大家就犹如一家人。虽然孩子与父母分离,但是孩子的亲情需要延续,渴望温暖的情感需要满足,此时就要靠我们教师用心给他们搭建班级环境中的亲情平台。因此我们强调建设班级精神家园,只有班级和谐、充满亲情,孩子才会在这样的环境中体验亲情,分享亲情。

首先,我们在环境建设上,要求教师注意创设温馨的班级环境,区域建设更加强调家庭

图 1-5

化,让幼儿觉得班级如家一般亲切温馨。

其次,我们努力构建积极的师幼互动、幼幼互动,充分体现人际互动亲和力。教师蹲下来与孩子说话,走进孩子的心里,给孩子生活上无微不至的关怀、学习上亲切细致的支持和帮助,使孩子在寄宿制幼儿园,在情感上充分体验到安全、愉悦。

最后,班级四位保教人员之间要和谐,步调要一致。班级四位保教人员就如家庭中的父母,之间的关系直接影响幼儿情绪、情感的健康发展。因此,我们着手班级精神家园建设,让家庭文化凸显于寄宿班级。保教人员之间的和谐相处和示范引领,让班级如家庭一样成为孩子温馨的港湾,让孩子的心灵在没有亲人陪伴的时候也能在这种充满爱意的环境中得到慰藉。

五、举办亲情一刻故事会

亲情一刻故事会,是指教师创设氛围,引导孩子讲述自己所经历的一些亲情故事,与全班小朋友一起分享,大家在分享的过程中体验亲人、同伴的爱的活动。我们每班每天召开一次这样的亲情故事会活动,并将它作为一种常态活动加以开展与实施。每天到亲情一刻故事会时间,孩子们在老师的组织下,围坐一团,将自己和父母、同伴、老师、朋友之间的感人事件,通过自己的一段话,以小故事的形式讲述出来,这既促进了小朋友的回忆、感知与情感体验,也让在座的其他小朋友得到了感染与熏陶。有些孩子在絮絮叨叨中讲述了一些看似平凡但充满亲情的故事,经过教师的点拨,孩子会猛然醒悟:原来这也是爱。每天的亲情一刻,积累和丰富了孩子的爱心。

在亲情故事讲述过程中,对不同年龄段的孩子,教师也会有意识地加以区别引导。我们引导小班的孩子说一些直白、简单、形象的故事,如"我生病了,妈妈陪我去医院看病,抱不动了还抱着我,不让我走路……宝宝喜欢妈妈,妈妈真好"。引导中大班的孩子们说一些内容更加丰富的故事,如"我长大了要当爸爸,我觉得爸爸最好了。爸爸爱我,我也爱爸爸。有一次爸爸生病了,妈妈说:你在家休息,我送亮亮上幼儿园去。爸爸说:没关系,我一定要开车送儿子上幼儿园,儿子今晚就住在幼儿园了,他会想我的。后来,爸爸真地送我上幼儿园,可是我看到爸爸身体真的很不舒服哦。长大了,我当爸爸,我也爱我的孩子"。在这样的真情叙述之下,在场的每一个人,怎会不被亲情所感动呢?

第三节 寄宿制幼儿园亲情教育的活动设计

寄宿幼儿亲情教育可以渗透在孩子一日的生活中,也可以通过集体教育教学的方式加以实施。我们发现各领域的教学涉及亲情教育的内容很多,如果加以精心设计,开展寄宿孩子的集体亲情教育活动,不失为参与率高且收效好的一种教育方式。

一、各年龄段集体亲情教育目标

寄宿制幼儿园中的集体教育教学活动,是实施亲情教育、构建特色园本课程的主渠道。我们结合幼儿相关学习领域的教学内容,进行了尝试,取得了很好的效果。下面是我们教师在开展活动后撰写的教养笔记,充分体现出孩子们的亲情在集体教学中得到了培养和加深。

> 《给妈妈的信》是一个讲述小蜗牛如何通过写信的方式让妈妈感到快乐的故事。在活动过程中,孩子们都被小蜗牛和妈妈之间温馨的画面打动,听得非常认真和专注。当然我们也有一个机会,让小朋友"画信"给妈妈,孩子们用绘画的方式给妈妈写信,表达对妈妈的爱。在创作过程中,大家都很投入,尽管没有可供参考的范例,孩子们却发挥了无限的创造力,把自己想要对妈妈做的事、说的话,都用自己的方式表达出来了。有的画"给妈妈洗头",有的画"给妈妈换鞋",有的画"给妈妈敲背",可爱的形象、稚嫩的手法却能深深地打动家长的心。活动结束后,我将孩子们的"信"装进了信封,并在信封上写上"××妈妈收",请孩子回家一起和妈妈阅读这封特殊的信,相信妈妈猜测和孩子讲述的过程会是一个很温馨的过程!

通过这样的集体教育教学活动,在教师与幼儿的互动中,在教师的点拨下,孩子们的亲情得到了升华。从"小蜗牛与妈妈"链接到"自己与妈妈",富有生活气息,感染力极强,牵动孩子的内心感受;画《给妈妈的信》,不仅是一种表现,更多涌动的是幼儿对妈妈的那份爱,那份亲人之间的爱。图1-6是大班悦悦小朋友画给妈妈的一封信,信的内容说:妈妈,我爱你,以后你老了,我会给你捶捶背的。图1-7是源源小朋友写的信,告诉妈妈:我长大了会种很多的瓜果蔬菜,每天给妈妈送去,我很爱妈妈。

图 1-6

我们就是通过这样丰富多彩、蕴含亲情的教学活动,培养和加深幼儿的亲情,给他们以感动,让他们在感动中,体验到浓浓的亲情与温暖,由此自然地萌发心中那份对亲人的爱,而不至于让亲情由于寄宿生活而消失或变异。

良好的教学效果增强了我们开展集体亲情教育活动的信心,我们围绕寄宿孩子的亲情特点与年龄特点,尝试建构了各年龄段集体亲情教育的目标。

图 1-7

（一）小班亲情教育目标

1.对家庭有一个完整的认识,能乐意向别人介绍家人。

2.喜欢和家人在一起,体验家人在自己成长过程中所给予的爱。

3.体验家庭浓浓的亲情,感受家庭的安全与温暖。

4.能用多种方式表达对家人的情感。

（二）中班亲情教育目标

1.了解父母的职业及意义,了解他们工作的辛苦。

2.知道家人对自己的爱是多种形式的,学习用各种方式表达对家人的爱。

3.能连贯地向同伴介绍自己家的环境和家人的职业。

4.体验与家人共同分享的美好情感。

（三）大班亲情教育目标

1.拓宽对家庭的认识,知道幼儿园、班级也是一个亲亲热热的大家庭,并能感受大集体的温暖与关爱。

2.能体验生活中同伴及各行各业成人对自己的关爱,感受幸福。

3.能将对亲人的爱转化为对朋友、同伴、陌生人的爱,并能升华为对集体、祖国、大自然的爱。

4.乐意用各种方式表达心中对周围人和事、对集体和祖国、对自然的爱。

二、亲情教育的活动设计

亲情教育教学活动内容涉及艺术、语言、社会、科学、健康等多个领域。我们根据每个年龄段幼儿的情感发展特征,研究并建构亲情教育脉络,制订了亲情教育各年龄段目标,并根据目标选择亲情教育教学内容,设计并开展集体亲情教育教学活动。我们希望以丰富多样的集体教学活动、鲜活的课堂教学唤醒并激发孩子的亲情。

（一）语言领域中的亲情教育活动设计

1. 小熊醒来吧（小班）

活动目标

1. 理解故事内容，学习故事中不同小动物喊小熊起床的语言。

2. 进行简单的角色扮演，能大胆模仿小动物的声音，体验游戏的乐趣。

3. 感受故事中小熊和妈妈之间的情感。

活动准备

1. 小鸟、老鼠、小狗、小熊、熊妈妈、大象等形象教具各一个；围裙一个。

2. 轻音乐。

活动过程

一、出示睡着的小熊，引出课题

这是什么时候？图片中的小熊在干吗？会有谁来叫小熊起床呢？

二、教师分段讲述，引导幼儿倾听理解故事

（一）教师讲述第一部分：从开始讲至"咚咚！咚咚！大象来了，地都震动了，小熊还睡着"。

1. 都有哪些动物来叫小熊起床？它们发出怎样的声音？（小朋友们来学一学）想吵醒小熊的小动物发出的声音由轻到响，连地都震动了。

2. 小熊有没有被叫醒？

3. 你来帮小动物想想用什么办法来吵醒小熊？

（二）教师讲述剩下的部分。

1. 熊妈妈是怎么对睡着的小熊说话的？小熊醒了没有？小熊说了什么？

我来做熊妈妈，你们来做小熊，我要来叫你们起床了哦！

老师扮熊妈妈轻轻地说：小熊醒来吧。幼儿扮小熊说：妈妈我睡得多香呀！

2. 熊妈妈说"小熊醒来吧"，声音大不大，为什么熊妈妈不用大声叫，只要轻轻地说一声"小熊醒来吧"小熊就醒了？（因为它是小熊的妈妈，每个孩子对自己妈妈的声音都是最熟悉的。）

三、完整欣赏故事

播放轻音乐，教师完整讲述故事。在讲述中，每讲到一种小动物，就出示相应的动物教具。

刚才小动物和小熊妈妈都在干什么？（叫小熊醒来吧。）那我们就把故事的名字叫作《小熊醒来吧》。

四、角色扮演游戏

这个故事真有趣,那接下来我来当小熊,你们当小动物和小熊妈妈,来叫我起床,好吗? 妈妈的声音要怎么样啊? (轻柔,温和。)

老师讲故事,讲到动物和妈妈叫小熊起床时,就引导小朋友模仿动物的语言来表演。

附录

小熊醒来吧

熊妈妈很早就起来干活了。小熊还在睡觉。鸟儿唱着歌,喊小熊起床:"嘀哩哩! 嘀哩哩!"小熊没听见。老鼠叫:"吱吱,吱吱!"小熊还是没听见。小狗喊:"汪汪,汪汪!"小熊睡得很熟,什么也听不见。

"啪嗒! 啪嗒!"是小鹿来了,小熊还睡着。

"咚咚! 咚咚!"是大象来了,地都震动了,小熊还睡着。

熊妈妈回来了,轻轻地朝他说:"小熊醒来吧!"小熊听得很清楚,说:"噢,妈妈! 我睡得多香呀!"小熊醒来了。

2. 我的爸爸(小班)

活动目标

1. 能围绕主题谈话,学会用简短的语句介绍自己的爸爸。

2. 能安静地倾听同伴的谈话,有轮流交谈的习惯。

3. 在谈话中能更深入地了解爸爸,增强关心和热爱爸爸的情感。

活动准备

1. 事先请幼儿观察自己爸爸的日常生活,了解爸爸在家做些什么事。

2. 每人带一张爸爸做事情的照片。

活动过程

一、通过提问引出谈话话题(出示爸爸照片)

这张照片是谁? 哦,是咱们班小阳的爸爸,你们都认识吗?

我们每个人都有一个爸爸,每个人的爸爸都不一样。今天请小朋友来说说你的爸爸是什么样子的,他在家里做些什么事情。

二、引导幼儿围绕"我的爸爸"自由交谈

要求幼儿拿着自己带来的照片向同伴介绍自己的爸爸。教师轮流参与,了解他们的谈话内容,引导幼儿围绕主题谈话。

三、引导幼儿集体谈"爸爸"

幼儿自由交谈后,教师请个别幼儿在集体面前谈自己的爸爸。要求围绕两个以上问题,大胆地讲出自己对爸爸的认识。教师对幼儿的谈话给予赞许和鼓励,对认真、专心听同伴讲话的幼儿,也给予鼓励。

每一个幼儿在谈话结束后,教师需要进行简单的讲评。

四、以提问来拓展谈话范围

1.你喜欢你的爸爸吗？为什么喜欢他？你愿意为你爸爸做些什么事情？

2.在幼儿谈话过程中,教师用平行谈话的方式,为幼儿提供新的谈话经验。例如,教师谈自己的爸爸:我的爸爸是老师,爸爸的工作很辛苦,每天晚上都要看书、写文章。他会说很多有趣的故事。我常和爸爸在一起整理图书,还帮爸爸做其他事情。我喜欢我的爸爸……

3.教师小结:爸爸都很爱自己的孩子,小朋友也应该关心爸爸,爱爸爸。

3. 我的爸爸妈妈（中班）

活动目标

1.理解故事内容,能说出故事中爸爸妈妈在孩子心目中的形象。

2.在故事的学习中加深亲子感情。

活动准备

1.《小朋友的书·我的家》《小朋友的书·美工》。

2.教师或幼儿与爸爸妈妈在一起的照片数张。

活动过程

一、说说你的爸爸妈妈

小朋友,请你用几句话来介绍你的爸爸妈妈。（教师示范介绍）今天有个小朋友是这样介绍她的爸爸妈妈的,请你们仔细听。

二、学习故事,理解故事所蕴含的爱

1.教师讲述故事第一段。

爸爸是怎么样的一个人？

提示:我的爸爸长得怎么样？肚皮像什么？我可以在上面做什么事？他的背可以让我做什么事？肩膀呢？"爸爸像猫头鹰一样严肃,像泰迪熊一样可爱",孩子们什么叫严肃？你的爸爸严肃吗？什么时候很严肃？什么时候很可爱？爸爸经常请谁来家里玩？"爸爸很好客",谁知道好客是什么意思？

2.讲述故事第二段。

妈妈是怎么样的一个人？

提示:妈妈像谁一样美丽？歌声、舞姿是怎么样的？妈妈有些什么本领呢？

3.讲述故事第三段。

爸爸妈妈有时候有没有不好的地方？哪里不好呢？

可是不管怎么样,他们都是我的爸爸妈妈。最主要的是我爱他们,他们爱我。

三、完整讲述故事

你爱故事里的爸爸妈妈吗？为什么？一家人永远相亲相爱多好啊！

附录

我的爸爸妈妈

我的爸爸长得很高，手臂很强壮，力气很大。他可以从月亮上跳过去，还敢跟大力士摔跤，坏蛋大野狼见了他也害怕。不过我爸爸的肚子又软又舒服，像沙发，可以在上面打滚，还可以在上面跳高。爸爸的背是小马，骑着他，我什么都不怕。坐在爸爸的肩膀上，我像巨人一样高。爸爸有时候像猫头鹰一样严肃，有时像泰迪熊一样可爱，常常逗得我哈哈大笑。我的爸爸很好客，他常常带朋友来家里玩。

我的妈妈像蝴蝶一样美丽，她的歌声像天使一样甜美，她的舞姿像仙女一样优雅。我妈妈是一个幽默大师，在我难过时，总能把我变得开开心心。她还是一个故事大王，我要听什么，她就会给我讲什么。我妈妈还是一个魔法师，会做很多好吃的菜，还会织各种漂亮的毛衣，会种各种美丽的鲜花。她总是把我们的家打扮得漂漂亮亮、舒舒服服。她欢迎小朋友来家里玩。

不过我的爸爸妈妈有时也会犯傻，做点错事；有时也会发脾气，吼起来像狮子一样凶猛；不过不管怎么样，他们都是我的爸爸妈妈。我爱我的爸爸妈妈。而且，你知道吗？爸爸妈妈也爱我，永远爱我！

4. 最好的礼物(中班)

活动目标

1. 理解故事内容，记住故事的主要情节，能复述角色的对话。

2. 知道和妈妈相亲相爱就是最好的礼物。

活动准备

1. 让幼儿了解妈妈的生日和自己的生日。

2. 图片一张。

活动过程

一、谈话引出故事

妈妈要过生日了，达尼很想送礼物给妈妈，孩子们送什么好呢？请你们帮忙想想。

我们来听故事《最好的礼物》，看看达尼最后送了什么礼物。

二、倾听故事，理解内容

故事的题目叫《最好的礼物》。

达尼在找礼物的路上遇见了哪些动物？

三、依托挂图,分段倾听故事,引导幼儿深入理解故事情节

1.达尼遇见了母鸡,他们说了些什么?

达尼是怎么问的?母鸡又是怎么回答的?最后达尼有没有要?为什么?

2.达尼遇见了绵羊,他们说了些什么?

达尼是怎么问绵羊的?谁愿意来说一说呢?

绵羊是怎么说的?那达尼是怎么回答的呢?

3.达尼遇见了老牛,他们说了些什么?

达尼遇见了老牛,老牛是怎么说的呢?达尼是怎么回答的?

4.最后,达尼遇见了谁?达尼和黑熊说了些什么?

5.达尼送给妈妈过生日的最好礼物是什么呢?妈妈为什么笑了?

四、继续围绕故事进行谈话,帮助幼儿理解故事内容

1.小动物们都不跟达尼去了,达尼为什么还要一个人去找礼物?(达尼很爱妈妈,为了找到最好的生日礼物,他不怕困难,坚持到底,最后终于达到了目的。)

2.达尼的妈妈为什么甜甜地笑了?(妈妈从达尼的亲吻中感受到了孩子对妈妈的爱。)

附录

最好的礼物

今天是妈妈的生日,达尼想送给妈妈一件礼物。

达尼动身去找,遇见一只母鸡。"早上好,母鸡。今天是妈妈过生日,我送什么礼物好呢?"母鸡说:"送一个我刚下的蛋吧!"达尼说:"谢谢,可是妈妈有鸡蛋呀!""那咱们去找找别的吧!"母鸡说。

他们一起向前走,遇见一只绵羊。达尼说:"早上好,绵羊。今天是妈妈过生日,我送什么礼物好呢?"绵羊说:"把我的毛送给妈妈织毛毯吧!"达尼说:"谢谢,可是妈妈有毛毯呀!""那咱们去找找别的吧!"绵羊说。

他们一起往前走,遇见一头老牛。达尼说:"早上好,老牛。今天是妈妈过生日,我送什么礼物好呢?"老牛说:"送点牛奶给妈妈吧!"达尼说:"谢谢,可是妈妈有牛奶呀!"老牛说:"还是去问问黑熊吧!"可是动物们都说:"不去,我们不去!"达尼只好一个人向森林里走去。

达尼遇见了黑熊,达尼说:"早上好,黑熊。今天是妈妈过生日,我送什么礼物好呢?"黑熊抱起达尼,在他耳边说了几句悄悄话。

"嗯,这个礼物好,谢谢你!"达尼说完,蹦蹦跳跳地跑回家去。

"妈妈,猜猜我要送你什么生日礼物?"达尼对妈妈说。

"鸡蛋?"妈妈说,"毛毯?牛奶?"

"不对!"

妈妈怎么也猜不着。

突然,达尼亲热地搂着妈妈的脖子,把脸贴在妈妈的脸上,这就是他送给妈妈的生日礼物。妈妈甜甜地笑了。

5. 对换节(大班)

活动目标

1. 理解故事,感受故事幽默、风趣的情节内容。

2. 在学习故事过程中体会到爸爸妈妈的辛苦,知道要当一个不让爸爸妈妈辛苦的宝宝。

3. 萌发要多学本领才能当好爸爸妈妈的想法。

活动准备

图片数张。

活动过程

一、猜测故事题目,引发兴趣与思考

你知道一年中有哪些节日? 你喜欢过哪些节? 有没有听说过对换节? 对换节是什么意思呢? 可能会怎么过呢? 我们一起来听故事《对换节》。

二、学习故事,初步了解故事内容

1. 教师示范讲述故事一遍,提问:对换节里谁和谁对换? 爸爸妈妈要干吗去? 小朋友呢? 当上了爸爸妈妈的小朋友们有什么想法?

我们继续来听故事,不过要仔细听,待会儿分享一下:对换节里发生了什么事情。

2. 教师第二次讲述,边讲述边插问:公共汽车上,当上了爸爸妈妈的小朋友们都在说些什么? 幼儿园里,当上了小朋友们的爸爸妈妈们在做些什么? 有什么感受呢? 小朋友们今天过得怎么样? 有什么糟糕的事情发生?

你觉得这是一个什么样的节日?

三、小组讨论,找出故事中有趣的内容

你们认为故事哪些地方十分有趣? 为什么?

对换节结束了,小朋友们在想什么?

四、拓展人物的深层含义

小朋友当爸爸妈妈容易吗?(感受爸爸妈妈的辛苦,感知爸爸妈妈的本领)那怎么样才能当好爸爸妈妈呢?

教育幼儿从小要认真做好每一件事,感谢父母为自己付出的辛劳。

附录

对换节

你知道对换节吗？对换节这天，大人和小孩要对换一下，爸爸妈妈上幼儿园，小朋友得去接替爸爸妈妈的工作。

早上，当当当当，六点钟，对换节正式开始！平常爱睡懒觉的孩子都早早起来了，因为他们已经变成"大人"了。爸爸妈妈，不，今天他们是"娃娃"，还睡在被窝里，得给他们冲麦乳精，煮鸡蛋，还得帮他们穿衣服……麻烦事儿还真不少。一个叫乔利的男孩，还打了爸爸的屁股，因为爸爸太调皮，乔利费了好大劲才给他穿上衣服。把爸爸妈妈都送到幼儿园之后，小朋友就去上班了，公共汽车上可热闹啦，小朋友都在说早上碰到的事。一个叫果果的女孩说："我妈妈非要我抱着她上幼儿园。"小朋友说："她有腿，应该自己走。"乔利说："爸爸不听话，我还打他的屁股呢。"小朋友都批评他："打屁股可不对。"乔利"哇"的一声哭了："爸爸每天都打我的，我打他一下都不行？"然而，在幼儿园里，那些爸爸妈妈真是快活极了，他们拿着小碗、小勺吃过早点，就坐在小椅子上，听"老师"讲故事。这个老师也是一个小女孩。小老师还带着爸爸妈妈去院子里滑滑梯，骑木马，玩"老鹰捉小鸡"的游戏，玩啊，玩啊，大家把自己的年龄都忘记了。

乔利的爸爸还特意跑到镜子前照了照，看看自己的胡子还在。玩啊，玩啊，以前吵过嘴的、见面不讲话的大人们，全都和好啦。瞧，他们正手拉手，一起唱"小兔子乖乖"的歌呢！让我们再去看看小朋友们，他们今天过得怎么样？

哇！这天，整个城市全乱套了。马路上，几万辆车子挤在一起，喇叭哇哇叫，可是一步也不能动；自来水管漏水了，弄得一条街像一条河；餐厅里炒糊了八万多盆菜；邮局的信全都送错了人家；一艘准备发射到月亮上去的飞船，被小朋友按错了电钮，飞到太阳上去了……

你可别以为小朋友们在捣乱，他们在忙，全都忙得满头大汗，忙呀忙，小朋友才知道自己的本领实在是太小了，大家都说："我们真应该好好学习，大人可真不好当啊！"忙着，忙着，他们想到爸爸妈妈，他们每天上班，工作可真辛苦呀！果果说："从明天起，我要帮助妈妈洗碗。"乔利说："我再也不惹爸爸生气了。"

当当当当，晚上的钟声响了，对换节结束了，这真是一个有趣的节日。乔利回到家，跟爸爸换回来了，爸爸还是爸爸，乔利还是儿子。乔利不好意思地对爸爸说："爸爸，早上我真不该打你的屁股，还疼吗？"爸爸一把抱住乔利，亲亲他说："我的好儿子，以后爸爸再也不打你了。"

6. 七彩虾（大班）

活动目标

1. 理解故事内容,感受小青鱼关心虾公公的美好情感。

2. 能大胆地用动作、语言表现对老人的尊敬之情。

活动准备

1. 图片、故事磁带。

2. 绘画纸和油画棒人手一份。

活动过程

一、猜谜引出故事

出示谜面:一座七彩桥,白云上面架,平时不见面,雨后才见它。

谜底是什么? 你见过彩虹吗? 有什么感受?

有没有见过七彩虾? 我们今天就来听一个七彩虾的故事。

二、学习故事,感受小青鱼关心虾公公的善良行为

教师讲述故事一遍:故事的名字叫什么? 故事里讲了些什么?

教师第二次讲述故事:虾公公躺在小青鱼的背上,看到了什么? 怎么说的? 小青鱼怎么回答的?

小青鱼看到虾公公伤心的样子,心里怎么想? 它又是怎么做的呢?

三、形成尊敬老人的思想

围绕小青鱼的爱心行为讨论:你认为小青鱼这样做好吗? 好在哪里?

听配乐故事,进一步理解故事情节,感受小青鱼尊敬老人、助人为乐的高尚品质。

附录

七彩虾

虾公公已经很老很老了,他游不动了,只能躺在河底。

一天,下了一场很大很大的雷雨。雨停的时候,小青鱼来找虾公公:"虾公公,我背您到河面上去玩玩吧!"

虾公公很舒服地躺在小青鱼的背上。他又看见了蓝蓝的天,绿绿的草。

"那是什么?"虾公公惊叫起来,"哦,一条好大好大的虾呀,还是七彩的呢!"

"嘻,您老眼花了。"小青鱼乐了,"那是彩虹。不过,长得还真有点像您。"

"不,就是虾!"虾公公的犟脾气上来了,"我还想和他聊聊天呢。"虾公公甩开小青鱼独自往前游,慌得小青鱼忙上前托住他。等虾公公再抬头时,"七彩虾"已经不见了。"他也嫌我老呀。"虾公公很伤心,闷闷不乐地回到河底。

虾公公的身体更坏了,可嘴里却直念叨着"七彩虾"——那位可爱的朋友。

小青鱼好着急。他请每一位朋友帮忙找出七彩的丝线,然后,一圈圈地缠到自己的身上。嘿,小青鱼变成了七彩鱼。

小青鱼慢慢地游到虾公公身边,弯起身子和虾公公热情地打招呼。

"噢,是七彩虾!"虾公公可高兴了,"我一直想着你呢。"

"我也是。"小青鱼捏着嗓子说。

小青鱼就这么弯着身子,陪着虾公公。几天后,虾公公死了。可他很满足,因为在死前,他终于和美丽的七彩虾交上了好朋友。

(二)社会领域中的亲情教育活动设计

1. 我的好妈妈 (小班)

活动目标

1.在谈话中进一步感受到妈妈对自己的爱。

2.能用语言描述妈妈的简单特征,并能大胆介绍妈妈平时的工作。

3.能感受妈妈的辛苦,并能大胆说出关心妈妈的多种方式。

活动准备

1.事先让幼儿回家观察妈妈。

2.请幼儿带妈妈的或者全家的照片来幼儿园。

活动过程

一、谈话引题

宝宝们,你在家最爱谁? 那就请你介绍一下你最爱的妈妈。

二、在谈话中引导幼儿进一步了解妈妈

1.妈妈的长相。

你能不能向我们大家介绍一下你的妈妈呀?

请幼儿说一说:妈妈长得高还是矮,是胖还是瘦? 头发是什么样子的? 有没有戴眼镜? 说话的声音怎么样?

根据幼儿的谈话进行小结:你的妈妈真美! 你的妈妈好可爱哦! 我也好爱你的妈妈哦!

2.妈妈的工作。

(1)妈妈平时在家里都为你们干些什么事呢?

(2)你去过她上班的地方吗? 妈妈都做些什么?

(3)你觉得妈妈辛苦吗? 你是从哪里看出来的呀?

教师小结:妈妈又要工作又要照顾宝宝,真的很辛苦哦!

三、引发孩子表述爱妈妈的多种方式

妈妈既要工作又要做很多的家务事,非常辛苦,那咱们宝宝应该怎么做呢?

我们应该学会关心妈妈,那宝宝怎么做才能关心妈妈呢?

引导幼儿认识到帮助妈妈做一些力所能及的事情,如帮妈妈拿拖鞋、请妈妈喝水、听妈妈的话、不让妈妈生气等。

四、课后延伸

请幼儿仔细观察妈妈每天都为自己做了些什么,可以讲给爸爸听,请他帮忙记录下来。

2. 全家福(小班)

活动目标

1. 观察照片中人物的外表特征,能分辨出每个人在家庭中的角色。

2. 感受家庭中的亲情,萌发幼儿爱家庭、爱父母、尊敬长辈的情感。

活动准备

一张全家福画像;幼儿的全家福;照相机;投影仪。

活动过程

一、出示画像,引发幼儿兴趣

这是欢欢一家人的合影,这样的照片我们叫它为全家福哦。

二、引导幼儿观察,了解"全家福"的含义

1. 照片中谁的年纪最大? 他们在哪? 爷爷奶奶长得怎么样?

小结:爷爷奶奶的年纪最大,头发都变白了,脸上都有皱纹了,爷爷胡子白了,奶奶的牙齿都掉了,硬的东西都咬不动了。

2. 哪一个是爸爸? 哪一个是妈妈呢?

3. 为什么爷爷奶奶坐在椅子上,爸爸妈妈站着?

4. 还有一个小不点是谁,他在哪儿呢?

5. 这张照片上的每个人的表情是怎么样的? 为什么呢?(一家人在一起真幸福,大家很开心。)

三、请幼儿介绍自己的全家福

你们家有没有这样的一张全家福? 请你介绍一下你们家的家庭成员吧!

1. 请个别幼儿在集体前介绍。

2. 请幼儿向同伴介绍自己的全家福。

四、布置"全家福"专栏,引导幼儿张贴自己家的全家福

五、师生一起合拍"全家福"

小结:我们小班,老师就像你的爸爸、妈妈,你们就像老师的宝宝。我们在

一起就像是一个大家庭。让我们一起来拍一张"全家福"吧!

3. 爸爸的故事（中班）

设计意图

职业对孩子来说既熟悉又陌生,因为在平时的生活中他们可能听说过也可能看到过各行各业的人们,但他们对此所积累的经验大多是零碎的、感性的。本活动主要借助于《爸爸的故事》、各行各业的图片及工作内容、爸爸妈妈的职业及工作内容来帮助幼儿了解不同行业的职业特点,并在活动中引导幼儿开展口语表述、动作表现等活动,培养幼儿乐说、敢说、大胆地说的能力。

活动目标

1. 在倾听《爸爸的故事》中产生了解不同行业的愿望,知道部分行业的职业特点。

2. 能用自己喜欢的方式向同伴介绍父母的职业,培养表述、表现能力。

3. 能自然萌发尊敬成人劳动、关心成人的情感。

活动准备

各行各业的图片;爸爸手指的图片。

活动过程

一、倾听《爸爸的故事》,了解警察行业的特点,产生了解不同行业的愿望

今天,我们这里来了一位爸爸,他可神气、可能干了,你猜这位能干的爸爸是干什么的呢?（出示手偶）

这位能干的爸爸到底是干什么的? 我们一起来听有关爸爸的故事就明白了!（师讲述）

现在你知道这位爸爸是干什么的了吗?

交通警察在上班的时候都做些什么事情呢?

要是没有了交通警察,大街上有可能会发生什么事?

二、认识各行各业人们的职业及特点

1. 这位爸爸很能干,我们生活中还有很多很能干的爸爸妈妈呢! 今天呀,章老师就带来了这些爸爸妈妈上班时的图片,请小朋友们仔细看一看,想一想这些爸爸妈妈的工作是什么? 他们上班时都做些什么事情? 然后请你介绍给大家。

你看到的爸爸妈妈是做什么工作的? 他们上班时都做些什么事情?

我们生活中有在各行各业辛苦工作的爸爸妈妈们,他们给我们的生活提供了很多的方便。

2. 情境表演,联系职业解决生活问题。

哎呀,我的肚子忽然疼了起来,我该请谁帮忙解决呢? 医生他会怎么帮助

我？请你们用动作表示出来……

三、介绍爸爸妈妈的职业及特点

1.你的爸爸妈妈是干什么的？在上班时都做些什么事情？请你和旁边的小朋友互相介绍一下。

2.谁愿意上来向大家介绍自己爸爸妈妈的工作呢？

3.幼儿介绍，教师做适当的提升。

四、课后延伸

还有很多的小朋友都想向大家介绍他们爸爸妈妈的工作，没关系，休息一会儿，我们小朋友还可以继续介绍。不过，有些小朋友如果对爸爸妈妈上班做什么事情还不大清楚，今天回家我们就可以去问问爸爸妈妈，还可以到他们工作的地方去参观一下呢！

附录

哎哟，哎哟，我的肚子忽然疼了起来，我该请谁帮忙解决呢？医生会怎么帮助我呢？请你们赶快来当个医生，站在位置上用动作表现出来吧！哦，医生给我打了一针，给我吃了药，我现在感觉舒服多了，谢谢医生！

天气越来越热，我的头发长长的，好痒，好难受啊！哎呀，小朋友们，快帮我想一想我该请谁来帮忙啊？理发师会怎么帮助我？请你们扮演一名小小理发师，站在位置上做一做理发师的动作（师配合）。哦，理发师帮我洗了个头，理了个发，我现在轻松多了，谢谢小小理发师，你们辛苦了！

中二班小朋友们，我一早就来到了你们幼儿园，早饭都还没吃呢，现在肚子饿得呱呱叫，我现在该请谁帮忙呢？现在就请你们来扮演厨师帮一帮我吧！炒小菜，炒小菜，炒好小菜开饭啰！啊呜啊呜吃得欢！谢谢小厨师们。

不得了，不得了，大灰狼每天晚上要来抓章老师，可我没有房子住，要请谁帮忙才能造出房子呢？你们快帮我造一下房子吧！快救救我！

昨天晚上风呼呼地刮着，大街上满是树叶，满是废纸，看上去又脏又乱，怎么办哪？请谁帮忙？你会表演他们的动作吗？哎哟，大街上干净多了，路上的行人也多了，看着这么漂亮的街道，大家开心极了。

4.父母生日会（中班）

活动目标

1.能记住父母的生日，并能及时送上自己的生日祝福。

2.愿意陪伴父母并想给他们创办一个特别的生日会，表达爱父母的情感。

活动准备

1.录像：本班一名幼儿过生日时，其父母为他所做的一些事情。

2. 了解并记住自己父母的生日。

3. 人手一张红色纸,剪刀。

活动过程

一、由自己的生日会体会父母的爱意

爸爸妈妈每年会怎样给你过生日? 他们为你做了些什么事情?

我们一起来看看小东的生日录像,看看他的爸爸妈妈是怎么给他过生日的。

教师小结:爸爸妈妈永远记得孩子的生日,每当孩子生日的时候,他们就会给孩子过一个非常有意义的生日。

二、了解父母的生日

爸爸妈妈的生日你们记得吗? 记得爸爸妈妈生日的小朋友请举起手。哦,老师要为这些小朋友点一个赞,你们太棒了,都记得爸爸妈妈的生日,说明你们是有个有爱心的小孩子哦!

爸爸妈妈是怎么过生日的? 爸爸妈妈过生日的时候,你都为爸爸妈妈做过什么事情呢?

如果你们都没有给爸爸妈妈过过生日,那你现在打算给爸爸妈妈过个怎么样的生日呢?

请幼儿讲述自己的想法,并共同推荐出几种较好的方法。

三、给爸爸妈妈过生日

今天,我们就试试给爸爸妈妈过个生日,好吗?

拿出大蛋糕,认一认上面的字,为爸爸妈妈插蜡烛,唱生日歌。

爸爸妈妈过生日时,吹了蜡烛后,你们想对爸爸妈妈说一句什么祝福的话呢?(每个孩子轮流说。)

你们生日的时候爸爸妈妈送你们礼物,那爸爸妈妈生日的时候我们也应该送爸爸妈妈礼物,对吗? 那现在请小朋友一起为爸爸妈妈做一张生日爱心卡吧。

四、幼儿自制爱心卡

5. 今天我来做家务(大班)

活动目标

1. 知道要做一些力所能及的事情,愿意为爸爸妈妈分担家事。

2. 有初步整理衣服、玩具、书本等的意识。

活动准备

兔子头饰若干。

活动过程

一、娃娃家情境表演

教师带头饰扮兔姐姐,幼儿扮小兔,一起在草地上边念儿歌,边做小兔动作。

(小白兔,蹦蹦跳,跳到草地吃青草。)

下雨了,小兔们跑回家,走到家门口,兔姐姐带领小兔们敲门:"妈妈,我们回来了?"推门进去,"妈妈去哪了?"小兔们走进家门,看到玩具、衣服、书本乱糟糟地堆在家里。咦,妈妈呢? 妈妈不在家,她会去什么地方呢?(启发幼儿猜猜妈妈有可能去的地方)这么长的时间了,妈妈怎么还不回来? 哎,妈妈不在家,家里很乱,我们该怎么办呢?

(引发整理的想法)兔姐姐和你们一起帮助妈妈整理好吗?

二、在兔姐姐的引导和帮助下,学习整理玩具、衣服、图书等

怎么整理好呢?(东西一样的放在一起。)平时妈妈都放在哪个位置呢?(教师扮演兔姐姐自言自语,引发幼儿思考。)

衣服要不要叠一下? 弟弟妹妹们,谁会叠衣服啊? 我们一起来叠一叠吧。(扮演兔姐姐的教师和孩子们一起叠衣服,并且做好示范。)

玩具怎么整理呢? 它的家在哪儿? 我们一起来送他们回家吧!

图书放哪儿?

(在情境表演中师幼一起学习整理东西,帮助孩子树立整理意识。)

三、接受妈妈的表扬,感受劳动的喜悦

妈妈回来了。(请配班老师扮兔妈妈)兔妈妈:哎,这是谁整理的? 小兔宝宝,你们把家整理得真干净呀,你们真是能干的好孩子! 妈妈刚才去看生了病的奶奶,还来不及整理这个家,谢谢孩子们为我分担了家务事!

(三)科学领域中的亲情教育活动设计

1. 亲亲一家子(小班)

活动目标

1. 能通过视觉、听觉、触觉等多感官感知、理解糖果数量。

2. 在活动中感知小熊一家的亲情,并能迁移经验体验自己一家的幸福。

活动准备

1. 小熊玩具大、中、小各一;糖果若干。

2. 数字卡片;塑料罐。

活动过程

一、区别大中小,辨别小熊家庭角色

出示小熊一家子:瞧这一家子,他们是谁啊?区分大中小,认出爸爸、妈妈和小熊。

幼儿与小熊一家子打招呼:熊爸爸、熊妈妈、熊宝宝好!

二、多通道参与感知糖果数量

熊宝宝一家真是欢乐一家子。熊妈妈爱宝宝,她要请熊宝宝吃糖了,她给了小熊几块糖呢?请你们用眼睛看,耳朵听,到底有几颗?

第一遍:眼睛看,耳朵听,教师将两颗糖放入塑料罐。请孩子们数一数有几颗。

第二遍:眼睛闭上,引导幼儿用耳朵听。教师将两颗糖依次放入塑料罐,引导幼儿听声音。教师:小朋友你听到了放糖的声音,有几颗?睁开眼睛数一数,到底有多少颗呢?

第三遍:教师将四颗糖一起放入每组桌上的塑料罐,请幼儿闭着眼睛摸糖。

熊妈妈请小朋友吃糖了,请你们先用手摸摸是几颗糖?

请幼儿将摸到的糖果数量用数字卡片来表示。

第四遍:在每一组的塑料罐里放上不同量的五颗以内的糖果,请幼儿闭着眼睛摸,并大声告诉同伴摸到了几颗。

三、感受熊宝宝一家甜蜜的生活

请小朋友吃糖。教师:熊爸爸、熊妈妈、熊宝宝就这样每天开心地做游戏,一家人甜甜蜜蜜地在一起生活,好开心哦。

2. 给妈妈送礼物(小班)

活动目标

1.感知三个物体的数量,并能按大小排序。

2.哼唱《生日歌》,加深爱妈妈的情感。

活动准备

礼物;气球;糖果;彩泥蛋糕(大、中、小);当天正好是一位家长的生日。

活动过程

一、为妈妈过生日引出课题

请出生日寿星家长:今天是我们班宝宝妈妈的生日,我们应该怎么对她说呢?祝宝宝妈妈生日快乐!老师已经准备了很多的礼物要送给她哦,待会儿我们给宝宝妈妈过一个生日庆祝会。

二、给妈妈送礼物——感知三个物体数量,并按大小排序

1.送礼物(幼儿每人一份大、中、小礼物):请小朋友帮忙把自己前面的礼物拿出来,数一数一共有几个礼物。每个人都有礼物送给妈妈,请把礼物从小到大排整齐,要从哪边开始排呢?(教师用手示意,提醒从左边开始,并观察幼儿摆放特征,引导幼儿发现从小到大的排序特征。)那如果我们从大到小排呢? 你们会吗?(教师引导幼儿从大到小排序。)

2.分糖果(幼儿每人一份大、中、小糖果):孩子们,老师还准备了糖果呢! 赶紧数一数一共有几颗? 庆祝会还要发糖,请你把糖果从小到大排整齐好吗? 那从小到大你会排吗?(教师观察指导。)

3.分蛋糕(幼儿每人一份大、中、小蛋糕):把生日蛋糕摆整齐好吗?(教师请幼儿按从小到大或从大到小排,排好后说出自己是怎样排的。)

教师推出真正的蛋糕:孩子们,我们为宝宝妈妈准备了一个大蛋糕,赶快插上蜡烛一起开个庆祝会吧。

三、哼唱《生日歌》,庆祝宝宝妈妈生日

妈妈:宝宝们为我准备了那么多礼物,我好高兴呀! 我要请你们吃糖啦! 妈妈为每个孩子分糖果,一边分一边点,一边唱数。

大家一起哼唱歌曲《生日快乐》,庆祝宝宝妈妈的生日。

3. 肚子里的宝宝(中班)

活动目标

1.在看看、讲讲、听听的过程中了解胎儿生长的过程,初步了解人从哪儿来的知识。

2.在模拟游戏中感受到妈妈怀孕的辛苦,加深爱妈妈的情感。

活动准备

关于小宝宝在妈妈肚子里(从受精到逐渐长大)的图片若干;音乐磁带;录音机。

活动过程

一、看看,讲讲,初步了解宝宝出生的小秘密

小朋友,你们从哪里来的呀? 哦,是妈妈生下来的。那你们是怎么跑到妈妈的肚子里的呢? 秘密就藏在这些图片中,请你们仔细看哦。

引导幼儿看图片。

幼儿自由结伴观察图片并讲述,教师适时加入并支持引导幼儿相互交流。

二、以问题为线索引导幼儿深入了解宝宝出生的小秘密

1.刚才你们从图片上看到了什么呀? 小宝宝是怎么钻进妈妈的肚子里的

呢？你们有没有想知道的事情？

2.教师结合图片进行小结：爸爸和妈妈结婚后，觉得很孤单，他们想如果家里有个小宝宝那该多好啊！于是爸爸把许多叫"精子"的小种子放在妈妈的肚子里，精子在去妈妈肚子的途中遇到许多"卵子"，如果他们成为好朋友，拥抱在一起就会变成小宝宝。小宝宝就住在妈妈的肚子里一直靠妈妈提供给他的营养生活。后来宝宝实在太大了，就和妈妈说"我要出来了"，然后就变成你们了。

三、模拟游戏，感受怀孕的辛苦

让幼儿将米袋绑在腹部，进行走路、做事情等活动，体验妈妈怀孕时挺着大肚子的辛苦。

4. 我是妈妈的好帮手（大班）

活动目标

1.初步认识、了解日常用品和食品。

2.在购物过程中尝试解决简单的数量问题。

3.实现为妈妈做事的愿望。

活动准备

1.消毒物品；蔬菜等商品图片。

2.每一物品上贴上价格标签（10元以内）。

3.购物篮；自制纸币。

活动过程

一、引发游戏欲望

家里谁最辛苦？你准备怎么帮助妈妈呢？今天，我们教室里创设了一个超市，我们就来帮妈妈采购物品吧！

二、组织幼儿开展购物游戏，学习使用5元以内的人民币

1.教师介绍超市的物品和小朋友人手一份的5元人民币。

2.介绍妈妈需要的物品：消毒液等日用品和增加抵抗能力的食品。提问：妈妈为什么要买消毒用品和蔬菜食品？（家里要搞卫生、洗衣服，还要做饭，妈妈很辛苦。）

3.请小朋友讨论购物的注意点：买东西的时候要注意什么？怎么买？

4.游戏开始：幼儿开始挑选物品并进行10元内人民币加法运算，拿到的物品要加起来等于10元。

观察幼儿在挑选物品时出现的问题，启发幼儿间相互检查。了解幼儿交易情况，引导幼儿了解所选物品价格与自己拥有的钱的关系。

三、交流购买体会

说说买了什么,有什么用。相互检查所购物品总价是不是刚好 10 元。

(四)艺术领域中的亲情教育活动设计

1.鱼妈妈和鱼宝宝(小班)

活动目标

1.能用手指点画的方法进行绘画活动。

2.在绘画中感受点和面的关系并分辨大鱼和小鱼。

3.在绘画中感受鱼妈妈和鱼宝宝的亲密感情。

活动准备

1.每组红、黄、绿颜料各两盆;两块湿抹布。

2.幼儿画纸(画有大鱼和小鱼线条)。

活动过程

一、以亲密故事引题

教师:(出示鱼妈妈和小鱼的轮廓)看,这是什么? 谁是鱼妈妈? 谁是鱼宝宝? 你是怎么知道的?

是啊,鱼妈妈今天不上班,她准备带着她的宝贝小鱼去郊游,小鱼一路上好高兴啊,一个劲地说:"妈妈,我好爱你哦!"可是,鱼妈妈很想给小鱼和自己穿上漂亮的衣服。宝贝们,你们能帮忙吗?

二、尝试手指点画,给鱼妈妈和鱼宝宝穿上漂亮的衣服

(一)教师示范手指点画的方法。

教师:你们有什么好办法?

除了用涂色的方法,你还有什么好办法呢?

(二)教师示范讲解手指点画:点出有规则的鳞片,并强调换颜色时要将自己的手指在抹布上擦干净。

(三)幼儿自己尝试手指点画鱼妈妈和鱼宝宝。

1.幼儿空手练习手指点画的方法。

教师:我们把自己的手指伸出来,用手指点一点,给大鱼小鱼穿上好看的衣服好吗? 我们一边点,一边数:一点点,两点点,三点点,沾沾颜色;一点点,两点点,三点点,沾沾颜色。

2.幼儿在纸上进行手指点画,教师鼓励能力比较强的幼儿在鱼妈妈和鱼宝宝的身上点出有规则的鳞片。

3.展示幼儿的作品,让大家互相欣赏,教师给予表扬。

4.教师当鱼妈妈,幼儿扮演小鱼,在室内较空的场地上模仿小鱼游水。

2. 小象爱妈妈(小班)

活动目标

1.理解歌曲内容,能完整、连贯地演唱。

2.体验小象和妈妈之间浓浓的亲情。

3.鼓励孩子表达自己对妈妈的爱。

活动准备

大象、小象的指偶;音乐磁带。

活动过程

一、谜语引出歌曲

教师边表演边介绍谜面:鼻子长长像钩子,耳朵大大像扇子,腿儿粗粗像柱子,尾巴细细像辫子。它是谁?

教师根据幼儿的回答出示小象指偶。

二、熟悉歌词

1.教师手戴指偶,借用歌词与"小象"对话。

教师:小象,小象,你的鼻子真长呀!

小象:对呀,我的妈妈鼻子也很长。

教师:小象,小象,你最喜欢谁呀? 快说话。

小象:告诉你,我最喜欢我的好妈妈!

2.借用提问理解歌词。

小象的鼻子怎么样? 谁的鼻子跟小象一样也很长? 小象最喜欢谁?

3.配上旋律念歌词。

三、学唱歌曲

1.听录音,完整欣赏歌曲。

提问:听了这首歌,你心里是什么感觉?(很甜,很美……)

小朋友应该用什么声音演唱这首歌?(甜甜的,轻轻的……)

2.教师弹琴,让幼儿尝试跟教师一起完整学唱歌曲。

3.师幼对唱练习。

4.完整表演唱,提高幼儿学唱歌曲的兴趣。

四、鼓励幼儿说一说如何爱妈妈

1.教师戴上指偶扮演小象:小朋友,你们唱得真棒,一定是感受到了我对妈妈的爱。你们爱你们的妈妈吗?(爱)妈妈的节日就要到了,你们能为妈妈做点什么呢?(亲亲妈妈,给妈妈做礼物,帮妈妈干活……)

2.教师:小朋友,听了你们说的话,老师知道你们是最爱妈妈的。你们要回到家帮妈妈干活,为妈妈做礼物,说些甜甜的话儿,来表达对妈妈的爱哦。

附录

小象爱妈妈

1=F 3/4

石田道雄　词
团伊玖磨　曲
罗传开　译配

小　象,　小　象,你　的　鼻子　真呀　真正　长.
小　象,　小　象,你　最　喜欢　谁呀　快说　话.

对　呀,我　的　妈　妈　鼻　子　也很　长.
告　诉你,我　最　喜欢　我　的　好妈　妈.

3. 给妈妈的心愿卡(中班)

活动目标

1.愿意为妈妈制作心愿卡,积极表达自己对妈妈的爱。

2.能根据妈妈的爱好大胆构思,画出图案并制作卡片。

活动准备

卡片;画笔。

活动过程

一、出示范例,引发孩子的制作兴趣

1.出示心愿卡,引导幼儿观察卡片。

这是一张献给妈妈的心愿卡,请你仔细看看,卡片上画了什么东西? 为什么会画那么多东西?

教师告诉幼儿卡片上画的东西都是妈妈喜欢的,老师是根据妈妈的喜好才画的。

2.激发幼儿制作贺卡的兴趣。

你想不想也为妈妈制作一张特别的心愿卡?

二、分享妈妈的喜好,为制作心愿卡做准备

你的妈妈有什么特别的爱好呢? 请你和我们大家分享一下。

1.同伴之间相互讨论,互相说出自己妈妈的爱好。

2.请个别幼儿上台讲述妈妈的爱好,教师可以适当地在画板上示范方法。

三、幼儿动手制作贺卡

1.幼儿构思卡片的形状,想一下卡片的内容。

2.构好图后将卡片涂上颜色,张贴在美工区。

四、欣赏贺卡

4.母鸭带小鸭(中班)

活动目标

1.在反复欣赏歌曲的过程中,理解歌曲内容,感受音乐的性质。

2.能感受和表现小鸭子的愉快心情和有趣形象。

3.能积极大胆地参与唱唱跳跳活动,产生大胆表现的欲望。

活动准备

1.创设室内“快乐的小鸭”墙饰(表现各种游泳姿势的小鸭)。

2.创设池塘边的情境。

3.小鸭头饰人手一份;录音磁带。

活动过程

一、以鸭妈妈带小鸭的形式律动进场

鸭妈妈带着小鸭,做着简单的动作进入活动室。“瞧,这是什么地方啊？今天妈妈真高兴,我想为你们唱首好听的歌曲。”

二、欣赏歌曲,理解内容,感受性质

1.欣赏音乐第一遍。

歌曲的名字叫什么？你听到了什么？

2.第二次欣赏。

还听到了什么？听了这首歌曲,你有什么感觉？

3.第三次欣赏。

引导孩子们边听歌曲边学小鸭拍翅膀状为歌曲打节奏。

三、唱唱跳跳自主表现音乐

1.再次欣赏歌曲。

我们再来听一遍音乐,谁会哼了？想一起唱的小朋友就一起跟着录音唱起来吧(鼓励孩子们用好听的声音快乐地演唱)。

2.在欣赏中用动作表现音乐。

(1)小鸭是怎么游泳的呢？

请个别孩子上台尝试。

集体听音乐大胆尝试。

教师巡回指导,引导孩子们听音乐,并较合拍地做各种游水动作。

(2)集体听音乐再次尝试。

采用"超级变变变"的方式引导孩子们表现和其他孩子不同的游水动作。

教师用手模仿照相机,巡回指导,鼓励能力较弱的孩子大胆表现。

5.让爱住我家(大班)

活动目标

1.感受歌曲柔和、舒缓的旋律和动听的歌声,喜欢倾听这首歌曲。

2.乐意以动作、语言、歌唱的方式参与活动,体验歌曲和谐、温馨的氛围。

3.能体验家庭温馨和睦的美好氛围。

活动准备

1."全家福"照片;幼儿用书《让爱住我家》。

2.《让爱住我家》歌曲磁带;flash 片子。

3.房子;爸爸妈妈、姐姐弟弟的图片。

活动过程

一、欣赏全家福引起兴趣

播放音乐《让爱住我家》,带领幼儿欣赏"全家福"照片,引导幼儿回忆有关的经验。

照片上有谁啊?大家的表情是怎么样?说明他们的心情是怎么样的?

小结:照片上是幸福一家子的全家福照片,他们在拍照的时候,脸上都笑眯眯的,充满了喜悦,说明他们很开心,流露出幸福的喜悦。这里有一首关于家的歌曲,我们一起来听一听。

二、欣赏完整的音乐,感受歌曲柔和、舒缓的旋律

1.第一次欣赏歌曲。

(1)你觉得这首歌曲听上去是怎么样的?

(2)这首好听的歌曲叫作《让爱住我家》,你们喜欢这首歌曲吗?为什么?

2.第二次欣赏歌曲。

歌曲中有谁啊?他们真是幸福的一家人,你们家也有亲爱的爸爸妈妈,你感到你们家幸福吗?为什么你会感到幸福呢?

因为我们是相亲相爱的一家人,所以我们会感觉很开心、很幸福、很温暖。那我们现在一起来感受这种幸福吧,现在我们闭上眼睛,想象爸爸妈妈一起抱着你,你会感觉到爸爸妈妈那温暖的怀抱吗?

三、欣赏歌曲童声部分,帮助幼儿理解歌词

1.听了小姐姐的歌声你有什么感觉?她在唱一些什么呢?她们家有几口人?

2.你觉得这是一个怎么样的家庭？你能从歌词中听出来吗？

3.小姐姐唱得真不错啊,现在我们小朋友用自己动听的声音和小姐姐一起来唱一唱吧!

四、欣赏爸爸妈妈歌唱部分,让幼儿感受爸爸妈妈照顾家庭的辛苦

1.幸福的家中住着爸爸妈妈,你们爱你们的爸爸妈妈吗？为什么？

2.爸爸妈妈在家中为我们做了这么多辛苦的事,那我们应该怎么办呢？我们应该怎样来让我们的爸爸妈妈开心,让他们不再那么辛苦呢？

3.小朋友都是懂事的孩子,知道爸爸妈妈挣钱很不容易,那让我们把感谢爸爸妈妈的话有感情、大声地喊出来吧:"爸爸妈妈你们辛苦了,我爱你们!"

6.家（大班）

活动目标

1.能以废旧纸盒为基本材料,以多彩不干胶、勾线笔等为辅助材料来装饰拼搭自己想象中的家。

2.在装饰与拼搭的过程中发展想象力和合作能力。

活动准备

1.收集大小、形状各异的废旧纸盒若干。

2.提供一些装饰用的辅助材料,如双面胶、剪刀、勾线笔、多彩不干胶等。

活动过程

一、歌曲表演《我有一个幸福的家》,产生制作兴趣

幼儿随着歌曲大胆表演:刚才我们表演的歌曲名字叫什么？你们能不能也来设计和制作一个心中幸福的家？到时邀请客人去你们的新家做客哦!

二、分享交流心中创想的新家

你准备设计怎么样的新家呢？（幼儿表述自己创想的家。）

老师昨天也设计了几个新家,请你来欣赏一下。（为孩子的认知搭建欣赏的平台,同时也为下一环节做好经验的铺垫。）

三、观察和掌握材料的外形特征

今天我们就用平时收集的纸盒来建造咱们的新家,（教师出示大小、形状各异的纸盒）这些都是你们最近收集的废旧纸盒,它们的样子像什么呢？现在请你们来看看它们有什么不同？

要想造出漂亮的新家,我们还需要用勾线笔、彩色不干胶等去装饰这些纸盒哦。

四、分组制作自己心中的新家

将幼儿分成四组,以小组合作形式建设新家。

让幼儿根据自己的设计思路大胆地裁剪、拼搭废旧纸盒,完成对家的基本造型,再根据基本造型特点进行线描、粘贴彩纸等,制作成各种各样的"家"。

过程中,教师要支持与帮助个别美工能力弱的孩子。

五、建构小区,体验成功

1.分组交流设计的"家"。

2.鼓励幼儿将小组设计的"家"合作拼摆成"幸福家园"。

3.欣赏小区建筑,体验成功。

(五)健康领域中的亲情教育活动设计

1. 爸爸的大鞋子(中班)

活动目标

1.能穿着大鞋子协调地行走,发展平衡能力。

2.体验穿大鞋子模仿爸爸的乐趣。

活动准备

1.幼儿从家里带爸爸的鞋子。

2.一段轻松的音乐。

3.轮胎;易拉罐木桩;小椅子

活动过程

一、热身运动

边听音乐边做准备动作,重点活动踝关节和膝关节。

二、学习穿大鞋走路,练习障碍走,锻炼平衡能力

1.尝试穿上爸爸的大鞋子走路。

出示大鞋子,请幼儿说说这是谁的鞋子,假如穿上爸爸的鞋走路,他们还会和平时一样轻松吗。

幼儿练习穿大鞋走路,教师观察并关注能力弱的幼儿,引导他们初步体验穿着大鞋子走路的独特感觉。

2.感受穿大鞋走路的不方便。

穿着大鞋子走路有什么感觉? 要注意什么? 有什么好办法让我们的大鞋子不掉?

教师指导幼儿集体练习:慢慢走、大步走、快快走、跑跑、跳跳、后退走。

3.创设游戏情境增加难度:比一比谁走得快。

教师提醒在做游戏时要注意安全。

三、学学爸爸的经典动作,感受当爸爸的乐趣

1.引导幼儿回忆爸爸的一些日常动作,并请个别幼儿上台演示。

2.幼儿边听音乐边自由表现爸爸的动作及表情,如开车、打电话、打排球等。

四、活动结束:放松动作

小脚小脚揉一揉,揉一揉;小脚小脚搓一搓,搓一搓;小脚小脚弯弯腰,弯弯腰;小脚小脚勾一勾,勾一勾。

第二章　寄宿制幼儿园的安全教育

　　安全是孩子健康成长的前提,让孩子们拥有快乐、健康、安全的幼儿园生活是我们所有家长和老师的美好愿望。在长期的教育实践中,幼教界已经认识到,幼儿园的安全工作是进行教育教学活动的基础,更是幼儿健康发展的根本基础,关系到幼儿的健康成长,关系到幼儿园的可持续发展。[①]

　　对于幼儿园的管理来说,安全教育不是短时之事,而是我们保教人员长期的一项艰巨任务,需要我们持之以恒,常抓不懈。因此,安全教育应该是我们所有幼教同仁必须长期开展的工作。每个幼儿园应该在原有实践的基础上,认真实施已有的安全课程内容,并不断探索、完善教育策略,创造性地开展安全教育活动,努力为社会培养健康、自立、自护的新一代。

第一节　寄宿制幼儿园安全教育的价值

　　家长把孩子全天寄宿在幼儿园,是基于对寄宿制幼儿园教育环境安全性的信任。从这个角度看,安全教育是保障寄宿制幼儿园教育教学工作正常有序开展的法宝,是促进幼儿园蓬勃发展的坚实后盾,同时也是孩子健康、和谐成长的重要保障。

一、安全教育是维护儿童权益的重要保障

　　随着《儿童权利公约》日益深入人心,幼儿教育的焦点越来越集中在如何实现儿童的权利上。《九十年代中国儿童发展规划纲要》是我国执行《儿童权利公约》的具体文件,其中提出了当代中国儿童生存、保护和发展的主要目标、策略与措施,里面明确提到"尊重儿童的权利首先是尊重儿童的生存权利"。尊重儿

[①]　田春梅.浅论幼儿安全教育[J].基础教育参考,2009(7):15-17.

童的生存权利,要从两个角度考虑:一方面,为儿童提供必需的生活条件,包括足够的营养、清洁的住处、必要的保健医药措施等,若是缺乏这些基本的生活条件,儿童难以生存下去,更谈不上良好地发展;另一方面,应顺应儿童身心发展规律,激励儿童主动发挥自身内在潜能,为终身发展打下坚实的基础。在历次召开的"未来世界教育国际研讨会"中,各国代表提出的一致看法是:要教儿童"学会生存、学会学习、学会关心",可见"学会生存"是儿童可持续发展的必备能力,孩子在幼儿园里需要学会认知、学会做事、学会与人共同生活,更重要的是要学会生存。

3~6岁的孩子是一朵朵正开放的娇嫩欲滴的鲜花,稚嫩的他们受年龄、身体发育、心理发展、生活经验等的限制,常会存在自我防范意识差、自我保护能力低下的特点,正是这些特点使得幼儿期成为人一生中最容易出现事故和危险的时期。因此关爱他们、引导他们学会自我保护、促使他们健康快乐地成长,是我们全社会应尽的责任。在孩子一生发展的这个奠基阶段,让他们树立良好的自我保护意识,养成正确的安全行为习惯,拥有基本的自我保护能力,形成终身受益的品质也是我们幼儿园教育的基本目标。

在寄宿制幼儿园里,孩子数量多、密度大,这么多孩子的饮食、休息、游戏等活动都长时间集中在一个相对封闭的环境中,安全问题是头等大事。加强安全教育,促进孩子身心健康是寄宿制幼儿园教育的重中之重,培养孩子自我保护能力是寄宿制幼儿教师艰巨而紧迫的任务。正如《幼儿园教育指导纲要》(简称《纲要》)所说:幼儿园必须把保护幼儿的生命和促进幼儿的健康放在工作的首位;幼儿园应为幼儿提供健康丰富的生活和活动环境,满足他们多方面发展的需要,使他们在快乐的童年生活中获得有益于身心发展的经验。

二、安全教育是规范管理,促进保教密切配合的重要手段

保障幼儿的人身安全,幼儿园的硬件设施是基础,保教人员的儿童观和安全意识是关键,班级保教的规范管理是根本。我们曾听说为了清洁活动室地板的油渍,保育员将温度很高的水拎到教室拖地板而引发的安全事件。这样的案例充分说明了保育员缺乏足够的安全意识,导致幼儿的身心受到伤害。可见,幼儿园开展安全教育非常必要,需要组织保教人员开展安全理论知识的学习和案例剖析,帮助他们建立幼儿安全优先的观念,充实他们的安全知识,强化他们的安全意识,促使他们自觉地、更加规范地履行工作职责。通过安全教育,保教人员才会从小处着手,洞察每一个细微之处;从每一个环节着手,研究保教工作的每一个细节;从幼儿身心健康着手,制订与实施安全教育策略。通过安全教育,保教人员才会从幼儿的角度出发,懂得"自己在什么时候该干什么事,遇到

什么情况该如何处理"等。保教人员的工作更加规范,彼此的配合也更加密切,这正符合《纲要》所提出的"保教并重"的要求。

例如,在我园大班段儿童开展晨间活动时,保教人员发现了活动中存在一定的安全隐患,他们就着手进行晨间活动的保教协作的研究,通过保教互动研究,最后共同制订了晨间活动保教配合细则,明确规定了保教人员的职责与分工(见表2-1)。这种保教的主动配合应该说与我园对安全教育的重视有很大关系,这一措施不但提高了幼儿园晨间活动的有序性和效率,大大降低了幼儿晨间活动安全事故的发生率。更为可喜的是,我们以此为基础拟出了一套晨间活动中保教配合的具体细则并加以执行,以期能推广和应用到幼儿园的其他班级,切实提高我园晨间活动的实效和安全性。

表 2-1 温岭市中心幼儿园晨间活动保教配合一览表

时间		教师	保育员
活动前的 准备部分		和保育员交流本次活动的目标、内容、器材及需要配合的方面,并与保育员一起察看幼儿的情绪、身体状况。	1. 根据活动内容检查、调整幼儿的穿着。 2. 准备好活动中所需的身体保护方面的物品(毛巾)。 3. 提取活动器械到指定地点,并按要求放好。
晨间活动过程	开始部分	组织幼儿到指定场地,交代活动内容,提出各方面的要求。	分发活动器械。
	基本部分	教师示范或介绍玩法,组织幼儿开展自主活动,教师巡回观察指导,对活动中出现的问题及时加以正确的引导,以平等的身份调动幼儿参与活动的积极性。	1. 帮助个别能力弱或积极性不高的幼儿参与活动。 2. 密切关注每位幼儿的活动、身体及安全状况,根据活动量的大小调整其穿着或用毛巾给其擦脸擦背。 3. 陪伴需要回教室处理事情的幼儿(如解小便等),把出现意外的幼儿送到医务室处理。
	结束部分	小结活动情况,和幼儿一起整理活动器械,最后回活动室。	1. 检查幼儿的穿着。 2. 收拾好器械,并和值日生一起将其送回器械室。

三、安全教育能帮助幼儿树立安全意识,提高安全自护能力

"以人为本"的教育思想是《纲要》的一个突出特征,关注孩子的主体精神是

《纲要》所倡导的。《纲要》视幼儿为独立的人,是不同于成人的生存状态、生命特征和生活方式的人,因此将幼儿的自我保护能力作为健康领域的关键能力来培养,充分体现了安全教育在幼儿教育中的分量,让教育工作者感受到"教人以渔"的重要性,感受到培养孩子终身受益品质的必要性。幼教同行曾经对国内外的安全教育管理现状进行过评价,认为国外幼儿园非常重视幼儿的自我保护教育,而国内则稍逊一筹。国外的幼教同行认为真实的生活充满了各种危险的因素,他们觉得让孩子在生活中学会保护自我、避免遭受伤害非常必要,因此自我保护教育成为安全教育的重要部分。

寄宿制幼儿园加强安全教育后,将很自然地促使保教人员高度重视儿童安全,并将安全提高到工作的首要位置来落实。在这种大环境、大氛围中,幼儿园自然会出台各种安全教育的措施,保教人员会重视对儿童的安全教育,安全意识也会渐渐植根于幼儿幼小的心灵,安全防范行为自然就此萌发并成熟。我们通过生动活泼的集体教育教学活动、真实的生活实践、模拟现实的安全教育情景,通过一次次的行为练习,使孩子在愉悦中主动养成正确的安全行为习惯,锻炼了孩子处事的应变能力,这也正应和了国际 21 世纪教育委员会在《教育——财富蕴藏其中》报告中阐明的基本学习内容——"学会生存"。孩子学会了生存,才会在一日活动中利用他们的这种安全生存智慧,健康快乐地生活在幼儿园里。在温岭市中心幼儿园开展安全教育后,我们经常可以听见家长说:"我们家的小家伙都可以算得上是一个安全小卫士了,他们比以前更懂得如何安全地过马路、如何正确地使用电器。瞧,有时候他们还会积极地向别人宣传他们的安全见解呢!"我们幼儿园张贴的孩子们创造性自制的安全标志,不正是他们安全责任心、安全意识的体现吗?那是一种无声的安全指引与宣传哪!

四、安全教育能预防意外伤害事故,提高寄宿制幼儿园的社会声誉

儿童由于其身心发展特点,往往是意外事故的高发人群,但如果能有效开展安全教育,则能很好地预防意外伤害事故的发生。苏州市德育学会开展的"城镇小学生安全教育的策略研究"课题,将安全教育渗透到学校各项教育教学中,创造条件开设安全教育活动课程,使安全教育德育化、常规化;尤其是结合少先队活动,开展各项安全教育活动,让学生在轻松、自然的环境中接受教育,深化对生命的认识。同时,他们通过家长学校授课、和社区居委会携手、建立警校联合岗、聘请校外安全教育辅导员等措施,使学生安全教育活动深入到学生家庭、社区,建设并完善了"社会、家庭、学校"携手共管的安全教育网络,并根据学校的安全教育工作和学生的实际情况,开发相关的校本课程,取得了很好的效果。西昌市红旗幼儿园曾进行过"幼儿积极生存与安全自护教育实验"的研究,

他们从伦理学、心理学、生态学、美学的角度培养幼儿尊重、悦纳、欣赏生命的积极情感,培养幼儿积极的安全应对能力,大大降低了幼儿园意外事故的发生率。

寄宿制幼儿园由于其办学特点,儿童安全工作任务重、责任大,更不希望在幼儿园中发生儿童意外伤害事故。一方面,我们不愿意看到儿童在幼儿园受到伤害;另一方面,我们也不愿意因为意外事故的发生,家长和社会对幼儿园失去信任。寄宿制幼儿园加强安全教育,能促使保教人员更为周到细致地研究安全策略,扎扎实实地开展安全工作。温岭市中心幼儿园通过扎实而有效的安全教育,保教人员的安全管理意识和水平提升很快,幼儿园二十余年来没有发生重大的意外伤害事故,连偶发性的安全小事件也在不断减少,幼儿园因此被评为"平安校园"。在保教人员细心而不失放手的呵护下,孩子们幸福地生活在这里。让孩子们在这样的学园里生活、学习,家长们完全放心,他们不无感慨地说:"幼儿园安全抓得好,我们才放心让孩子在这里生活学习。"由于科学的教养、安全的防护,我们幼儿园的社会声誉与日俱增,入园率在不断地上升。每学期到幼儿园招生报名时间,都会有家长半夜起来排队等候报名的情况发生,这不正是我们幼儿园获得家长高度信任的真实写照吗?

第二节　寄宿制幼儿园安全教育面临的挑战

在实施《纲要》的过程中,幼儿园仍不断有偶发性的意外伤害小事故发生。这些频发的意外事故使孩子的健康受到损害,又使幼儿园陷入安全管理的信任危机。因此,研究幼儿园的安全教育是一个事关幼儿园健康、和谐发展的重要课题。

一、寄宿制幼儿园一日生活中的安全隐患较多

寄宿孩子一天二十四小时在园生活、学习,只要稍不注意,户外活动、日常生活、同伴游戏等任何环节都有发生意外的可能。特别是刚刚入园的小班孩子,对寄宿制幼儿园的生活和学习还不太适应,也没有接受过很好的校园安全教育,安全意识和自我保护能力也偏弱,极易发生安全问题。我们清楚地记得:2012 年 6 月 20 日,湖南省邵东县一所幼儿园发生一起幼儿被遗忘在校车内中暑身亡的恶性事件;2011 年 8 月 29 日,海南省三亚市一名 1 岁男童因在车内睡着而未被司机、老师清点到,被遗忘 9 小时后最终死亡。[①] 这样的幼儿园安全事

---

① 杨秀玲,杨晋芳.试论幼儿安全教育的必要性与现实价值[J].中国校外教育:基教版,2012(9).

故,教训深刻。

在保教人员对幼儿园的安全教育认识到位后,我们引导他们以敏锐的眼光观察、分析和反思一日活动各环节存在的安全隐患。大家或以小组合作的方式,跟踪、观察、记录活动中的点滴安全问题;或以结伴方式互相观摩、记录;或观察自己一日带班中存在的问题。通过对数月的观察记录进行分析后,大家发现,寄宿制幼儿园中的安全隐患点真是无处不在。以保教人员的观察、记录、分析等信息为基础,各教研组又以园本教研的形式反复研讨,总结出了寄宿制幼儿园各环节存在的隐患问题。比如,小班段保教人员针对小班生活、学习特点,对一日生活各环节存在的安全隐患进行了总结(见表2-2)。

表2-2　寄宿制幼儿园小班段一日生活各环节安全隐患总结表

环节	隐患
食用环节	**吃药**:孩子私带营养品的情况很多;孩子偷偷把营养品当零食吃。 **进餐**:餐车进教室后易碰伤孩子;保教人员在餐厅分饭导致孩子在活动室无人管理;当厨房工作人员将饭菜送到餐厅时,谨防饭菜烫伤孩子;儿童不按秩序进餐厅时可能会相互碰撞;搬出椅子时有可能会碰撞其他小伙伴;地比较滑,容易摔跤;鱼刺容易卡住喉咙;孩子主动盛汤容易引发安全问题;进餐速度不一,吃完的孩子喜欢在角落玩,保教人员看不到;刚打回来的开水存在放置问题,幼儿不知开水会烫手。 **误食**:小班幼儿还不能分辨哪些东西是可以吃的、哪些东西是不可以吃的,容易误食东西。
就寝环节	**起床**:保育员在寝室里帮助个别孩子穿衣时,其他穿好衣服的孩子会自由分散在活动室里,照顾不及;床和床之间的过道太窄,孩子有可能会磕碰而受伤。 **入睡**:睡觉前,孩子脱衣服有快慢,教师无法顾及全部;孩子趁教师不注意跳床;孩子自己在床上请同伴帮忙拉衣服时,有些同伴用力过度,导致对方摔下床;有些孩子还偷偷带些小玩意儿进寝室玩,小玩意儿一旦塞入口、耳等就危险了;保育员对孩子的睡姿检查存在遗漏现象;坚持不睡的孩子在活动室无人看管,存在打闹情况。
活动环节	**晨间活动**:较多幼儿一起取拿器具时,教师不能全面照顾;如果教师独自带领孩子外出就不能照顾到集体;场地没有限制时,孩子的活动容易被忽视,容易出安全问题;孩子在水泥地活动场地摔倒后容易出危险;孩子做大量运动后若没有被及时关注,容易感冒。 **早操**:上下楼梯时,有些孩子沿着扶手往下滑,容易出问题;小班孩子外出做操时手拉手,容易像多米诺骨牌一样一倒百倒,非常危险;幼儿手拿器械时喜欢玩耍,如会拿哑铃敲打别人,容易出问题。 **休息活动**:孩子之间吵闹、打架;门、柜门容易夹手;室内瓷砖转角、椅子角容易磕伤孩子;教师只管自己准备下一个活动,让幼儿自由活动,若小朋友不在教师的视线范围内,容易发生危险。 **户外活动**:幼儿园各班混合一起活动时,教师管理有点困难;存在乱扔户外物品问题;幼儿鞋带散了后仍在活动会有危险。 **集体教学活动**:尖锐的东西放在口袋中没有收存,活动中拿出来玩容易引发安全问题;在活动性较强的集体活动中,一个教师没办法很好地把握安全问题,时有碰撞、摔倒、拥挤等现象发生;手工活动中剪刀使用时存在着安全问题。 **晚间活动**:幼儿偷偷溜到教师顾及不到的地方独自玩耍;开电视时插座存在安全隐患。

续表

环节	隐患
盥洗环节	刷牙时,幼儿往往相互推挤,容易造成伤害;洗漱时因热水的温度不适造成伤害;厕所地滑,容易摔倒;幼儿会偷偷去用杯子玩水,弄湿衣服;地板太湿,有滑倒的可能性;小班孩子使用蹲坑时易跌倒。
接送环节	家长在送回或接走孩子时,门口的交通安全有隐患;教师和家长交谈时顾及不到孩子;冒领幼儿;家长送孩子入园后,有孩子乘老师不注意偷偷跟随家长出来。

从总结的小班段安全隐患来看,寄宿制幼儿园的食用、就寝、活动、盥洗、接送等环节,都存在众多的安全隐患,而这些环节很多都是寄宿制幼儿园每日必要的环节。由此可见,对幼儿园管理者和保教人员来说,安全教育涉及的内容很多,任务很重。

二、寄宿制幼儿园保教人员的安全意识有待提高

寄宿孩子安全和身心健康是幼儿园工作的重心,幼儿园管理者和教师们对此也给予了很大的关注,可在生活、学习中还会时不时地出现一些诸如以下的小意外、小插曲:

一天早晨,生活老师发现明明小朋友刚带来的钙片糖全没了,而那原本装着一百多粒钙片糖的瓶子则依然静静地放在教室的柜子上。难道是明明不小心倒掉了,或者把钙片糖全吃了? 还是其他小朋友偷吃了? 要是后两者,那后果就严重了。要知道一个孩子一下子吃掉一瓶的钙片糖是要起不良反应的呀! 生活老师慌了,于是,班级开始了钙片搜查活动……最后发现,是小朋友们趁生活老师不注意的时候群分了钙片糖。好险哪,要是一个人吃掉这么一大瓶的钙片糖,后果就不堪设想……

教师们在一起交流的时候会有很多相似的安全小故事在脑中浮现,于是就不由自主地讨论起一些日常工作中的常见安全问题,并一起分享自己的想法与观点:"小孩子的想法稀奇古怪,再加上一个星期都住在幼儿园,心情有时候会变得压抑、烦躁,想发泄、想吃零食、想出去转悠的想法随时都有可能出现,所以,有时候我们真的有点防不胜防啊。"

"防不胜防"反映出我们寄宿制幼儿园保教人员在儿童安全意识方面的问题:将安全问题归结为儿童,对安全教育工作停留在被动的、消极的状态。目前,寄宿制幼儿园保教人员在儿童教育观上或多或少还受着传统教育认识偏差的影响,其教育价值取向仍然偏重认知、情趣教育,忽略对生命个体存在价值和生命质量的

主动关注,安全教育工作停留在消极的保护状态,生存发展教育有时会出现缺失,不但自身的主动安全教育能力缺乏,也导致幼儿安全意识薄弱,生存、自护能力差,适应能力、抗挫能力、随机应对危急能力低下,影响他们的生活、学习及身心发展。就上述这个情况而言,教师和保育员在孩子入园时,就应向家长交代清楚幼儿园物品携带的安全注意事项,对幼儿从家里带来的物品应该分人、分类保管,必须主动地把安全教育和工作做到前头,而不是一味地说孩子调皮,防不胜防。

针对保教人员安全意识薄弱这一问题,我园积极开展安全教育教研活动,通过观察、分析、讨论等途径,组织全体保教人员针对儿童安全找问题、谈想法。教师们纷纷撰写安全教育的相关心得,并在教研总结会议上进行了观点交流:

教师甲:安全教育不在表面和形式,它虽细枝末节,但至关重要,需要我们随时关注。健康与安全不能被动等待和给予,而应该让孩子主动获得。

保育员甲:安全教育无处不在,不仅要在集体教学活动中进行,还要渗透在幼儿的一日生活中随机进行。

教师乙:让孩子自己制订游戏规则、安全标志,孩子才会主动地掌握一些基本的安全规则。

保育员乙:现在的孩子是家中的小皇帝,学多学少不是家长关注的问题,孩子的安全、健康才是他们最牵挂的。所以我们得有一套防备措施,得通过安全教育引导孩子学会自护,这样才能使幼儿园平平安安。我们要加强对孩子的看护和照顾,注意日常安全教育,保证每个孩子高高兴兴地来幼儿园,平平安安地回家。

教师丙:在孩子玩大型玩具时,保教人员的管理不能仅限于自己班级的孩子,而应该统观全局,关注在自己视线范围内的所有孩子的安全情况。

三、儿童安全与儿童发展间的纠结

在寄宿制幼儿园里,保教人员担负着一日二十四小时教养孩子的职责,孩子是在保教人员的指引下开始幼儿园一日的生活。幼儿园的学习活动、游戏活动、生活活动是孩子们一日生活的全部,幼儿园也常常是他们一天中唯一的且离不开的生存和活动空间。因此孩子的在园安全、身心健康就自然成为家长关注的焦点,也毫无疑问地成为全园教职员工工作的重心,同时也是幼儿园蓬勃发展的一条重要生命线。

在寄宿制幼儿园里,教师们一直紧绷着这条安全弦,不管在思想上还是在行动上都丝毫不敢松懈。自贯彻《幼儿园教育指导纲要》以来,教师们围绕孩子的安全制订了安全制度,建立了安全领导小组,积极开展了各种形式的安全教

育,但在日常教育教学活动中还是出现了一些安全问题,如组织幼儿攀岩时冷不丁会有人摔伤胳膊、组织幼儿晚间散步时孩子不慎又跌伤了下巴……

这些安全问题的出现使幼儿园陷入了深深的思考中,《幼儿园教育指导纲要》明确提出"既要高度重视和满足幼儿受保护、受照顾的需要,又要尊重和满足他们不断增长的独立要求,避免过度保护和包办代替,鼓励并指导幼儿自理自立的尝试"的精神,怎样落实? 既要保护孩子的安全,又要给他们足够自由、自主的空间,老师该怎么做? 这些问题是每个老师日常工作中都会面临的,怎么解决? 让儿童自主发展,必须要给他们足够的、自由的活动空间,而这又难免有发生意外的风险。我们也曾听说有些小学为了避免儿童发生意外,采取了取消早操、课间休息除了上卫生间不容许孩子出教室等规定。可这样的做法显然与我们一直秉承的教育观是格格不入的,我们不能为了安全而剥夺孩子们的自主发展空间。

由此我们不得不重新反思寄宿制幼儿园的安全教育现状,不得不努力地探究一种行之有效的、符合幼儿园实际的安全教育策略,让安全教育不再以教条的形式存在,让安全防卫策略成为保教人员、家长和孩子的自觉行为,赋予一朵朵鲜花极强的生命力,让其盛开在幼儿园这个百花园中,愉悦着你、我、他。

第三节　寄宿制幼儿园加强安全教育的策略

面对隐患,我们知道只有"提高幼儿的自我保护能力,改善保教人员的教养行为",才能打造平安幼儿园。实践中,幼儿园以焦点解决、案例研究、课程实施等为载体,通过反复尝试和验证等手段来寻求合适的安全教育策略,并通过多种形式的教育教学活动增强孩子的安全防范意识,提高自我保护能力。

一、以创设适宜环境增强幼儿安全意识

环境是幼儿园的隐性课程,它的教育价值是任何其他课程都无法替代的。因此,我们在实践中,将环境创设作为实施安全教育的重要策略,这也符合著名教育家布罗菲古德和内勒提出的幼儿园环境创设要达到"能关注幼儿的身心安全"的要求。实践中,我们在原有园区环境的基础上,更加注重环境建设与管理的"人性化""幼儿化"。对于滑梯、跷跷板等活动器械,我们坚持每周一大查、每日一小查;对于幼儿保健药品,我们让家长写上药物名称、服药时间与用量、孩子班级与名字后送至医务室,由医务室统一保管、分发,减少幼儿乱吃药、误吃药的现象;幼儿自控能力低下,往往在开水桶前挤来挤去,容易被烫伤,教师就在开水桶前一米处画上一条礼貌线;在楼梯口,我们画上小脚印,让幼儿有序走

楼梯;在主题墙的创设上,我们将一些日常安全标志张贴于走廊墙壁,让幼儿在来来去去中了解这些标志的含义,能自觉听从这些不说话的指挥官的指挥(见图 2-1)。每当接送或者晚间散步时,我们常常能听到小朋友与成人一起

图 2-1

识别标志的声音:"这是什么标志呀?我们该怎么做呢? 我们不能干吗呀?""老师,我知道,走路要走斑马线……"这些人性化的环境创设,增强了幼儿的安全意识,处处提醒着幼儿注意安全,处处引导着幼儿要学会自我保护,让孩子自然而然地接受了安全教育。

另外,我们还注意引导幼儿参与安全环境的创设。例如,中班、大班幼儿已经认识了很多日常的安全标志,他们也懂得了许多安全常识。在后续的教育中,我们考虑到有些安全问题有可能我们大人会忽视,有些安全问题有可能还没有标志,却需要时时提醒孩子注意,也许孩子的发现和自我创作会把安全问题解决得更彻底。于是,我们引导小朋友用心去发现一些安全问题,用心去涂绘一些安全标志,然后将一些标志张贴于他们认为比较危险的地方,将另外一些标志展示于走廊处。孩子们看着自己设计的标志贴在幼儿园的角角落落,别提有多开心! 其他小朋友对同伴设计的标志也特有兴趣,不用老师提醒,他们就知道各种标志的含义和警示意义,这种同伴互动所产生的安全教育的力量是老师千言万语的教诲所替代不了的。图 2-2 展示的几张孩子们自己设计的标志,瞧,多形象,多生动啊!

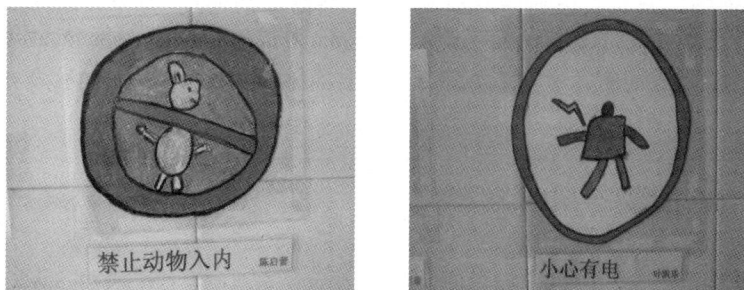

图 2-2

二、以开展园本教研优化安全教育策略

儿童的安全教育有一些共性的内容,但具体到一所寄宿制幼儿园,安全问题又会表现出其独特性。在安全教育方面要取得很好的效果,就必须深入寄宿制幼儿园生活教学的方方面面,并根据寄宿制幼儿园孩子的行为特点,确定安

全隐患点,开展对策研究,并分块、分阶段进行实践验证。例如,我们通过深入了解发现,我园寄宿的小班孩子由于年龄特征的限制,在日常生活中不易分辨"哪些食物是可以吃的,哪些是不能吃的",针对这种情况,小班组就重点着手"小班寄宿幼儿食用安全问题及其对策"的探讨。而中班孩子由于在园时间已经一年多了,逐渐摸清了教师的性格脾气和常用的教育手段,逐渐推翻了小班时认为教师是"权威人物"的认识,尤其在就寝时容易不听保育员组织,于是中班组就着手"就寝安全"的研究和探讨。大班孩子活动量增强,喜欢玩一些户外刺激的项目,并且什么活动都跃跃欲试,因此大班组就"户外活动中存在的安全隐患及对策"展开研究。各组通过理论学习、观察记录、课例研究、头脑风暴等活动,逐渐制订了一套适宜的策略。从我们开展安全教育的经验看,从某种程度上,安全教育的园本研究深度和水平,是一所寄宿制幼儿园安全教育水平的保障。下面就介绍我园基于园本教研,针对不同年龄段三个主题的安全教育策略。

(一)小班段"食用安全问题"教育策略

小班组在园本教研时认为,单纯的说教式的安全教育策略对小班幼儿作用不大,大家应设计多种多样有趣的活动,让孩子在各种有趣的活动中潜移默化地树立安全意识,养成安全行为习惯。例如,对于食品卫生教育,大家除了日常教育渗透外,还开展了多种孩子喜欢的集体活动,如开展体育游戏"老鼠运食",活动中教师当鼠妈妈,准备了很多的非食物、食物,让小朋友当小老鼠帮忙选择和搬运可食的东西,孩子们既在轻松、愉快的氛围中习得了一些必备的安全常识,又在游戏中锻炼了钻爬能力;又如创设娃娃区角餐厅,让孩子扮演爸爸、妈妈、孩子,在情境的演练中,引导孩子不偏食、懂得卫生用食等安全常识。在丰富的园本教研活动中,该组最后形成了关于食用安全的相关策略(见表2-3)。

表2-3　小班段"食用安全问题"教育策略一览表

		隐患	对策
食用安全问题及其对策	食用非食品类食品	误食药品	1.请医务室人员协助教育。 2.在老师的视线内服用药品。 3.由医务室统一收集、统一分发,家园合作,家长必须把药交给医务室。 4.利用多媒体展示进行教育。
		异物放入口中	1.加强晨检、午检、晚检。 2.观看图片,进行讨论。 3.随机教育,幼儿相互督促。 4.了解应急救护措施。
		误食类似食品的物品	1.集体教学活动:老鼠运食、认识包装袋内的干燥剂。 2.游戏法:送食品回家、谁是我们的好朋友。 3.展示后果:情景表演——肚子真难受、我吃了什么。

（二）中班段"就寝安全"教育策略

中班段保教人员就"就寝安全教育"展开了园本教研,经过几个月的研讨与实践,他们总结得出了相关策略(见表2-4)。

表 2-4　中班段"就寝安全"教育策略一览表

			隐患	对策	
就寝安全隐患与对策	睡前大环境创设:关好窗帘;检查床铺有无钉子或档板,是否牢固;根据季节变化调整空调温度并做好灭蚊工作。	入睡前	易携带进寝室的小玩意:发夹、小东西、玉佩、橡皮筋	睡前教师逐个检查,并鼓励幼儿开展互检。进寝室后教师勤巡视并观察幼儿脸色,有藏匿者脸色会不一样。	
			不适当的互帮脱衣	鼓励幼儿学会自己的事情自己做,尝试自己脱衣服。用示范的方法教孩子正确的拉衣方法,提醒幼儿用正确的方法去帮助别人。可以请能干的幼儿去帮助别人。	
			不脱掉衣服就睡觉	教师或保育员检查,并及时督促、纠正。	
			人数的清点	教师或保育员要清点人数并进行交接。	
		入睡中	睡姿	引导孩子采用正确的睡姿。勤巡视并纠正睡姿。	
			睡中需如厕	睡前督促幼儿先上厕所。冬天室内放便盆,在盆边铺上脚垫。	
			特殊儿童	勤巡视并察言观色,及时做好记录。做好交接工作。	
			室内点蚊香	取消在寝室内点置蚊香。改用电蚊液。	
		起床	动作快慢不一	用玩具或图书吸引幼儿。有一定的常规限制。	
			边穿边玩	用儿歌调整。	我会穿套衫:爬爬爬,爬爬爬,捏住袖子往上爬,先把小手伸出来,最后钻出小脑袋。小火车钻山洞:拉着裤腰儿,穿进裤腿儿,伸出脚丫子,自己穿裤子,真是乖孩子。
				用激励的方法。	
			衣冠不整(衣服没塞好,鞋带散落等)	保育员检查并整理,幼儿互检或自我检查。提高幼儿的自理能力。可通过一些比赛来强化幼儿的自理能力。	

（三）大班段"户外活动安全"教育策略

大班组主要开展了保教互动式的园本教研活动,他们以户外体育活动为研究案例,通过观课、记录、讨论、反思等途径,逐渐形成户外活动安全教育的相关对策(见表2-5)。

表2-5 大班段"户外活动安全"教育策略一览表

户外活动安全因素与对策	场地	根据活动器械的类型和活动的特点选择场地。
	组织指导 活动前	配班教师之间交流本次活动的内容和要求,并进行分工。活动中涉及器械的,教师应先和幼儿一起分析容易出现的危险情况,并共同讨论"应怎样玩才不会出现危险"等相关问题。
	活动中	1. 确保幼儿的活动在保教人员的视线范围内进行,保教人员应左右、前后适当分开观察,组织指导。 2. 密切关注幼儿的活动,发现安全隐患,及时解决。 3. 活动中,注意幼儿的情绪,及时调整活动量,对体弱年龄小的幼儿应给予照顾。 4. 发现个别幼儿有异常情况,要及时送医务室检查。
	活动后	引导幼儿按要求整理器械,教师小结,特别是在安全方面予以重点小结。保育员协助清点人数、器械,检查衣服,一起有序带领幼儿回活动室。
	服装 活动前	检查幼儿的服装是否整齐、适宜、适量。
	活动中	根据幼儿活动量和个人出汗情况,及时增减衣服或在背部塞上毛巾,关注幼儿的鞋带是否松散,脱下来的衣服放在一个固定的地方。
	活动后	检查幼儿服装,及时抽取湿毛巾或适时提醒幼儿穿上衣服,带回去的衣服注意不拖地。

三、以解决"焦点"问题全面推进安全教育

幼儿园安全教育上的"焦点"问题往往具备两个基本特点:其一,某一安全问题在寄宿制幼儿园特定教育教学时间段表现得比较明显,如不顺利解决,存在重大的安全隐患;其二,这一问题的解决能带动幼儿园的安全教育工作,具有"以点带面"的功效。

比如,晨间活动是寄宿制幼儿一日生活中不可缺少的一个环节,也是教师组织幼儿开展户外体育活动的一种必要的形式。我们幼儿园一直高度重视晨间活动的有效开展,坚持把"开展丰富多彩的晨间活动,吸引幼儿主动参与,培养幼儿参加晨间活动的兴趣和习惯,使幼儿养成坚强、勇敢、不怕困难的意志品

质和主动、乐观、合作的态度,保证幼儿的安全,增强幼儿的体质,促进幼儿身心健康发展"作为我们的宗旨和目标。作为台州市健康教育大组基地,我们曾专门针对晨间活动进行了一些有效的尝试,如为了贴近幼儿生活、挖掘民间体育游戏、发扬中国传统的体育文化,我们自制了陀螺等多种活动器材,从而丰富和扩大了器材的种类,拓展了晨间活动的形式和玩法;为了提高幼儿参与活动的积极性,我们组织教师开展了"尝试幼儿自选器具为主,探索和检测晨间活动效果"的教研活动,并取得了一些成效,对以往教师和幼儿园分配器材的定势局面进行了改革;为了在活动中扩大幼儿的交际范围,提高幼儿交际能力,促进幼儿之间的交流和合作,我们开展了以大带小活动。这些教育活动的改革和尝试,丰富了我园的晨间活动,提高了活动的质量。

2001 年 9 月新《纲要》颁布后,我园积极学习、贯彻《纲要》精神,鼓励教师结合《纲要》精神不断地对自己的实践进行反思,在反思、实践中重组观念,并努力内化新观念,然后将不断更新的观念真正落实到实践中。健康教研组在学习理论、实施活动和反思实践的过程中,发现一直被我们重视的、引以为傲的晨间活动还存在着不少的问题。

1. 教师在晨间活动前后的组织、器材的收发环节所花费的时间较多,那么组织幼儿活动的时间就相对减少,晨间活动的效果受到影响。

2. 活动中教师面向全体幼儿,难以关注个别幼儿。幼儿人数较多,教师难以使每个孩子都在自己的视线范围内活动,这不利于教师对幼儿进行必要安全保护和一些基本的保健工作,存在安全隐患。

3. 保教配合不融洽,有些保育员不知道在晨间活动中该做什么,无意中成了幼儿活动的观众。

4. 教师和保育员职责不清,沟通不够,两者不明确在活动前、中、后该怎样配合才有益于活动。

针对这种情况,我们马上组织教研人员,决定以"晨间活动中保育员和教师如何达到真正的密切配合"为"焦点"开展一系列的实践研究,希望以"晨间活动"为内容,聚焦"保教配合"问题,通过反复、集中的教育实践案例的评析,探索在晨间活动中保教配合的方式、方法,提高保教合作意识,形成一套配合的基本细则,并形成易推广的模式,进而增强保育员和教师间的相互配合,切实提高晨间活动的实效,达到我们开展晨间活动的最终目标。

全组教师在学习《纲要》、探讨晨间活动存在的弊端和对策后,都认为需要组内的一位教师和保育员组织孩子开展一次公开的、平常性的晨间活动课,其他教师则围绕该活动做好详细的记录,并进行集体研讨和分析。为了使教研活动取得成效,我们分人员详细记录在这一活动全过程中教师和保育员都做了些

什么,他们是怎样配合的,幼儿的反应如何;并针对该教师和保育员在晨间活动中的教育行为,讨论分析哪些行为是适宜的,哪些还需进一步改进,怎样改进;再通过一个教育案例来验证所探讨的策略,明确晨间活动中保教配合的细则。

(一)"焦点"问题解决实施第一阶段:明确问题与规则

案例描述与过程分析　在 2002 年 10 月 15 日的晨间活动时间,大五班杨洁老师和林建英保育员在不知道我们观察的具体目的的情况下实施了第一次晨间教育活动——玩双人大拖鞋。

活动目标
1. 掌握双人大拖鞋的正确玩法,增强幼儿之间的协调能力和合作能力。
2. 培养幼儿的竞争意识。

活动准备　双人大拖鞋。

活动过程
1. 教师、保育员整队带幼儿拿活动器械——双人大拖鞋。

活动片段:教师与幼儿到仓库拿器械,先讲玩法,再分发双人拖鞋,并指定一幼儿当组长。这时,长长队伍中的幼儿们在翘首等待着,不时回头和旁边的幼儿攀谈、做动作。其中,吉吉小朋友在教师提供活动器械时,悄悄往队伍的后面退缩,不去拿器械而是站在一旁静静地看别的小朋友。这时保育员就愣在那边看教师分发器械,等到发现领到器械的幼儿很多,才带领分到双人拖鞋的幼儿排队去玩。

活动评析　教师没有交代保育员一起分发器械,浪费人力资源,幼儿等待时间长。

2. 幼儿自由结伴玩,教师、保育员巡回指导。

活动片段:幼儿随意地找小伙伴,两人、三人、四人、五人随意地组合,其中也有个别幼儿一个人在玩。活动中不时有结伴的幼儿摔倒,但幼儿摔倒后都很快爬起来继续走。教师大都选择指导四人、五人组的小朋友练习,她以商量的口气问幼儿:"你们组谁当组长? 如果组长来喊'一二一二'的口令,我们就能整齐地来玩了。"听了教师的话,幼儿很乐意尝试练习,有时也请教师帮他们喊。当时间过去十五分钟后,吉吉还是一个人走来走去,只是观看,而不去向教师借器械,不去和同伴交流、协商怎么玩。后来,教师终于发现这一情况,于是就提供给他器械。刚开始,他还不敢去玩,教师就及时地启发、引导他;当教师离开时,吉吉小朋友能小心地学走,并稍微表现出愉快的情绪。独自玩了五六分钟左右,吉吉脱下拖鞋并把它拿在手里,看别的小朋友四人合作玩。过了很久,教师第二次过来引导吉吉,并叫来一个小朋友和他一起玩,然后就又离开了。在玩的过程中,吉吉稍微有点进步,和伙伴能协调走几步,但一会儿又不协调了,重复了好几遍,始终合作不好,这时教师和保育员因为忙于照顾其他幼儿而忽视了他。

活动中,教师无意中发现幼儿流汗了,就为个别出汗的幼儿脱去外套,但保育员根本没有注意这种情况。因为又要指导又要照顾幼儿,教师显得很忙碌,有几个幼儿就悄悄地走到一个斜坡上,并试图从上面下来,场景较危险,但教师无暇顾及。保育员这时只是被动地在辅导着孩子,如有一个四人组因为难度较大,组内发生了争执,保育员就帮忙去调解。

活动评析 幼儿活动较主动,热情较高,加上教师、保育员的鼓励和辅导,幼儿一直在玩,但玩法不多变,活动量也不大,局限性很大。教师总是忙碌地辅导着幼儿,保育员虽也以辅导幼儿活动为主,但对幼儿在生活上照顾不多,无暇顾及幼儿身体情况。期间,教师、保育员没能很好协作,所以幼儿的安全、活动量的大小不能被很好地观察到。整个活动下来,晨间活动似乎对保育员来说是非常轻松的事,因为我们发现保育员在整个活动中始终都是配角。

3.活动结束,幼儿整理玩具后整队回去。

活动片段 幼儿还是排着长长的队伍一个一个交还器械,教师则让幼儿将双人大拖鞋一一放回原处,手上有器械和没器械的幼儿都同样在等,放得最快的幼儿更是百无聊赖地在等待着,张望着……

活动评析 责任不清,分工不明,降低了活动效率。

阶段反思

大拖鞋是幼儿较喜欢的体育器械之一,但其对幼儿动作协调、幼儿相互配合的要求都较高,尤其是四人、五人拖鞋,对幼儿间相互合作、协调的要求就更高了,有一定的活动难度,因此在活动中幼儿非常需要教师和保育员的具体指导和帮助。教师在活动前没有告诉保育员活动内容,导致幼儿排着长队去拿器械;在分配器械时,保育员根本没有参与,而只是在旁观看,始终处于被动状态。保育员和教师没有协作好,导致幼儿在拿器械的过程中等待时间长,并且较被动。在活动中,教师先让幼儿自由玩,使幼儿充分体验活动器械的性能,在体验的过程中发现规律,但是教师没有很好地去照顾个别差异,始终处于忙碌的境地。保育员虽也能协助教师引导孩子开展活动,但其对孩子的照顾较少,有几个孩子出汗了,保育员没有及时为其脱去衣服。教师在指导幼儿玩的过程中偶尔能注意观察幼儿的活动量,及时为个别幼儿脱掉衣服,但得不到协助的教师难以对全体幼儿的活动量进行检查。在整个活动中,教师虽在积极引导,但由于幼儿人数较多,教师的引导范围较小,没有顾及全部幼儿。

针对活动中存在的问题,我们一致认为,问题的主要原因是教师与保育员

的配合还不够默契。

(二)"焦点"问题解决实施第二阶段:反馈与改进

案例描述与过程分析　在第一次实践研究和反思后,大家决定将此活动的情况、评析、建议反馈给当班教师和保育员,在保教人员明晰应注意的事项后,在 10 月 20 日早晨,实施了第二次晨间教育活动——玩呼啦圈。

活动目标

1.掌握正确的玩法,提高幼儿的协调能力和合作能力,增强幼儿的竞争意识。

2.促使幼儿积极参与活动,并在活动中感受到快乐。

活动准备　呼啦圈;音乐。

活动过程

1.教师、保育员整队带幼儿拿活动器械——呼啦圈。

教师带着幼儿兴冲冲地去拿呼啦圈,只见保育员已经拿着器具站在门口等候了。于是教师就介绍起今天玩的内容并提出活动要求——不要在有水的地方玩。然后,保育员和教师一起分发呼啦圈,幼儿拿到呼啦圈后显得格外兴奋。

活动评价　分发时间快,幼儿等待时间少,效率高,幼儿心情愉快,对活动兴趣很大。

2.幼儿自由玩呼啦圈,教师、保育员巡回指导。

活动片段 1　幼儿拿到呼啦圈后就开始想办法玩开了。你瞧:有的套,有的抛接,有的在腿上、手上、腰上转,有的当绳子跳,有的将绳子摆成房子在做游戏,还有的结成伴连套在一起玩开火车游戏,玩得多起劲!在一物多玩中,幼儿的想象力得到了充分的发挥,体能也得到了锻炼。活动中,教师和保育员分别集中观察几种创新性、合作性、有难度的玩法,如跳房子游戏、转圈比赛等,同时也及时引导不会玩的幼儿开展活动。例如当教师看到其他小朋友搭火车玩时,她就马上对不会玩圈的幼儿说:"你们看那边有几位小朋友开火车了,想搭上去一起玩吗? 要不你们准备怎么玩呢? 我们一起来试一试吧。"在这分散的自由活动中,虽然幼儿间也开展了协作游戏,但多数幼儿在独自玩耍。偶尔会听到一些争执,两位老师都及时给予了调解和帮助,并不时提醒不要到有水的地方玩。活动中,教师非常重视观察幼儿的着装和出汗情况,她一会儿帮助这个幼儿拉好裤子、卷好裤腿;一会儿又给往下摔的幼儿拉一把;一会儿根据幼儿脸部表情用手去摸幼儿的后背,帮助幼儿脱掉外套。

活动片段 2　孩子们都很投入地玩着呼啦圈,有的转圈,有的抛圈,有的滚圈、跳圈等,花样非常多。过了 5~6 分钟后,有些孩子开始出汗,保育员轻轻地走到一个正在滚圈的孩子身边,一边帮他拉好裤子,一边问:"热不热?"孩子可能正玩在兴头上,就随口说:"不热。"保育员看他脸有点红,就用手在他的额头和颈后摸了一下,发现已经有汗珠,就说:"把外套脱了好吗?"保育员帮孩子脱外套后,摸了摸孩子的头说:"玩去吧!要注意安全。"孩子喜滋滋地跑开了,保育员则继续观察孩子们的活动情况。

活动片段 3　教师开始了巡回指导,只有三位幼儿在玩"跳圈"的游戏,可他们的玩法比较单调,也没有与他人合作。这时,教师走过去,跳入一个圈内,暗示旁边的幼儿:"我想接着跳,还有圈吗?"经老师一点拨,旁边的一位小朋友随即将自己的圈摆到了教师跟前,教师轻盈地跳了进去,用一副期待的神情问旁边的其他小朋友:"还有吗?"话音一落,五六个圈呈小路状摆到了教师的面前,教师以单脚跳、双脚跳结合的方式依次跳过了这几个圈,在教师的带动下,这几个孩子也玩起了连续跳圈的游戏,这不仅锻炼了幼儿连续单脚跳、双脚跳的技能,同时还培养了幼儿的合作能力。

活动评析　保育员和教师的密切协作使得活动中教师和幼儿的互动也变得积极、平等、高频。保育员细致地观察幼儿活动,并适时地给幼儿减少衣服,还随时解决幼儿间的摩擦,使幼儿玩得很开心。教师没有了后顾之忧,就有更多时间去观察幼儿的玩法和创新方法,能及时处理偶发事情,使晨间活动得到有效开展。

3.活动结束。

教师整队回去。幼儿将自己的呼啦圈放回去,随着队伍回教室。保育员则整理好全部呼啦圈后,抱起幼儿的衣服跟在队伍后面。

活动评析　整理器具动作快,效率高。

(三)反思

户外活动是孩子们每天必需的活动,并且也是他们非常喜欢的一种体育活动形式。为了保证孩子们的活动时间,除了雨天等特殊情况,教师是绝不会用别的活动取代晨间活动中的户外活动的。我们在保证活动时间的基础上,曾经尝试运用各种方法提高晨间活动的效益,虽然有时会取得一些成效,但保教配合的模糊性往往使教师感到手忙脚乱。因为当晨间活动放在户外进行时,教师面对众多的孩子、开放的环境和烦琐的组织程序,非常需要保育员的配合和帮助。可是在以前的晨间活动中往往会出现两种情况。(1)无保育员配合的情况——教师往往忙得不可开交,恨不得长个三头六臂。从分配活动器材到指导活动到结束,教师往往无法照顾到全部的幼儿,有时会出现这边的问题还没解决,那边的孩子们又在找老师的情况,活动中的首要目标——保护孩子、促进他

们身心健康发展,往往无法达到,保教之间的无配合情况直接影响着晨间活动的效益。(2)有保育员配合,但配合的教育行为无目的性。曾经有一段时间,活动中有了保育员的配合,教师能更放心地去观察、了解、指导、支持幼儿大胆尝试利用各种器材,教师能有机会利用各种方法去调动孩子们参与活动的积极性和主动性。可经过一段时间的实践后,我们发现保育员在活动中的教育行为往往不够主动,时时处处需要教师的提醒,如一定要出现需要解决的问题时才会去注意活动情况。教师在组织活动时还是很忙,既要注意孩子的活动情况(谁能想出新的活动玩法、谁还需要更好的引导等),还要注意孩子的着装和活动量。所以,在这种状况下,教师往往还是要"东奔西跑",对孩子们的指导也不够及时和细致。

通过多次的以保教合作为"焦点"的教研活动和实践反思,这次晨间活动中的保教配合面貌就焕然一新了,保育员有目的、有针对性地配合教师开展活动。在共同反思的基础上,保教人员各自明确了自己在晨间活动中的职责,双方都增强了配合的密切程度。活动中教师通过提问和建议不断使幼儿有了新的创新玩法,充分发挥了幼儿的想象力和创造力。教师不停地巡回辅导,有的放矢地加以帮助,不断鼓励、启发幼儿,让幼儿在充分体验的基础上大胆实践,使幼儿的情感得到培养、体能得到增强。保育员在活动中能更加主动地去注意孩子的冷热情况和安全问题,时时注意观察孩子的生理、衣着状况,并能协助教师去引导孩子活动,做到保护和放手并存。教师和保育员都会注意掌握全班幼儿生理反应(呼吸、面色变化和动作协调等),允许幼儿根据自己的体力,调节自己的活动量。教师与幼儿、教师与保育员之间的默契配合,既保证了孩子的活动时间,又提高了活动的安全性,在面向全体的同时照顾到个别差异,在放手让孩子活动的同时又很好地指导了他们,有效地提高了晨间活动的质量。

四、以实施集体教育活动深化安全教育

为了使安全教育落实到孩子的心灵深处,除了优化保教行为、改良保教设施之外,我们还创设了各种生动活泼的教育教学活动,使孩子在多种活动中从小树立安全意识,养成有效的安全行为习惯,提高安全应急能力。我们鼓励教师根据寄宿制幼儿园的特点,自创或者改编安全集体教育活动,内容设计涵盖消防安全、交通安全、食品卫生安全、防触电防溺水安全、活动安全、生活安全等板块。涉及的领域也倡导多样化,融入了健康、社会、音乐、数学、艺术等各领域。比如,为了使小班孩子正确认识各种食品、提高安全饮食的意识,我们就根据孩子的年龄特征设计并开展了"老鼠运食"这一体育游戏活动,寓安全教育于游戏之中,使孩子在快乐中懂得了不乱吃食物的道理。又如,老师发现

幼儿在午睡时并不马上脱衣服,而是在床上蹦跳,这种行为具有很大危险性。为了使孩子养成安全的就寝行为,懂得就寝时不能跳床,知道这样做是非常危险的,容易摔伤胳膊或腿脚,老师就设计了一个音乐活动"三只小猴"(见图2-3)。

三只小猴

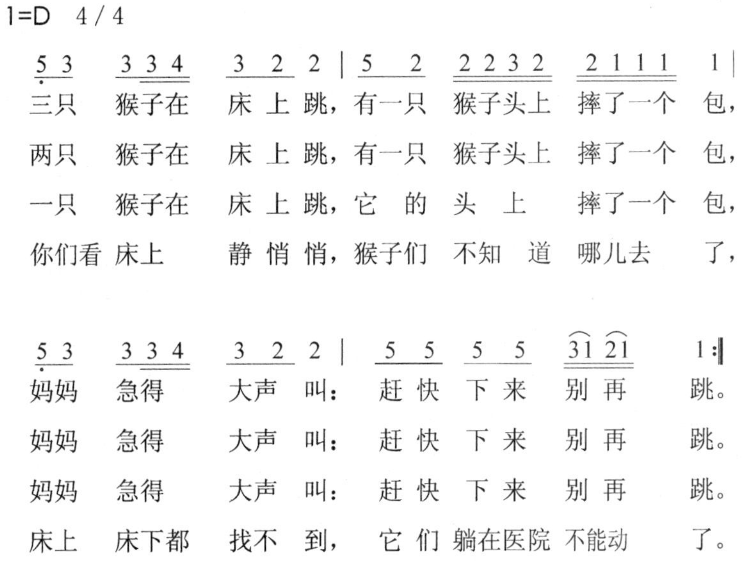

1=D   4 / 4

5̣ 3	3 3 4	3 2 2 ǀ 5 2	2 2 3 2	2 1 1 1	1 ǀ
三只	猴子在	床 上 跳,有一只	猴子头上	摔了一个	包,
两只	猴子在	床 上 跳,有一只	猴子头上	摔了一个	包,
一只	猴子在	床 上 跳,它 的	头 上	摔了一个	包,
你们看	床上	静 悄 悄,猴子们	不知 道	哪儿去	了,

5̣ 3	3 3 4	3 2 2 ǀ	5 5 5 5	3͡1 2͡1	1 ǀǀ
妈妈	急得	大声 叫:	赶 快 下 来	别 再	跳。
妈妈	急得	大声 叫:	赶 快 下 来	别 再	跳。
妈妈	急得	大声 叫:	赶 快 下 来	别 再	跳。
床上	床下都	找 不 到,	它 们 躺 在医院	不能动	了。

图 2-3

这样边唱边跳的音乐活动,使孩子们在诙谐滑稽中理解了跳床的危险性,使他们在幽默的情景中树立安全意识,孩子更乐意主动接受诸如此类的安全教育。当然,直接的安全教育活动我们也常常进行,比如"受伤的娃娃""危险在哪里""陌生人的故事"等活动,教师利用图片、故事、标志、游戏等生动形象的形式引导幼儿养成正确的安全行为习惯。

实践中,我们还整理了一系列的安全教育的园本化课程内容(见表2-6、表2-7、表2-8)。这些课程教育内容既符合寄宿制幼儿园的实际,又符合各段孩子的年龄特征,极具特色。

表2-6　温岭市中心幼儿园小班安全教育内容安排表

周次	内容	目标	活动建议
1	安安全全玩滑梯	1.学会用正确的方法玩滑梯。 2.了解用不正确的方法玩滑梯易造成伤害，养成初步的安全意识。	1.幼儿玩大型运动器具一定要有成人保护。 2.此活动最好安排在学期初，让幼儿一开始就掌握玩滑梯的正确方法。 3.不应限制幼儿玩滑梯，而应积极引导幼儿正确地玩滑梯，应多进行练习，表扬玩得好的、对的幼儿。
2	我要上厕所	1.能自己上厕所，不尿湿裤子。 2.当厕所人多时，做到不争抢，学会谦让。	1.在日常活动中，教师应随时提醒幼儿及时大小便，当厕所人多时应相互谦让。 2.请家长注意不要给男孩子穿带拉链的裤子。女孩子的裤子要易于穿脱。
3	大大的眼睛	1.了解眼睛的结构，知道眼睛的功能。 2.初步懂得保护眼睛的重要性，能注意用眼卫生。	幼儿在用镜子观察眼睛时，鼓励幼儿细致地观察，并能大胆地表达自己观察到的内容。
4	南南的脚受伤了	1.懂得安全乘坐自行车的重要意义。 2.学习乘坐自行车的正确方法。	如果班上有一些幼儿是乘坐摩托车、轻骑或助力车上幼儿园的，可在延伸活动里讨论乘坐以上车辆的安全问题。
5	干净食物人人爱	1.知道基本的饮食卫生常识，餐前会用肥皂洗净双手，生食瓜果前先洗净去皮，不贪吃街头小吃。 2.能有良好的个人卫生习惯。	1.不干净食物包括腐烂变质的、蚊叮虫咬的，或放在不洁容器中的各种食物，教师可根据当地的生活习惯，有的放矢地对幼儿进行教育。 2.培养幼儿良好的个人卫生习惯，需得到家长的配合，因其多数行为发生在家中，要求家长坚持培养幼儿餐前洗手、生食瓜果要洗净去皮、不贪食街头小吃的良好卫生习惯。
6	翘翘的鼻子	1.能细心观察鼻子，了解鼻子的功用。 2.初步懂得保护鼻子的方法。	
7	想喝水就去喝	1.初步懂得身体需要水分，白开水是最好的饮料。 2.知道不喝生水，养成主动饮水的习惯。	1.教师平时要注意提醒幼儿经常饮水，逐渐培养幼儿自觉饮水的习惯。 2.处于农村的幼儿园要特别注意教育幼儿不喝生水。 3.平时可培养幼儿清晨空腹饮水的习惯。

续表

周次	内容	目标	活动建议
8	咬人的皮皮	1. 知道咬人是不对的。 2. 掌握一些正确的自卫和交往方式。	
9	我是奥特曼	1. 能正确模仿科幻或动画人物进行情景游戏。 2. 知道不能随意伤人。	
10	门口	1. 能跟着老师响亮地念儿歌。 2. 知道进出门时不推也不挤。	
11	离群的小鸡	1. 观察图片,理解图片内容,能大胆地表述自己的想法。 2. 懂得不能随便离开大人或集体。	
12	小兔乖乖	1. 乐意扮演角色,随乐曲进行表演。 2. 懂得一个人在家时不能随便给陌生人开门,不能轻信陌生人的话,不能随便跟陌生人走,有自我保护安全意识。	将录音带等表演材料放在活动区,供幼儿自由结伴表演。
13	十字路口	1. 知道过马路要走人行横道线,过十字路口看红绿灯。 2. 形成初步的交通安全意识。	1. 建议家长带幼儿上街时向幼儿介绍有关过马路的安全知识,教育幼儿遵守交通规则。 2. 教师可利用饭前、餐后时间给幼儿讲相关的故事,增强幼儿的交通安全意识。
14	宝宝知道	1. 知道不能碰电插座及电扇等带电物,不能爬窗户。 2. 能有初步的安全意识。	
15	关门、开门	1. 知道不能将手放在门缝等处,以免受伤。 2. 学习轻轻地开门、关门。	

续表

周次	内容	目标	活动建议
16	小剪刀	1.知道不能随意玩剪刀。 2.乐意学习正确的剪刀使用方法。	1.教师要经常提供幼儿用剪刀的机会,同时要注意观察幼儿使用剪刀的情况,见到不安全的行为及时制止。 2.提供给幼儿使用的剪刀必须是圆头的安全剪刀。
17	小鸡中毒了	学习安静地听故事,了解小鸡中毒的原因,知道不能随便吃东西,防止中毒。	1.成人不要在饮料瓶里装洗涤剂或消毒液等,严防幼儿因误食而中毒。 2.成人应将吃的东西放在固定的地方。 3.必须要把消毒液等危险物品放在幼儿不能触及的地方。
18	小猫吃鱼	1.学习正确的吃鱼方法,防止被鱼刺卡住。 2.养成良好的进餐习惯。	1.此活动可放在午餐前进行,使孩子能在活动后得到及时的练习。 2.不宜给幼儿吃鱼刺小而多的鱼,一般吃炸鱼块、鲳鱼为宜。 3.在日常活动中还应提醒幼儿小心吃那些容易被卡住、呛着、噎着的食物,如花生米、瓜子、果冻等。
19	我会坐自行车	知道坐在自行车后座上,小手要扶好,不能左右摇晃,也不能站起身。	
20	创可贴娃娃	了解受伤的痛苦,知道玩游戏时要注意安全。	
21	帮娃娃搬家	学习上下楼梯的方法:靠右走,右手扶住扶手,一个跟着一个走。	1.上下楼梯次数不宜过多,以 2～3 次为宜。 2.建议家长在家中要鼓励孩子自己上下楼梯,使孩子有自我锻炼的机会。

表 2-7　温岭市中心幼儿园中班安全教育内容安排表

周次	内容	目标	活动建议
1	贴红点	1.找出活动室、户外活动场地比较容易发生危险的地方。 2.说说如何避免危险的发生。	让孩子了解在幼儿园里哪些地方容易发生危险,了解如何注意这些地方的安全情况。

周次	内容	目标	活动建议
2	安全标志	能设计各种各样的安全标志，并张贴在容易发生危险的地方，提醒自己和同伴注意安全。	在适当的时间可请孩子站在自己设计的标志前向同伴介绍自己的设计意图，提醒同伴注意安全。
3	交通标志	1.认识常见的交通标志。 2.提高配对能力。	1.让家长带领孩子在散步时观察马路上有哪些标志。 2.教师可用摄像的方法把交通标志拍摄下来让幼儿了解。
4	走在马路上	1.发现行人走在马路上可能会遇到的一些安全问题。 2.能注意观察并积极参加讨论。	
5	安全小乘客	1.知道乘坐交通工具的安全事项。 2.学习按一定的顺序讲述图画内容。	1.请幼儿将票据贴在图画纸上，在票据的下方画出使用该票据的交通工具。 2.在区域活动中，开展"开汽车"的游戏活动。
6	交通规则（一）	1.初步了解红绿灯的作用，知道红灯停、绿灯行的交通规则。 2.树立自我保护的意识，养成良好的习惯。	让幼儿课前跟随爸爸妈妈观察红绿灯，并有意识地给孩子讲解红绿灯的作用。
	交通规则（二）	了解过马路的几种正确方法，树立自我保护意识，知道应该遵守交通规则。	1.在角色表演中设置马路场景，在十字路口设置红绿灯的标记，指导幼儿在游戏中遵守交通规则。 2.向幼儿展示一些闯红灯造成的交通事故，教育幼儿过马路时应看清红绿灯。
7	文明行路人	1.知道错误的行为，学做文明的行路人。 2.知道从小要遵守行路的规则，增强自我保护意识。	1.可请一名交警来班上给小朋友讲解交通规则。 2.在教室张贴一些交通规则的宣传画。
8	小羊迷路了	1.知道要学习故事中的羊姐姐，听爸爸妈妈的话，外出时不乱跑。 2.知道在外出游玩时，要遵守集体规则。	建议家长共同配合。

续表

周次	内容	目标	活动建议
9	小狗警察	1.了解迷路的小猫回不了家的原因。 2.能记住自己家长的姓名、家庭住址、电话号码等。	
10	小宝找妈妈	懂得与大人走散时如何保护自己,找到家人。	
11	永不停止的心脏	1.初步知道心脏的位置和主要功能。 2.培养自我保护意识。	1.组织幼儿观看有关心脏或人体循环系统的教学录像带。 2.家园配合,结合日常生活进行随机教育。
12	会看东西的眼睛	1.了解眼睛的功能,知道眼睛能看见东西,它能帮助我们认识世界上各种各样的东西。 2.知道要保护好自己的眼睛,知道用眼卫生。	可让幼儿戴上眼罩,体验看不见东西的感觉。
14	红眼咪咪	1.了解患红眼病的原因,知道处理眼睛内异物的简单方法。 2.学习一定的卫生知识,知道红眼病会传染,懂得不用脏东西擦眼睛。	如逢红眼流行的季节,可及时对幼儿进行教育。
	眼球操	1.知道做眼球操可以保护视力,让眼睛更明亮。 2.学习眼球操三节,能初步掌握动作要领。	组织幼儿做此操,建议家长在幼儿看电视后做此操。
15	当心药物中毒	1.认识一些常见的药物,知道生病了应该按医生的嘱咐服药。 2.了解一些预防药物中毒的常识,知道不能乱吃药物。	在日常生活中对幼儿进行"水果洗干净了再吃""不把杀虫剂喷在食物上"等防止药物中毒的教育。

续表

周次	内容	目标	活动建议
16	他为什么肚子痛	1.知道肚子痛会影响身体的生长和健康。 2.了解几种引起肚子疼痛的原因,懂得要讲卫生、爱清洁。	可向幼儿介绍阑尾炎、胃痛等病和病征,提醒幼儿饭后要注意休息,不做剧烈的运动。
	取暖的安全	1.了解冬天取暖时要防止失火、烫伤及煤气中毒等方面的知识。 2.知道可以用多种方法取暖。	可根据本班的取暖设备,重点介绍某一种取暖方法的安全常识。
17	在家里	1.能找出家中可能出现危险的地方,知道避免危险的方法。 2.大胆表述自己的观点。	1.请家长收集幼儿在家遇到过的危险案例,以教育其他幼儿注意安全。 2.请家长和孩子一起找出家中需要注意安全的地方,并一起制作安全标志,以提醒幼儿在日常生活中注意安全。
	有人来敲门	1.知道一个人在家遇到有人敲门时正确的处理方法。 2.懂得遇事要勇敢、沉着。	
18	鞭炮与安全	1.了解放鞭炮时应注意的事项,增强自我保护意识。 2.了解放鞭炮是民族文化风俗。	1.介绍春节期间的鞭炮。 2.播放放鞭炮(或烟火)视频,组织幼儿观看。
	参观消防队	1.了解消防队是从事灭火救灾工作的。 2.知道火灾带来的危害,了解一些预防火灾的简单知识。	如不能安排参观消防队,可请消防队来园做介绍和示范,或通过录像、图片组织活动。
19	特殊的电话号码	了解一些特殊的电话号码,初步了解它们可以在紧急情况下解决一些特殊问题。	除了让幼儿了解火警与报警电话外,还可以让幼儿认识与生活相关的其他电话号码。

表 2-8　温岭市中心幼儿园大班安全教育内容安排表

周次	内容	目标	活动建议
1	危险的河	1.懂得去河边或河里玩耍很危险的道理。 2.培养自我保护的意识和能力。	该活动可以根据幼儿的实际生活更换教育内容,如不要在大水缸边玩耍等。
2	工地危险	1.懂得在建筑工地玩耍的危险性,知道不能在建筑工地玩耍。 2.树立自我保护的意识。	可以在活动前组织幼儿在安全地带观察施工场地,认识各种安全标志,了解建筑工地中存在安全隐患。
3	过期的食品	1.尝试识别过期与非过期食品。 2.了解食用过期食品的危害。	可以展示日常生活中有保质期标识的、带包装的各种食品,引导孩子认识食品保质期。
4	小孩子不玩火	1.了解火的用途,知道用火不当会给人们带来灾难。 2.学会简单的自我保护方法,懂得最基本的安全防火知识。	可以组织幼儿观看情境表演,或组织幼儿进行消防演习。
5	尖利的东西会伤人	1.知道尖利的物品使用不当会伤害身体。 2.学习正确使用剪刀、筷子、笔、游戏棒等物品的方法。	
6	当心机电伤害	1.了解电器给人类带来的方便和不正确使用电器带来的危险。 2.懂得要正确使用电器。	可以展示一些生活中有关不正确使用电器导致伤害的案例。
7	吃药的安全	1.了解随便吃药的危险性,懂得生病时要根据医生的诊断服药。 2.乐意与同伴一起制作小药箱。	收集社会上有关吃错药导致不良后果的案例。
8	厨房里的安全问题	1.知道厨房用具的作用与危险性,了解在厨房里要注意哪些安全问题。 2.懂得正确使用厨房用具的方法。	
9	不招惹动物	1.知道与小动物相处时,不友好的行为会引发危险。 2.懂得爱护动物,与动物要友好相处。	收集生活中有关招惹动物引起的动物伤人的材料。组织幼儿观看人类与动物友好相处的影像资料。

续表

周次	内容	目标	活动建议
10	不攀爬阳台、窗户	1.知道攀爬阳台、窗户是危险的。 2.懂得在阳台上、窗台边时要注意安全。	
11	这些食品不能吃	1.知道酒、咖啡、浓茶等会使大脑过度兴奋,会妨碍正常的休息。 2.懂得市场上所售的营养品对生长发育不一定有好处。	
12	贝贝迷路了	1.知道出门时要紧跟成人,以免走失。 2.知道走失后要动脑筋,想办法,或求助别人。	
13	着火了怎么办	1.懂得最基本的安全防火知识。 2.学会简单的自我保护方法。	将活动与日常的环境布置、游戏结合起来,也可以贴上各种标志。
14	安全用电	1.了解安全使用电器的基本知识。 2.知道插头、插座的使用方法。	
15	煤气开关不乱动	1.了解煤气的基本特征,知道煤气有害身体、不能乱动煤气开关。 2.知道正确使用煤气的方法,进一步树立自我保护意识。	在保证安全的前提下,可以向幼儿演示煤气炉具的正确使用方法。
16	发生地震的时候	1.了解简单的地震知识。 2.知道地震时不慌张,跟随大人快速到坚固的地方躲避。	让幼儿观看地震录像,直观感受地震的情形。
17	热闹的马路	1.知道汽车及其他交通工具行驶时都有特定的范围和特定的规则。 2.懂得人们必须自觉遵守交通规则,注意安全。 3.认识各种交通标志。	

续表

周次	内容	目标	活动建议
18	小公鸡历险记	1.知道不能轻易听信别人的话,学会独立思考问题。 2.懂得关心、爱护同伴。	故事见南京师范大学出版社的《幼儿园课程指导丛书·社会(大班)》第105页
19	小鸭子迷路了	1.知道迷路了不要慌张。 2.了解一些主要的生活活动规则。	故事见南京师范大学出版社的《幼儿园课程指导丛书·社会(大班)》第138页
20	我怎么办	能初步具备处理突发事件的能力和应变能力。	

教师在有计划、有针对性地进行集体安全教育的过程中,非常认真仔细,他们不仅对活动做了设计意图的分析,还在活动结束后进行了课后反思,这对今后安全教育的深化和推广,以及园本课程的培育具有积极的意义。

五、以组织趣味专题活动拓展安全教育

幼儿年龄小,自我控制能力低下,兴趣易转移,因此在研究安全教育策略的时候,我们认为光靠集体教学活动还是不能教育到位,必须探究多种形式。专题教育活动是既具有延续性、专项性,又极具情趣的活动。我园的专题安全教育由一系列的活动组成,形式多样,教育氛围浓厚,并要通过较长的时间完成,容易促使幼儿养成良好的行为习惯。在这样的活动中,幼儿会积极参与,会在亲身体验中将安全行为转化为自己的自觉行动。考虑到专题活动的特有魅力,我园有计划地根据时事特点、幼儿年龄特征等设计了一系列趣味性的专题安全教育活动(见表2-9)。

表2-9　温岭市中心幼儿园专题安全教育活动一览表

时间	专题内容
9月	熟悉幼儿园(热爱幼儿园)
10月	假期安全教育
11月	不会说话的安全小卫士
12月~1月	我们不玩火
2月	嗨!瞧我们玩得多安全
3月	交通安全教育
4月~5月	当心,电老虎!
6月	不随便跟陌生人走
7月	安全游泳专题

在开学初,孩子们对幼儿园的一切情况还不大熟悉,尤其是玩各种玩具时常常不知玩法、不知谦让,于是我们就以"瞧我们玩得多安全"为专题,开展多种多样的活动,力求达到如下目标:通过各种途径使孩子了解各种玩具的性能,掌握各种玩具的合理玩法;让孩子懂得不玩危险东西,要在老师的视线范围内活动,做到既玩得开心,又玩得安全;让孩子知道在活动中要自觉遵守纪律,形成玩具分享、与其他小朋友一起玩的意识,不推不挤,文明待人,保证安全。开始该专题时,我们要求各班在开学的一周内组织幼儿参观幼儿园的各种玩具、各种活动场所、各种大型体育器械,并邀请已在园的幼儿示范几种玩法,教师边引导参观,边讲解正确的玩法;还多次约定时间组织孩子观看情境表演,孩子们可以边观看边讨论玩法的对错,这样的情境表演使孩子理解合作玩、安全玩、礼貌玩的必要性和重要性,进一步懂得该怎么玩。而且,在这个专题活动中,我们要求各班在晨间活动和户外活动中重点教育幼儿学会安全、开心玩的技能,孩子们在幼儿园生活得开心又玩得开心,能有效消除他们入园的焦虑情绪。同时,我们还结合各领域的集体教学活动展开安全教育,如语言集体教育活动"户外活动"、社会集体教育活动"找危险"等,进一步巩固幼儿玩玩具的良好习惯。

为了能使全体幼儿和保教人员熟悉幼儿园的各个通道,掌握火中逃生的基本技能,丰富紧急情况下的应对策略,提高临场发挥能力,增强幼儿和保教人员的消防安全意识及自我保护意识,我们邀请了消防大队的官兵,实战演练逃生情景。当幼儿园中骤然响起火警警报时,正在开开心心做游戏的小朋友们在教师的组织下,立刻知道了警报声的含义。他们马上拿来湿毛巾,捂着嘴,有秩序地通过疏散通道,迅速撤离火灾现场(见图 2-4)。这种真的火警警报声、真的消防车、真的消防队员、真的灭火情景演练,使孩子们在亲力亲为后,将消防意识、防范的技巧、逃生常识和技能自然地铭记在心中。

图 2-4

这些富有趣味的安全主题教育增强了幼儿的安全意识,锻炼了他们所必需的安全行为能力,使他们逐步掌握了应对寄宿生活中可能出现的安全问题的自我保护能力。

六、以密切家园合作延伸安全教育

实施安全教育离不开家长的配合,因此家园合作也是我们实施安全教育的重要策略。在实践中,我们做到家园紧密联系,充分利用家长和社区资源,开展同步教育。我们通过家长会与家园联系栏等途径向家长宣传安全教育的重要性和迫切性,创设环境氛围,统一家长的思想认识,使家园教育保持一致。

在安排安全专题教育或大型活动时,我们根据活动需要邀请家长亲自参与。当每个节假日来临之时,我们就编制家长书,提醒家长时刻不忘孩子的安全教育。比如,在和家长联系的过程中,我们发现接送卡还存在着一定的接送安全隐患后,马上设计并制作一张出入卡,让家长凭卡出入,防止闲杂人员随意出入我园,威胁幼儿的安全。

幼儿园还引导家庭参与亲子安全小报编制活动,通过这种方式,让家长积极参与幼儿园的安全教育活动。家长与孩子围绕一个主题,共同收集一些安全知识,如故事、儿歌、图片等。安全小报编好后,我们还将这些编报张贴于安全教育专栏(见图 2-5),引导家长与孩子共同参阅,互相学习一些必要的安全知识,提高了大家的安全意识。孩子们在编报的过程中,可能会与家长一起上网查阅资料,可能会关注时事,可能会阅读报纸,这一过程既使孩子与家长加强了亲子互动,又不知不觉地让家长和孩子都受到了安全教育,真是一举多得。

图 2-5

第三章　寄宿制幼儿园的绘本阅读教育

　　生活在 21 世纪的孩子,不仅要面对日新月异的科学知识和信息技术,还要适应多元价值并存、不断发展变化的社会。在自身成长和发展的过程中,他们必须学会通过自主阅读去了解各种知识,学会辨别基本的是非,逐步掌握各种技能和本领,并形成良好的情感、态度和正确的价值观,因此学会阅读是孩子终身学习和可持续发展的必备基础。正如著名教育家苏霍姆林斯基所说:"让孩子变聪明的方法,不是补课,不是增加作业量,而是阅读,阅读,再阅读。"因为只有博览群书,才能使人文思活跃,才能使人高尚睿智,才能使人不断进取。与走读的孩子相比,寄宿制幼儿园中的孩子有大量阅读时间,重视他们的早期阅读教育,让幼儿在阅读中体验真、善、美,在阅读中习得新方法、获得新经验,在阅读的世界里享受着童年的快乐,是促进寄宿幼儿健康发展的重要路径。

第一节　绘本阅读的价值与意义

　　当今社会科学、信息技术迅猛发展,知识快速累积并不断更新。人们在有意无意中接触大量瞬息万变的各类信息。只有善于学习并终身学习的人,才不会被淘汰。学习能力和信息处理能力都依赖于一种基本的能力,那就是阅读能力。

一、早期阅读与儿童发展

　　国外对儿童早期阅读的研究从 20 世纪 50 年代就已经开始,当时的美国学者在对 6 岁幼儿的阅读研究中发现,具有一定阅读能力的幼儿,往往求知欲望比较强烈。通过早期阅读,幼儿的阅读兴趣被大大激发,幼儿的语言能力得以不断提高。

　　1970 年,联合国教科文组织决定,把举办第十六届会议的 1972 年定为"国

际图书年",旨在大力推广阅读活动,让人们养成良好的早期阅读习惯,促使社会向"阅读社会"方向发展。由此,幼儿早期阅读被当作重要教育项目开始实施,各个国家根据本国的实际情况,纷纷提出一系列的方针政策,对这一活动进行支持①,具体措施包括加大经费投入、广建图书馆、加大师资培训、向家庭提供早期阅读教育服务等。除此之外,各国还非常重视对幼儿早期阅读的研究。

20世纪80年代以后,早期阅读已经成为教育研究专家和教育学者感兴趣的研究话题,研究人员一直在试图使用比较完善的研究数据来对早期阅读的价值进行验证,并获得了一些有影响力的研究成果。

哈佛大学的一项3~19岁儿童语言和阅读能力追踪研究的结论告诉我们:儿童早期语言和阅读的条件、环境、能力与他们的未来阅读能力、学业成就存在很大的相关关系。儿童早期口语词汇的丰富性,口语词汇的复杂程度,早期阅读行为的建立——动机、兴趣、习惯、方法等,是他们未来阅读能力发展的重要指标,也是早期检测发现儿童是否可能存在阅读困难的指标。② 威廉·蒂尔和伊丽莎白·萨尔兹比经过研究发现,孩子们从很小的时候就开始注意身边环境在书面语言上的表达,早期的阅读体验在他们早期阅读中扮演了非常重要的角色。幼儿英语口语的发展,对孩子们词汇量的增长十分有利,同时也有利于儿童掌握复杂的语法结构,并与他们之后进入小学学习的成绩成正相关。③

目前学术界已基本达成共识:早期阅读有利于幼儿大脑的发育、成熟,有利于幼儿认知的发展,有利于幼儿个性、社会性的发展,即早期阅读对儿童发展和学业成就具有十分重要的影响。

二、探索早期阅读教育的迫切性

3~8岁是儿童阅读能力发展的关键期,他们开始认识各种符号、声音与意义的关联性,也开始尝试用自己所学的语言解释所见的世界。这些基本能力的培养都影响着孩子今后对学校学习环境的适应。培养孩子早期阅读的良好兴趣、习惯和能力,是成人可以给予孩子的最好的教育。④ 以北京师范大学心理学院舒华教授、伍新春教授和美国伊利诺伊大学阅读研究中心安德森(Anderson)等专家为核心的课题组,曾对中国与西方发达国家儿童的阅读水平进行了比较

---

① 金晓梅.多媒体读物在幼儿园早期阅读教学中的运用[J].教育导刊,2007.

② SNOW C. BURNS M S, GRIFFIN P. Preventing reading difficulties in young children[M]. Washington DC: National Academy press,1998.

③ 凯瑟琳·斯诺.预防阅读困难:早期阅读教育策略[M].胡美华,等,译.南京:南京师范大学出版社,2006.118-121.

④ 李建岚.阅之旅:幼儿园经典绘本课程实践[M].宁波:宁波出版社,2014:5.

研究。报告显示中国儿童的早期阅读水平令人担忧:美国儿童在 4 岁后进入独立的、自主性的大量阅读阶段,而中国儿童平均到 8 岁才能达到这个水平。① 这一研究结果,从一定程度上反映出我国儿童早期阅读能力发展水平与发达国家儿童之间的差距。

近年来,阅读教育的改革引起普遍关注,早期阅读逐渐成了我国幼教界高度重视的新课题,教育部先后颁发的《幼儿园教育指导纲要》《3～6 岁儿童学习与发展指南》均把幼儿的阅读要求纳入语言领域的目标体系中。教育部在 2001年颁布的《幼儿园教育指导纲要》就明确指出:"要利用图书、绘画和其他多种方式,引发幼儿对书籍、阅读和书写的兴趣,培养前阅读和前书写技能。"2012 年颁布的《3～6 岁儿童学习与发展指南》也在语言活动的领域给我们指明了方向:"为幼儿提供丰富、适宜的低幼读物,经常和幼儿一起看图书、讲故事,丰富其语言表达能力,培养阅读兴趣和良好的阅读习惯,进一步拓展学习经验等。"

目前,借助精心设计的阅读课程,激发幼儿的阅读兴趣,培养幼儿的阅读习惯,帮助幼儿建立读写信心,为学龄期的正式读写学习做准备,已经成为很多幼儿园早期阅读活动开展的重要方式。但是在开展的过程中也存在着不少误区,如教师不善于挖掘材料的深层功能,把阅读活动与看图讲述、文学作品学习活动相混淆;教师在组织活动中存在低效或无效现象,表现为不能在关键时刻利用提问引导幼儿理解等,让幼儿"请你照我这样做"的高结构阅读方案比比皆是。教师强加给幼儿的阅读体验,不是幼儿发自内心的真实体验,更谈不上享受阅读的乐趣。我们在调查中发现,被家长和教师认为"喜欢自己阅读图书"的幼儿仅占 20%,而"爱听成人讲故事"的却占 90%;在日常游戏以及日常生活中,玩具往往更容易吸引幼儿的注意力;在区域游戏中,选择图书区的幼儿很少,而且更换图书的频率很高,甚至有的幼儿翻看几页就匆匆离开了;开展集体阅读活动时,幼儿对图书画面观察不细致,对画面的理解和感受也需要成人更多的引导。这些情况都表明,在幼儿早期阅读教育领域,我们还有许多问题需要解决,提高孩子阅读能力任重而道远。

三、绘本阅读对儿童发展的独特价值

绘本(picture books)是一种以图画为主,文字为辅,甚至是完全没有文字、只有图画的书籍,而且情节往往简单、明快,特别适合识字量不多的幼儿阅读。这种图文并茂的儿童文学样式,依靠文字语言和视觉图片的相互关系来讲述故事情节,图画的线条、颜色,版面的配置,造型的设计,素材的运用等开启了文字

---

① 张彤.幼儿园绘本教育的个案研究[D].重庆:西南大学,2009.

无法叙说的意境;而文字通过清晰的语意传达,又弥补了画面无法直观表现的思想历程与时空变化。图作为绘本的内容在每一页出现,孩子看绘本就像看电影一样,每翻动一页,绘本的图就会把故事情节连接起来。画面的主题叙述弥补了幼儿书面文字经验的不足,即使根本不识字的小朋友在读绘本时,也可以先浏览图片,依靠图片传递的信息就能明白故事。

由于绘本具有图文相辅的内在平衡关系,所以绘本非常适合幼儿阅读。绘本的"儿童性"特点容易引起幼儿共鸣,激发阅读乐趣。孩子往往因为故事、图画的趣味性以及在阅读过程中所体验到的快乐而变得喜欢绘本。因此,绘本作为儿童的"人生第一书",被认为是"儿童早期教育的最佳读物"。[1] 苏玉枝对相关研究成果进行了总结,认为儿童绘本阅读在幼儿的认知发展,语言发展,情绪发展,艺术、道德发展,想象力培育等方面都有独特的价值。[2]

(一)绘本阅读与儿童认知发展

绘本最大的特点就是用一系列连贯图画组成一个完整的故事,以图为主,图文结合,所以阅读绘本可以培养儿童良好的图像概念,为儿童养成用图像思维的习惯提供了一个良好的平台,有利于提高儿童思维的连贯性。绘本的内容多彩多姿,内容包罗万象,上至天文、下至地理,对阅历不多、经验有限的幼儿而言,绘本犹如百科全书,能提供观察性、思考性与感受性的知识与经验。通过绘本阅读,幼儿可以清楚且深刻地观察、认识各种事物,或看到世界各地的风俗民情,知道不同物种的生活方式,体验与他们生活经验差异甚大的文化或价值观,进而增强认知能力,扩展幼儿的生活经验与视野。例如《乳牙掉了该怎么办?》一书就可以带领幼儿了解世界各地对于乳牙掉了所做出的解释以及处理方式,幼儿不用到世界各地旅行,在图书馆或家里就能知道66种不同的习俗。

(二)绘本阅读与儿童语言能力发展

在增进语言能力方面,绘本运用了韵文或大量重复性的词句,文风轻快活泼,幼儿在阅读过程中不但乐趣十足,而且增加了对语言的感受力,同时也学会了故事中的遣词用字,或者学习了新物品的名称,词汇量因此增加。而早期阅读绘本所提供的叙述技巧,亦为往后的阅读与写作奠下基础。例如《小鹌鹑捉迷藏》一书中,小鹌鹑与小鸡在玩捉迷藏时的对话:"好了吗?""还没!""好了吗?""好了!",不但内容贴近幼儿生活经验,重复性的对话也让幼儿在阅读过程

---

① 李建岚.阅之旅:幼儿园经典绘本课程实践[M].宁波:宁波出版社,2014:5.

② 苏玉枝.幼儿图画故事书中同侪的冲突起因、解决目标与解决策略之类型与相互关系研究[D].台北:台湾师范大学,2007.

中觉得趣味十足。

(三)绘本阅读与儿童情绪发展

在促进幼儿的情绪发展上,当幼儿在阅读与自己有相似经验的绘本时,容易将故事情节与自己的生活经验相联系。一方面,幼儿知道原来有其他人与自己有类似的遭遇,了解到哪些忧虑与情绪是正常的,从而缓解了负面情绪,消除了心中的忧虑与不安。另一方面,幼儿在阅读绘本的过程中,也许正面临与书中角色类似的困扰,而该角色解决问题的方式可供他参考。陈美姿以 20 位大班幼儿为研究对象,利用 12 本绘本进行 12 周(一个学期)、一周 2 次的情感教育课程,针对儿童绘本与幼儿进行讨论,探讨绘本阅读对幼儿自我情绪及社会能力发展的影响。研究发现,在自我情绪发展的七项能力中,除了"克服困难"与"表达内心感受"两项能力外,幼儿其余五项能力的表现令人满意;而在社会能力发展的九项能力上,除了"尊重他人权利"与"多元文化的尊重"两项能力较具争议性,幼儿其余七项能力的发展皆有良好的表现。另外,研究还发现教师与幼儿讨论绘本中的情节或人物,可以协助幼儿表达内心感受,教师也因此可以辅导具有行为困扰的幼儿。[①]

(四)绘本阅读与儿童想象力发展

绘本是儿童想象力很好的启蒙工具。丰富的想象力是经由直接或间接的体验而来的,并非天生的,因此体验越多,想象力越丰富。由于绘本能够提供幼儿无法直接体验到的生活经验,当幼儿通过绘本体验到的生活经验越多,想象力就越丰富。[②] 张秀娟以 30 名托儿所大班幼儿为研究对象,经随机分派至实验组与控制组后,以 8 本绘本为阅读材料,对实验组进行为期 4 周、每周 2 次、每次 70 分钟的绘本欣赏教学,再从实验组与控制组各随机抽取 5 位幼儿进行绘画创作,并邀请专家评析幼儿的绘画创作作品。研究发现,绘本欣赏教学能提升幼儿的独创力;此外,观察记录的分析也证实绘本教学有助于幼儿创造力的提升。[③]

(五)绘本阅读与儿童道德发展

在道德发展方面,郭恩惠(1999)为了解儿童与成人对儿童绘本的看法与反

---

①　陈美姿.以儿童绘本进行幼儿情感教育之行动研究[D].花莲:台湾东华大学教育研究所,1999.

②　郭恩惠.儿童与成人对儿童图画故事书的反应探究[D].台北:台湾师范大学,1999.

③　张秀娟.图画书导赏教学对幼儿创造力影响之研究[D].台中:朝阳科技大学,2003.

应,通过访谈了解儿童对绘本的想法,并观察、记录儿童在阅读时的身体动作与脸部表情。研究指出,由于儿童出于天性,喜欢和平、温暖、善良,向往爱与和谐,因此当儿童通过阅读,接收绘本呈现的温馨感受时,会感到满足。此外,儿童在绘本中看到了拥有善良、不贪心、不骄傲等良善品德的角色有好下场时,儿童良善品德也得以发展。Krogh 和 Lamme(1983)的研究显示,绘本故事中的主角可以教导儿童与人分享,且故事蕴涵的社会价值观、日常生活规范及知识,可促进儿童社会化。① 因此阅读优良的课外绘本,往往是儿童自我教育的开始。

（六）绘本阅读与儿童艺术美感的发展

绘本的一大功能是培养对艺术的感受,绘本资深创作者赵国宗认为:“儿童读物的插画,是最好的美术欣赏。”②绘本的特色之一是以图像呈现故事内容、传达作者意涵,因此图像在绘本的地位不但与文字齐头,而且常常更胜过文字。图画的呈现从平面的画、染、晕、剪贴,到立体的纸雕、木刻,还结合了现代计算机绘图软件,即使运用同一种技法,由不同的绘者诠释,也能产生不同的风格。各式的图像呈现方式不但能丰富幼儿视觉经验,也对幼儿造型艺术能力有所启发与影响。林妹静以 5 本绘本为工具设计教学活动,每次教学依循绘本赏析、深入讨论、游戏及多元延伸活动的流程,期望能提高幼儿欣赏、审美、发表及创作的能力,培养幼儿对艺术的兴趣。研究发现,通过绘本发展色彩游戏教学,能提高幼儿的色彩认知和运用能力,以及学习兴趣与创作表现能力。③

第二节　寄宿制幼儿园绘本阅读教育的实施策略

喜欢阅读、会阅读、能享受阅读的快乐,是孩子们终身受益的素养,而这些素养形成的关键期恰恰就在 3～8 岁,所以我们成人要根据孩子的发展特点切实把握好这个关键期。从我园对幼儿阅读长期的观察和研究来看,随着现代媒体的不断发展,社会和家庭读书的氛围越来越淡,这对幼儿的阅读有很大影响。我们发现:幼儿园内早期阅读氛围不够浓厚,早期阅读教育形式单一;孩子们还没有形成浓厚的阅读兴趣、良好的阅读习惯和必要的阅读技能,还没有感受到

---

① KORGH S L, LAMME L L. Learn to share: How literature can help[J]. Childhood Education,1983,59(3):188-192.
② 赵国宗.永恒的童趣——童书任意门导读手册[M].台北:信谊基金出版社,2006:17.
③ 林妹静.图画书应用于幼儿艺术教学之研究——以色彩游戏为例[D].台北:台北教育大学,2006.

阅读的快乐;很多家长认为早期阅读教育就是多识字。在这样的教育背景下,我们着力寻求能推进早期阅读教育的良方,期盼能找到开启孩子快乐阅读、感悟精彩世界的金钥匙。

绘本的特色是图文并存,插图除了有补充文字、让幼儿更容易了解故事内容的功能外,绘本中色彩丰富的图片能吸引幼儿眼光,图像的视觉刺激是幼儿最喜欢接受的信息,因为视觉信息的传达速度最快,有助于强化幼儿的学习效果。① 绘本精美的画面、鲜明的色彩和丰富的内涵不仅能激发孩子的阅读兴趣,还在促进孩子全面发展方面有其独特的价值,是国际公认的最适合幼儿阅读的书籍。但我们幼教工作者需要注意,绘本阅读的所有价值和功能,是在绘本和孩子有效互动的情境下才有可能实现的。绘本阅读是在一个真实的环境中,孩子主动参与并经由和环境互动的过程而获得发展的学习历程。在绘本阅读教育过程中,教师应营造适当的情境和氛围,开展师生对话和同伴讨论活动,利用绘本引导孩子主动建构自己的经验,形成生活中的新智慧,这是实现绘本阅读教育价值的必由之路。

一、群策群力,建设丰富充足的绘本阅读资源

开展阅读教育,读物是关键。可如今,各种绘本琳琅满目,常常让一线教师尤其是普通老师目不暇接,更无从下手。那么,如何方便我园教师选择适宜的绘本开展教育呢?只有建立园本绘本资源库,教师选择时才能省时省力,高效高质。

(一)确定绘本选择的基本标准

绘本是结合文字跟图像的文化产品,文字跟图像都要借着语言来承载它的意义。绘本如何将这两种表达方式结合起来,并且取得表达的平衡,是评价绘本好坏的重要标准。

1.绘本表现形式是否吻合孩子的视觉需求。每一本绘本都有着自身独特的表现手法与形式,我们在选择的时候,首先考虑的是绘本故事的画面内容、绘本编制特征是不是符合孩子的视觉需求,具体选择标准如下。

小班:画面情节简单、夸张;画面色彩丰富;字少、字大或干脆没有字;常见的有常规绘本或立体好玩的多形式绘本。

中班:画面情节有变化,有挑战性;画面变化明显,有一定线索;好看的常规绘本、非常规式绘本都可以选择。

---

① 黄瀞慧.幼稚园教师图画书教学设计之研究——以艾瑞卡尔的作品为例[D].嘉义:嘉义大学,2007.

大班:画面内容可增加些科学性,情节较复杂;文字稍多;画面充满想象空间,构图夸张有趣;画面细节设计丰满,具有一定挑战性。

2.绘本内容情节贴近孩子生活经验。孩子的阅读基于自身经验,只要是与他们生活经验相关的内容,他们阅读的兴趣就会更大。所以在选材的时候,只有绘本内容贴近孩子的生活经验,幼儿园的孩子在文化和行为方式的理解上才不会存在太大的困难,而且能引发他们的思考,激发新的情感。

(二)搜集推荐,建立绘本库

想让孩子喜欢上阅读,并能在阅读中收获快乐,养成阅读习惯,那么教师首先得喜欢读绘本,并能以孩子的视角去诠释绘本。因此,幼儿园首先鼓励教师搜集各种类型的绘本,从隔文观图到图文结合地解读绘本,理解绘本的真正内涵和作者的表现手法。其次,在每周召开的绘本推荐会上,教师现场解读绘本,陈述推荐理由、感悟、适用年龄段(见表3-1),在此基础上大家进行价值权衡、观点碰撞、质疑解答,全面了解绘本;最后,园方汇总绘本,以便深入考量,择材入库。

表3-1 温岭市中心幼儿园教师绘本推荐表

推荐书目	《小威向前冲》		
推荐人	徐肖肖	时间	2014年5月8日
推荐理由(绘本的核心价值)	每个孩子都可能会问:我是从哪里来的?家长大都敷衍以对,不知所云。《小威向前冲》这本绘本就很好地解决了这个问题。它通过一个可爱的小精子——小威,形象有趣地阐述了一个关于生命的科学话题,用故事的形式向孩子阐明了一些原本很复杂的道理。游泳大赛、地图、奖品……诸多孩子喜欢的元素吸引着孩子们去探索生命的奥秘。阅读"性教育"内容也变得轻松、有趣、神秘而浪漫。这本绘本向教师和家长提供了开展性教育的手段和方法。		
阅读感悟及案例	关于"我从哪里来"的话题,女儿有了阅读的经验后亲子沟通就更畅通:Comi说:"妈妈,我好想让你把我生成男孩子,那样,我有了小鸡鸡就可以站着嘘嘘了!"我们问:"你的小种子是哪里来的?"Comi:"是爸爸身上的。"(因为有阅读的经验)"对啊,爸爸在妈妈肚子里种了女孩子的小种子,所以你是女孩子啊!"女儿转身就质问爸爸:"你为什么不放男孩子的种子呢?"爸爸无语。我接着说:"爸爸放了很多小种子呀,他们还要比赛的呀!"Comi答:"我知道了,他们要开展游泳比赛,谁游得最快,生出来就是谁。"		
建议适读年龄与方式(打√)	小班( ) 大班(√) 中班(√) 亲子阅读(√)集体教学(√)		

教师推荐绘本意见汇总后,幼儿园再确定选购,并且整理归类、择材入库。根据不同年龄段需求,幼儿园将绘本筛选归类到小、中、大园本绘本资源库,以便教师在进行绘本阅读教学时选择。从我们的经验看,绘本阅读教育一旦能与主题教育链接,那绘本就会大放异彩。因此我们还会结合每学期幼儿园开展的相关主题活动,根据主题脉络,去选择和挖掘一些与主题吻合的绘本,这样既拓展了主题又发挥了绘本阅读教育的核心价值。

(三)精雕细琢,创造温馨宜人的园本阅读环境

阅读环境的创建也是儿童早期阅读的一个关键方面,阅读环境的建设可以为儿童早期阅读活动提供一个可行的前提,安静、舒适的环境更有利于幼儿阅读活动的开展。[1] 幼儿园倾力于阅读环境的打造,以此营造浓厚的阅读氛围,努力彰显幼儿园书香文化,引领孩子自主阅读。

1.专用活动室——欢鱼绘本馆。园内建有蓝色的欢鱼绘本馆(见图 3-1),里面储藏着五千多本绘本,孩子们可以在这里尽情享受绘本带来的快乐和幸福,丰盈内心的童话世界。绘本馆全日开放,班级轮流进入。外侧设有图书医疗诊所,为中、大班孩子及时修补绘本提供适宜的场所,也为他们能从小树立责任意识提供了一个操作平台。

图 3-1

2.公共阅读区——书虫休息站。为了让孩子们能时时处处置身于阅读世界,我们因地制宜创设了多个雅致的公共阅读环境,如设于大厅、楼道、走廊等的书虫休息站(见图 3-2),为孩子们提供了更加丰富的阅读材料、更加灵活的阅读空间。

3.教室阅读区——班级图书角。每个班级都建有温馨舒适、风格各异的阅读区,该阅读区拥有人均

图 3-2

3 册以上的各种类型的图书,为孩子们在一日生活中的随时阅读提供了极大的方便,也成为了他们自主阅读的主场地。

4.公共互动带——墙饰阅读区。在幼儿园园区、班级中若干个公共墙面,教师会创设墙饰阅读区,用图像、标识、文字符号等吸引孩子与之互动,给孩子们提供一个随时随处阅读的平台,也给孩子们提供了一个阅读能力提升的机会。

---

[1] 郑蓓丰,陆秋红.让墙饰成为幼儿阅读的好伙伴[J].早期教育,2002(7).

(四)异彩纷呈,建构园本特色的绘本阅读实施模式

实施绘本阅读教育,活动是关键,根据阅读教育目标,我们实施了多途径、多形式的阅读教育活动。

1.绘本集体教学

每学期初,园方就在资源库里规划整个学期的预设内容,同时也为鼓励教师在资源库里生成其他活动留出空间,内容涵盖四大领域,充分发挥绘本的多元价值。实践中,我们已经将大量优秀绘本设计成了教案,形成了本园的绘本集体教学内容体系(见表3-2)。

表3-2 温岭市中心幼儿园绘本集体教学内容一览表

序号	健康	社会	科学	艺术
1	生气汤	灶王爷	我有一个新朋友	小蓝和小黄
2	床底下的怪物	大卫不可以	鼓鼓和蛋蛋的梦想	德沃爷爷的森林小屋
3	鳄鱼怕怕,牙医怕怕	遇到你,真好	小威向前冲	弗洛拉和火烈鸟

在绘本阅读教学过程中,我们还探索了具有园本特色的“绘本阅读集体教学”五步推进法。

第一步:引发预测——自主读图。

首先,让孩子们阅读封面,猜测绘本情节,萌发阅读的欲望。比如在绘本《皮埃尔摘月亮》(见图3-3)的教学中,教师出示绘本封面,引导幼儿观察:你在封面上看到什么呢?这本绘本可能会发生什么事啊?于是,幼儿与同伴一起分享与绘本主题相关的经验,根据封面述说他们的所见、所想,强烈的阅读欲望在此被激发。

其次,让孩子们阅读绘本中的每一幅画面,关注细节和线索,开展推测和想象,大胆表述所见、所思。比如在《自己的颜色》(见图3-4)的教学中,当教师讲到:“站在柠檬上面,它就变成……”没等教师开口,幼儿就异口同声地说:“变成黄色。”原来,幼儿在阅读画面时就根据图片信息预测文本的发展了。

图3-3

图3-4

第二步:导读解惑——精细阅读。通过提问来引导孩子关注绘本内涵,进一步梳理阅读经验,开展精细化的整体阅读。比如,在绘本《爷爷一定有办法》(见图3-5)的教学中,教师问:“爷爷将约瑟夫的被子改成了衣服,小朋友看一看,被剪掉的那部分到哪里去了呢?”幼儿甲:“小老鼠偷回去了。”幼

儿乙:"小老鼠搬家里用了。"教师又问:"你是怎么知道的呢?"幼儿甲:"我看到小老鼠在扯被子。"教师说:"那我们一起看看图片吧!"在教师的提问下,幼儿再次观察图片信息:小老鼠捡的是约瑟夫不要的被子。幼儿甲:"是捡的,不是拿的。"幼儿乙:"是啊,是不要的被子角落,不是小老鼠偷的。"这样的提问引导,能够帮助幼儿关注绘本的内涵发展;然后教师通过导读,声情并茂地渲染气氛,促使孩子们萌发"我会读"的想法。

图 3-5

第三步:质疑讨论——深化阅读。搭建讨论平台,引导孩子们围绕绘本内容进行提问质疑、倾听思考、表达交流,在师幼、幼幼互动中进一步深入阅读。

第四步:经验升华——迁移阅读。教师搭建经验交流、迁移的平台,引导孩子们将绘本经验内化到自己的生活故事中,进一步升华情感,真正领悟绘本的内涵和核心价值。

绘本《大卫惹麻烦》教学活动结束时,教师给孩子们提供了几个交流的话题:

1.你觉得大卫以后还会继续惹麻烦吗? 为什么?

2.你惹过麻烦吗? 惹过哪些麻烦?

3.你惹了麻烦以后,是怎么做的呢? 承认错误以后,妈妈或者老师是怎样做的呢?

第五步:创意活动——延伸阅读。引导孩子们创造性地开展各种形式的阅读延伸活动,比如绘本编制、绘本表演、绘本游戏等;鼓励孩子用各种形式表达、表现阅读内容,并深刻感受阅读的快乐,达到乐读的境界。 例如,我园儿童的自制绘本《我真棒》(见图 3-6)就是延伸阅读的丰硕活动成果。

| 我真棒 | 我真棒,我会自己把歌唱 | 我真棒,我会帮忙把地扫 |
| 我真棒,我会帮忙晒衣服 | 我真棒,我会放风筝,飞得很高 | 我真棒,会爬到高楼上也不害怕 |

图 3-6

除了上述共性化的五步推进教学法外，我们还探索了个性化的"阅读教学"创意形式：

一是游戏化阅读，让教师将绘本内容编入游戏当中，引导孩子们在玩中开展阅读；

二是情境化阅读，让教师将绘本内容演绎成一个生动的情境，在情境中开展阅读活动；

三是生活化阅读，让教师将绘本内容结合生活、融入生活，引领孩子们在模拟日常生活情境中阅读。

多元的阅读教育教学方法改变了很多人眼中的绘本阅读教育，打破了他们"早期阅读就等同于识字教育""早期阅读教育有着小学化倾向"的认识，这些生动活泼、融于生活的绘本阅读教育切实培养了孩子们的阅读兴趣，帮助孩子们养成了良好的阅读习惯。

2.特色专项活动

为充分挖掘绘本教育价值、紧密融合实践，我们尝试开展多元的特色专项活动。

(1)阅读节

其一，每日阅读播报。该活动指的是孩子们轮流播报亲子阅读内容，交流感受。

其二，亲子绘本阅读活动。亲子以讲故事的形式共同演绎绘本，由孩子选出最受欢迎的亲子组合。

其三，亲子自制绘本展。亲子一起创编故事，一起设计画面，自制成一本本精美的绘本，展示于各个阅读区。

其四，教师绘本讲述比赛。幼儿园举行教师绘本故事讲述比赛，幼儿当裁判员。

其五，图书漂流活动。孩子们将家里的绘本带入班级开展"图书漂流"分享活动，相互借阅，扩大阅读量。

(2)主题活动

将绘本内容或主人公迁移到各类大型的主题日活动中，如生日大派对、模仿大咖秀、创意绘画等。

(五)指向明确，实施多元有效的阅读教育评价

1.构建绘本阅读教育评价指标

在阅读活动的实施过程中，教师依据表3-3的评价指标，定期对阅读教育活动的开展、室内阅读环境创设、孩子阅读行为表现、亲子阅读指导情况进行检测

和评价,不断提升阅读教育质量。

表 3-3　温岭市中心幼儿园绘本阅读教育评价指标体系

项目内容	二级指标	指标内容
课程实施	内容选择	1. 依据教育要求、幼儿发展需求选择内容。 2. 课程内容贴近本班幼儿生活经验,与主题密切相关。
	目标制订	1. 目标制订符合大多数幼儿的发展水平,并具有一定的挑战性。 2. 目标注重幼儿的阅读能力培养。 3. 以行为目标为主要取向,表现性目标加以补充。
	教学活动	1. 保证一周一次的阅读集体教学,教学活动开展有具体方案。 2. 注重分层指导,使每个幼儿能得到发展。 3. 在课程实施中有检查和反思。
	衍生活动	能根据幼儿阅读时的关注点,发现其兴趣走向和需要,生成有效的主题活动。
环境创设	室内环境	为幼儿创设自主选择、能产生积极互动的阅读环境,为幼儿阅读搭建平台、提供机会。
	资源挖掘与利用	能充分挖掘、利用社区、自然、家庭中的教育资源开展阅读活动。
幼儿行为观察分析	观察记录	定期对幼儿阅读行为进行观察和分析,对个别发展差异明显的幼儿建立个案教育计划。
	阅读行为	喜欢阅读,具有良好的阅读习惯。
亲子阅读指导策略	家园互动	图书漂流活动有序开展,教师积极搭建互动平台,和家长进行有效的亲子阅读指导探讨活动。

2. 运用阅读教育三色评价卡

除了上述比较严谨的评价指标外,我们还制订和实施了直观、形象的三色评价卡,让动态的三色评价渗透在阅读教育评价中,全面提升活动质量。

(1)幼儿分享红卡。以分享卡为评价工具,鼓励孩子们用绘画的形式记录阅读的相关内容,帮助教师了解孩子的阅读水平、阅读情况,从而使教师推进活动发展,或对部分孩子进行个别指导。比如,在集体教学活动前引导孩子画下该绘本相关的经验,并在晨间谈话时分享,便于教师了解每个孩子的已有经验,展开针对性的梳理和引导(如表 3-4 所示)。

表3-4　温岭市中心幼儿园幼儿分享红卡

家里的老人				

亲爱的小朋友们:重阳节马上要到了,你知道这是谁的节日吗?那你知道爷爷奶奶、外公外婆喜欢什么吗?一起去问问,再记下来哦!

	几岁了?	生日是什么时候?	最喜欢吃什么?	最喜欢做什么?
爷爷				
奶奶				
外公				
外婆				

（2）教师观察黄卡。教师在幼儿园一日活动中记录孩子们的阅读发展水平及兴趣,并针对观察到的案例给予分析、评价。比如,把握孩子们在一日生活中经常开展的阅读播报、晨间绘本故事分享、阅读区角活动、集体教学活动等时机,观察、介入、记录孩子的阅读情况,并予以分析、跟进（如表3-5所示）。

表3-5　温岭市中心幼儿园教师观察黄卡

幼儿姓名	小小	班级	小二	观察主题(情境)	阅读区活动
记录者	张老师	时间	2015.9.26	地点	教室
观察故事	小小进入阅读区,马上拿起一本立体的绘本(其实是倒着拿),很开心地放在地垫上,并立马打开绘本,用小手拨弄着变成立体的小兔,嘴里叽里呱啦地说:"看,兔子,兔子。"其实旁边并没有孩子过来参与,但小小还是非常开心。一会儿,小小又翻开另外一页,看到立体呈现的小狗,自言自语地说:"狗狗。"				
分析评价	小班孩子对于立体的非常规绘本感到非常好奇和兴奋,这对培养小班孩子的阅读兴趣非常重要。在观察的过程中,我看到了小班孩子还不会正确地翻看绘本,因此要针对性地对小班孩子的阅读方法和习惯进行重点引导。				

（3）家长记录绿卡。亲子阅读是早期阅读教育中不可或缺的一部分,幼儿园利用家长会、亲子阅读倡议书等引导家长重视孩子们的阅读教育,并积极开展亲子阅读活动,指导他们每周一次观察记录孩子在家中的各种阅读表现及绘本经验迁移情况（如表3-6所示）。通过家长的阅读记录卡,教师就能更全面地了解孩子们的阅读情况,及时调整阅读课程的实施。

表3-6　温岭市中心幼儿园家长记录绿卡

孩子姓名	张　鑫		班级	大二	时间	2015年6月20日						
阅读 小故事	今天儿子回家后就问:"爸爸,你最爱收集什么呢?"我一下子没有反应过来:"什么,我没收集什么呀!"儿子马上很失望地说:"啊,老爸,你什么都没有收集啊!你看,我收集了很多的卡片和汽车呢!"于是,儿子从房间里拿出了各种各样平时收集的卡片和汽车,很自豪地告诉我:"这些都是我最喜欢的宝贝呢!看来老爸没有什么宝贝了!我要画一本《收集》的书,明天带到幼儿园里去,让小朋友看看我收集的所有宝贝!"											
心得	原来儿子今天在幼儿园里和老师一起阅读了《收集》绘本,回到家马上就要迁移绘本中的经验了,真是令人高兴啊!											
阅读兴趣	高	较高	一般	差	阅读习惯	好	较好	一般	无	自主阅读	有	没有
	✓					✓					✓	

第三节　寄宿制幼儿园绘本"悦读"园本课程的构建

寄宿制幼儿园的教育环境具有特殊性,寄宿为幼儿大段时间的集体共读提供了可能性,幼儿园以绘本阅读教育为抓手,浓厚的阅读教育氛围、完整的阅读集体教学内容、多元的阅读教育方法、鲜明的阅读教育评价,促进着孩子们"想读、会读、悦读"的情感发展和能力提升,激励着教师们走上"想教、会教、乐教"的阅读教育征程,浓浓的书香味弥漫在幼儿园的每一个角落,成就了书香幼儿园的特色品牌。在探究阅读教育策略的同时,我们力图以绘本阅读教育为基础,建构富有园本特色的绘本"悦读"课程。

一、绘本"悦读"课程的顶层设计

(一)课程理念

遵循"预设与生成有机结合""阅读与多元活动相辅相成"的原则,挖掘绘本的多元教育元素与价值,将绘本阅读融于幼儿的一日生活,使孩子在快乐阅读中积累早期阅读核心经验。

1. 以需为基:以幼儿发展为本、以幼儿需求为根,探寻符合幼儿身心发展规律和生活经验的内容,从而满足幼儿的阅读需求。

2. 以"悦"引阅:以生动活泼的形式引导幼儿体验阅读活动所带来的愉悦情感,并以愉悦的情感体验唤起幼儿再阅读欲望,形成"阅中享悦、以悦引阅"

的双向有效推动。

(二)课程目标

课程目标是课程实施的出发点和归宿,我们以绘本阅读和孩子身心发展特点为依据,制订了可操作、可检测的总目标和分目标。

1.课程总目标

构建以《指南》为依据,以幼儿自身学习和成长需求为基点的"悦读"课程内容。以行动研究的方法探索"悦读"课程实施和评价的有效策略,培养幼儿阅读兴趣、良好习惯、阅读能力;切实提高教师的阅读教育能力;引导家长注重阅读教育,并参与亲子阅读活动;彰显幼儿园阅读特色。

2.幼儿发展目标

(1)良好阅读习惯的养成:了解绘本的基本结构,喜欢看书,会看书,养成良好的阅读习惯。

(2)对阅读内容的理解、表达与评判和阅读策略的形成:能看懂绘本,理解前后画面之间的联系,了解绘本中一些常见符号和标识所表达的意思,知道图片和文字之间的联系。

(3)有效阅读策略的构建:能细心观察,捕捉线索,体会绘本内容所表达的含义,提高"视""听""讲""思""辩"以及审美能力。

(4)对阅读内容的深层理解:能从绘本中获得人文、情感、自然科学等方面的相关经验,在"无痕学习"中感知真善美。

(三)年龄段发展目标

1.小班

(1)喜欢阅读绘本,能一页一页翻看,知道绘本的封面、正文、封底等基本结构。

(2)能在老师的指导下,理解画面内容和文字是对应的,尝试用自己的话表达绘本的内容。

(3)能正确取放图书,知道要爱护图书,不乱撕、乱扔。

2.中班

(1)能反复看自己喜欢的绘本,通过观察、猜测、讨论等方法了解绘本的主要内容。

(2)理解绘本画面与内容的关系,喜欢和同伴分享已读绘本的故事内容。

(3)理解绘本中一些常见的符号、标识所表达的意思,能体会绘本内容所表达的情感。

3.大班

(1)能独立仔细地进行阅读,敢于大胆地在同伴面前表达自己对绘本内容的理解和感受。

(2)能根据绘本线索开展猜想、续编和创编故事的活动。

(3)对图书和生活情境中的文字符号感兴趣,萌发书写的兴趣。

(4)感受绘本画面和语言的美,形成初步的审美修养。

二、绘本"悦读"园本课程的内容体系

《幼儿园教育指导纲要(试行)》明确指出,幼儿园教育活动内容的选择应"既符合幼儿的兴趣和现有经验,又有助于形成符合教育目标的新经验;既贴近幼儿的生活,又有助于拓展幼儿的经验;既体现内容的丰富性、时代性,又注重幼儿学习的必要性、妥当性以及与小学教育的衔接"。依据《指南》精神和课程总目标,结合温岭市中心幼儿园实际发展状况和寄宿制幼儿园教育的已有经验,我们构建了预设课程、生成课程、国韵课程相结合的课程内容框架(见图3-6)。

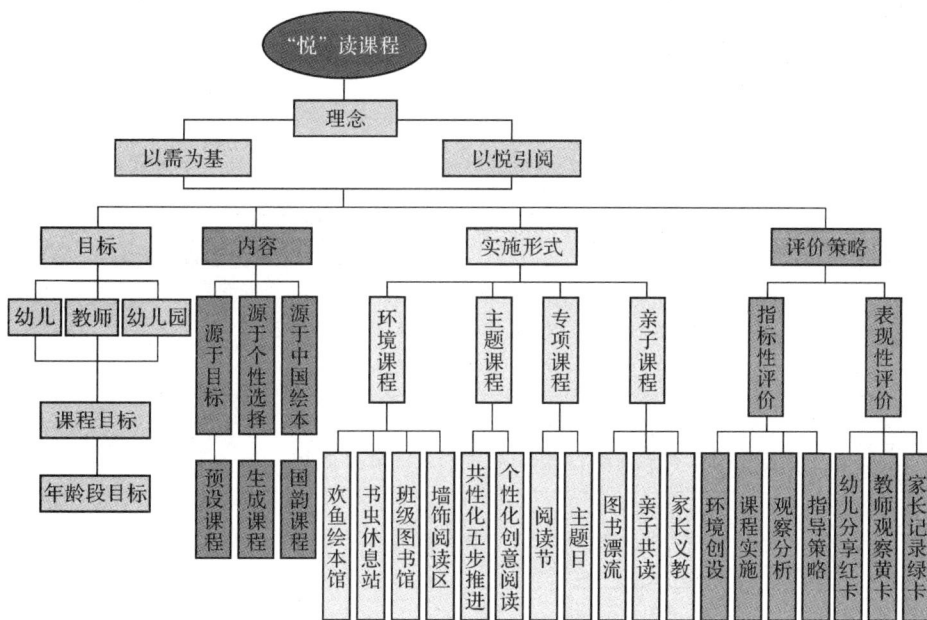

图3-6　温岭市中心幼儿园"悦读"园本课程内容的总框架

(一)预设课程(基础版)

预设课程是指由教师按照课程目标制订的课程,预设课程内容的计划性和

针对性较强,课程落实过程中教师占主导地位。幼儿园以课程总目标、幼儿发展总目标、年龄段发展目标为依据,每学期会选择符合各主题活动的绘本,形成学期精选绘本课程(见表3-7),并每周开展一次精选阅读活动。精选阅读活动方案步骤清晰,要求明确,每个环节都分别详细注明幼儿和教师的活动要求。活动后,教师还要对设计进行优化,配上评价建议,形成教、学、评三维立体化呈现,新颖完整,极具操作性的课程实施方案(见图3-7)。每个教师尤其是新教师在使用这套课程执行方案时都能很好地把握核心教育价值。

表3-7 温岭市中心幼儿园大班第二学期绘本阅读精选课程一览表

周次	教学主题	主题聚焦	精读绘本
一 二	我奇怪 我发现	换牙是成长必经的过程,能以正确的心态面对换牙。	《一颗超级顽固的牙》
三		分享可以使人快乐。	《石头汤》
四 五		对自然现象感兴趣,乐于思考。	《月亮生日快乐》
六 七	春天里	感受故事中彩虹色的花与他人分享快乐、尽力帮助他人的美好情感。	《彩虹色的花》
八 九	动物世界	无论自己多么渺小,都有自身的用处。	《一寸虫》
十		懂得每个人都有不同的优点,激发幼儿喜欢自己的情感。	《小猪变形记》
十一 十二		好朋友应该相互关心、理解对方,遇到困难要用积极的心态去面对并解决困难。	《搬过来搬过去》
十三 十四	我要上 小学了	懂得耐心、仔细倾听别人讲话是一种好习惯,具有初步的耐心、仔细倾听别人讲话的意识。	《大熊有个小麻烦》
十五 十六		学会与别人相处,并且尊重学校里的规矩。	《大卫上学去》
十七 十八		体会蚂蚁们的勤劳、乐观、聪明和团结合作的精神。	《蚂蚁和西瓜》

图 3-7

(二)生成课程(提升版)

预设课程有利于绘本"悦读"课程预设目标的达成,但预设课程的内容是由教师设定的,有时不一定符合幼儿内在的阅读需求。生成课程的理念是,课程不能仅仅达成教师事先设定好的目标,还要根据课程实施过程中幼儿的表现和需要生成新的内容和活动。我们的"悦读"生成课程就是通过师生互动,教师根据幼儿的生活经验和兴趣点,将精选绘本中涉及的经验进行梳理、拓展,不断调整活动,进而调动孩子参与的积极性,激发其创造潜能。教师根据学生的反应,由预设课程衍生出个性化主题课程,通过对衍生主题的命名、分析,建构涵盖主题名称、主题说明、主题目标、内容框架、具体活动设计、活动照片的主题活动网络,最终形成"衍生性'悦读'主题课程"(见表 3-8)。

表 3-8 绘本《变色鸟》生成主题活动网络一览表

主题名称	奇妙的颜色
主题来源	《变色鸟》是一个富有诗意的绘本故事,这个故事给了孩子们最基本的颜色概念:故事中的白鸟吃下什么颜色的果子就长出什么颜色的羽毛,吃下几种颜色的果子就成了一只彩色鸟。故事生动形象地告诉孩子们色彩变化的原理,又蕴含了一定的想象和表达的空间,让孩子们对颜色的变化存在一种好奇感。活动结束后,部分孩子来到活动区域,拿起油画棒、水粉颜料进行变色游戏,甚至有个别孩子在衣服上验证了绘本故事里的颜色变化,由此可见,孩子们对色彩的变化特别感兴趣。玩色是小班孩子所热衷的,仅仅依据这一个绘本故事单纯讲述色彩的变化规律是不够丰富的。因此,根据幼儿的实际情况、年龄特点,我们开展了一系列相关的主题教学活动,让孩子们在多种形式的活动中进一步了解色彩变化的原理与规律,感知颜色混合后变出新颜色的现象,体验发现的乐趣。

续表

主题目标	1.能分清常见的几种颜色,知道什么是三原色以及三原色的作用。 2.通过欣赏故事、玩色等过程,感知红、黄、蓝三原色混合所产生的色彩变化及带来的美感。 3.愿意尝试有趣的方法,观察色彩混合后发生的变化,萌发探索的兴趣。

(三)国韵课程(点睛版)

在绘本"悦读"课程实践中,我园在使用国外经典绘本的同时,回溯本土资源,推出以"中国元素"为题材的"国韵绘本阅读课程"。我国通过梳理和组合国韵绘本的特点,以"中国传统节日"为主线、以月为单位实施课程,让孩子在国韵绘本中了解中国风俗习惯、本土文化,体会绘本的寓意和人文情怀(如表 3-9 所示)。这块内容是我们在"悦读"课程中渗透民族文化、本土意识的探索和创新。

表 3-9　温岭市中心幼儿园大班第二学期国韵绘本阅读精选课程

序号	节日主题	主题聚焦	精读绘本
1	春节	了解"年"的来历,知道过年的几种习俗;懂得在过年时,要关心寂寞、孤独的人。	《年》
2	元宵节	感受元宵节一家人团聚在一起吃汤圆的温馨氛围。	《团圆》
3	我发现我奇怪	体验绘本中传达的浓浓的民俗情。	《牙齿牙齿扔屋顶》
4	动物世界	探知动物间相克相生、循环往复的有趣现象。	《老鼠娶新娘》
5	母亲节	体会孩子和母亲之间的感情,懂得母爱的伟大。	《虎王子》

三、绘本"悦读"园本课程的支持平台

(一)绘本资源——群策群力,建设丰富充足的绘本资源库

建立适合我园寄宿儿童的资源丰富的绘本库是建设绘本"悦读"课程的基础工作,温岭市中心幼儿园高度重视优秀绘本资源库的建设,每年从教学专项资金中拨专款保证绘本的购置。为提高绘本库的质量,我们不但制订了绘本的选择标准,而且发动全体教师和家长推荐优秀的绘本作品。2016 年,温岭市中心幼儿园绘本库中的绘本按照小班、中班、大班分类存放,数量已经达到生均 30 册,基本可以满足教学的需求。我们还在班级建立流动绘本图书库,动员家长

和孩子从家里带来优秀的绘本,实现共读共享。

(二)教师资源——层级推进,建设会读善教的教师群体

我们制订了"悦读"课程实施计划,成立了课程审议小组,建立了课程研究制度,并邀请相关专家来园指导,在专家引领的基础上组织教师开展理论学习、绘本作品阅读活动、图书交流会、阅读感悟分享会、同课异构研讨会、教师绘本演读会、阅读观察记录探讨等一系列的教研活动,提升教师在绘本阅读园本课程实施方面的执行力。

(三)家长资源——家园联动,建设喜读乐导的家教团队

实施阅读课程,家长的参与是必要的。我园通过文本指导、活动引领、家长实战、经验交流等途径来引领家长参与活动,并不断提升家长的参与水平。

1.文本指导

(1)阅读专栏分享。在班级里设立"好书推荐""阅读心得""阅读之窗"等专栏。推荐适宜绘本,提供相关的阅读文章,帮助家长理解绘本,展示家长的阅读心得。

(2)书吧导读。我园大厅书吧二十四小时开放,定期更换图书,每半月就会向家长推荐一本绘本,并且详细介绍陪读群体、指导方式。

2.活动引领

为了让家长了解亲子阅读指导方式,我们又开展了一些教学演示。

(1)活动观摩。将家长请进阅读课堂,观摩教师的阅读教学,提高亲子阅读指导质量。

(2)视频观摩。将优秀的亲子阅读活动视频推荐给家长观摩、学习,使我们的指导活动突破了时间、空间的限制。

3.经验交流

(1)网络交流。建立微信群、QQ 群等,引导家长在网上进行观点"碰撞"、经验交流。

(2)现场交流。召开各种类型的家长读书会,开展阅读经验交流活动。

第四节　寄宿制幼儿园绘本阅读教育的活动设计

绘本中的图画和文字相互融合,共同表达一个或多个主题,创造出一个生动的体验世界。绘本内容本身的丰富性和综合性为阅读教育活动设计的多样

性提供了可能。教师在实施绘本"悦读"园本课程的过程中,结合寄宿幼儿的心理特点和需要,在绘本阅读教育的活动设计上进行了大量的探索和实践,现按照不同的年龄段选择其中的一部分,供大家参考。

一、小班绘本阅读教育的活动设计

(一)围绕绘本《抱抱》设计的系列活动

绘本简介　啵啵是一只调皮的小猩猩。有一天,他独自到森林里玩耍,看到了大象妈妈和小象宝宝拥抱在一起,接着啵啵又看到了蛇妈妈和蛇宝宝也亲密地拥抱在一起,这让啵啵想到了他的妈妈,啵啵很难过。善良的大象妈妈带着啵啵去找妈妈。在路上,他们看到一群狮子宝宝躺在妈妈的怀抱里,长颈鹿妈妈也用她特有的方式和小长颈鹿们拥抱,啵啵再也忍不住,大哭起来,直到啵啵的妈妈出现,及时地拥抱了啵啵,啵啵才不哭了。一旁的小动物们也很开心,一起大声地说:"抱抱。"

1.语言活动:抱抱

设计意图

《抱抱》是一个情节简单、角色分明、温馨洋溢、感染力十足的图像故事,动物亲子互动拥抱勾起了小猩猩让妈妈抱抱的渴望,小猩猩看见动物们都用他们特有的方式享受着相互抱抱的温馨时刻,小猩猩再也忍不住,嚎啕大哭,直到猩猩妈妈出现并及时拥抱了他,才纾解了小猩猩的思念之情。绘本中只出现"抱抱""妈妈"和"宝宝"三个简单而重复的词语,却生动地营造出温馨的故事氛围。拥抱是亲子间爱的表现,也是最直接、最自然的情感交流,在父母的怀抱里,孩子享受温暖、愉悦的身体接触,感受无可取代的亲情和关爱。《抱抱》的故事,题材看似简单,却十分贴近孩子的生活经验,可以满足寄宿孩子被爱、被拥抱的心理需求,也可以通过这个绘本的阅读引导寄宿孩子学习表达内在的情绪感受。一个简单的故事,却蕴含着和乐、温暖的人际关系,为幼儿积累了一些感性经验,所以我们认为这个绘本活动特别适合在寄宿制幼儿园小班第一学期开展。活动中我们将按照谈谈抱抱——欣赏绘本——理解画面的模式进行教学,让孩子们在听一听、说一说的过程中大胆讲述,快乐参与,对抱抱产生积极、美好的情绪和情感体验。

活动目标

1.理解绘本故事内容,体验绘本故事中小猩猩的心情变化。

2.增进对亲人和朋友的情感,回忆和自己喜欢的人抱抱的愉悦感受。

活动准备

绘本课件 PPT。

活动过程

一、图片导入

你们瞧这是谁？一只小猩猩,他有个很好听的名字,叫啵啵。小朋友和啵啵打声招呼吧!(啵啵好!)

二、欣赏绘本,并在讲述中提出问题

1.观看多媒体,观察、理解大象、小蛇的拥抱方式。

师:啵啵是一只调皮的小猩猩,有一天,他悄悄地离开了妈妈,一个人跑到大森林里去玩了。

师:忽然他高兴地叫道:"抱抱!"啵啵看到谁?(大象。)大象妈妈和小象宝宝在干什么?怎么抱抱的呢?(头靠着头,用他们的大鼻子抱在了一起。)他们抱在一起心情怎么样?那啵啵看到他们开心地抱在一起心情怎么样?开心吗?

师:啵啵想,森林里肯定还有好玩的,再往前走!走到前面的时候,啵啵又惊喜地大叫起来:"抱抱!"他看到了谁在抱抱?(小蛇。)蛇宝宝和蛇妈妈是怎么抱抱的?好特别的拥抱呀!那啵啵看到他们抱在一起的心情又是怎么样的呀?

师:教师小结。

2.根据画面猜测,理解长颈鹿、狮子的拥抱方式

师:小象、小蛇都在和自己的妈妈抱抱,这时候啵啵的表情怎么样?你们来学一学。那这时候啵啵的心情怎么样?(伤心、难过。)为什么?原来这么多的小动物都在和妈妈抱抱,啵啵没有人和他抱抱,他想妈妈了,这时候大象妈妈对啵啵说:"啵啵,我来带你去找妈妈吧!"大象妈妈驮着啵啵往前走,去找他的妈妈了。

师:瞧,啵啵又看见了谁?他们在干什么?(小长颈鹿和他妈妈抱在一起。)小长颈鹿和他妈妈是头碰头拥抱呀,那啵啵找到了他的妈妈吗?(没有。)那我们一起继续帮啵啵找妈妈。

师:突然,啵啵指着前面,大声地说:"抱抱!"啵啵这下子看到了什么?狮子宝宝趴在妈妈的怀抱里,抱抱!那你觉得小狮子这时候是什么感受?(开心,温暖。)那你猜一猜那边的啵啵开心吗?为什么?

3.小猩猩找妈妈,理解他也渴望被拥抱的心情

师:小象、小蛇、小狮子、小长颈鹿都在和自己的妈妈抱抱,可是啵啵没有。他再也忍不住了,他怎么了?啵啵一直哭个不停,小动物没有办法了,小朋友你们愿意来帮助他吗?啵啵平时找妈妈都是大声喊:"妈妈!妈妈!"我们一起来帮他喊一喊他的妈妈,好吗?

师:看! 谁来了? 妈妈飞一样地跑过来,大声喊着"宝宝",啵啵也喊着"妈妈",朝妈妈跑过去,和妈妈抱在一起。啵啵趴在妈妈的怀里,妈妈的怀抱真温暖呀! 你来猜一猜啵啵会对妈妈说什么?

三、完整讲述绘本内容,体会抱抱的快乐

1.教师完整讲述绘本内容

师:这个故事有个好听的名字叫《抱抱》,我们一起再来听一听。

提问:咦,这时候啵啵在哪里? 为什么啵啵和大象妈妈抱在了一起? 因为刚才大象妈妈帮助啵啵找到了他的妈妈。除了能和自己的妈妈抱抱以外,我们还可以和谁抱抱? 那现在请你和你的好朋友抱一抱,看看抱抱是不是很温暖,很快乐?

2.活动延伸

师:原来一个抱抱可以让人感到这么温暖,回到家后也给自己的爸爸妈妈一个大大的抱抱好吗?

(黄宁、徐肖肖、刘彤彤等供稿)

2.音乐活动:森林抱抱派对

活动目标

1.熟悉乐曲旋律、结构与节奏,能根据音乐变化做出相应的动作,体验拥抱带来的快乐。

2.享受情景游戏所带来的快乐,发展空间协调能力和结伴交往游戏的能力。

活动准备

图谱;音乐《抱一抱》;动物头饰;PPT。

活动过程

一、听音乐进场,跟随教师绕场地做动作

幼儿随教师绕场地做动作后入座。

二、幼儿倾听音乐,感受旋律,初步尝试游戏动作。

1.以举办抱抱派对引出小猩猩的话。

屏幕出示小猩猩,播放小猩猩的录音:

小朋友们,你们好,我是啵啵,森林里要举办一场抱抱派对,把更多的抱抱和温暖送给大家,我想邀请你们一起参加,你们愿意吗?

师:小猩猩说了什么? 抱抱派对是干什么的?

听起来真有意思,那我们准备一段抱抱舞,和小动物们一起玩吧! 先来一起听一听抱抱舞的音乐吧。

2.倾听欣赏音乐,初步学习游戏内容。

(1)第一次倾听音乐。

师:音乐里唱到了什么?(练习前半段)

幼:找个朋友,找个朋友,找一个朋友抱一抱。

师:找朋友的时候我变成了什么小动物?你想变成哪一种小动物?

幼儿选择自己喜欢的小动物随着音乐前半段表演。

(2)再次倾听,教师示范。

师:你们都变成了可爱的小动物,我好喜欢你们呀,真想和你们抱一抱,我会在什么时候和我的好朋友抱一抱?

播放音乐,找一个小朋友示范拥抱。

(3)幼儿练习游戏部分内容。

师:那我们听着音乐和旁边的小朋友抱一抱吧。

孩子们,抱抱的感觉怎么样?

我发现你们都闭着眼睛抱抱,说明你们的抱抱很温暖哦!

唉,小朋友们都是面对面抱抱,就像小猩猩啵啵和他的妈妈一样,抱得紧紧的。你们有什么不一样的抱抱吗?

请个别幼儿示范不一样的抱抱姿势。

师:哇,你们看,小动物们也来参加抱抱派对啦(依次出示PPT)!

有大象的鼻子勾着鼻子,猩猩面对面抱抱,河马从后背抱抱,长颈鹿头碰头抱抱等画面。

三、出发去森林

师:小朋友们可真厉害,小耳朵都会听音乐了,现在我们要准备出发去森林参加抱抱派对啦,跟紧老师,可别迷路了! 来,我们学着小动物,准备出发去森林啦!

幼儿玩游戏1~2遍。

四、森林派对,完成游戏

播放PPT《派对现场》。

师:我们终于来到森林派对现场啦! 哇,有好多小动物们都拥抱在一起了! 抱抱派对开始啦,小猩猩给我们每个人都准备了一份礼物,我们看看是什么?(出示头饰)

我们一起打扮成小动物,参加派对吧!

幼儿玩游戏1~2遍。

(应玲丹、陈军敏、李亚萍等供稿)

3. 社会活动:抱抱

设计意图

小班开学初,有些孩子因为不适应新环境往往会哭。在寄宿制幼儿园,小班开学初孩子的分离焦虑就更加强烈,这时老师通常会把他们揽入怀中,有的孩子会乐意让老师抱抱,有的孩子则会拒人于千里之外。为了拉近老师与孩子之间的距离,帮助孩子尽快融入集体,我们设计了这个活动。小班幼儿的良好社会性发展对其身心健康和其他方面都有重要影响。而看似简单的抱抱是小班幼儿传递爱的最直接、最温暖的方式,对孩子来说,抱抱永远也不嫌多。在阅读过《抱抱》这本带给人温暖的绘本后开展本次社会活动,让幼儿在看看、听听并结合自身的已有经验后,亲身感受与体验抱抱带来的愉悦,并且愿意和大家一起分享自己的感受,是我们设计本次活动的情感路线和初衷。

活动目标

1.知道开心的时候需要抱抱,伤心难过时也需要抱抱。

2.乐意与老师、同伴抱抱,感受师幼和同伴之间相互抱抱的快乐。

3.初步产生对妈妈、老师和同伴的关爱之情。

活动准备

1.绘本《抱抱》封面;各种拥抱图片、视频等。

2.歌曲《抱一抱》。

活动过程

一、出示图片,引起幼儿谈话的兴趣

猩猩妈妈抱小猩猩(图片)

小朋友们,他们是谁呀?他们在干什么呢?脸上是什么表情?为什么有这样的表情呀?

小结:原来是啵啵和他的妈妈,他们很久没有见面了,这下他们终于见到了,你看他们笑得多开心。他们都很爱对方,这是爱的抱抱!

二、体验令人开心的各种拥抱(让幼儿体会开心的时候需要拥抱,而且抱抱会让人感觉很快乐)

1.那你和谁抱抱过呢?(爸爸、妈妈、爷爷、奶奶抱宝宝的图片)你喜欢爸爸妈妈抱抱你的感觉吗?那是什么感觉呢?

2.小伙伴之间抱抱(图片)。

(1)你们还和谁抱抱过?

(2)他们为什么要抱抱呀?

小结:原来是因为他们很喜欢对方,很想和对方做朋友,所以抱在了一起!

这是互相喜欢的抱抱！

3. 小朋友和旁边的小朋友以及文老师抱抱（播放音乐）。

(1)那你喜欢你旁边的小朋友吗,请你也抱抱他好不好？

(2)刚才你和小朋友抱抱有什么感觉呢？

(3)你真可爱,我也好想抱抱你,你愿意让我抱抱吗？（边抱边说感受）

(4)还有谁想和我抱抱？

(5)刚才你们和文老师抱抱有什么感觉呢？

小结:原来拥抱有这么多的感觉,老师抱你们的时候也觉得香香的、甜甜的,很开心、很舒服。我们刚才说了这么多种抱抱,心情都很愉快,还表示很喜欢对方呢。

三、知道伤心的时候也需要抱抱

1. 小朋友哭时需要朋友抱抱（图片）。

(1)前面我们说的都是开心的抱抱,那还有什么时候你需要抱抱？开心的时候需要抱抱,伤心的时候要不要抱抱呢？请你看看这个小朋友怎么了。

(2)请你想想有什么办法可以让他不哭呢？

(3)我们来看看究竟是什么办法让他不哭的。你们看到了什么啊？

小结:小朋友因为想妈妈哭起来了,后来小朋友们抱抱他,哄哄他,他就不哭了。

2. 抢玩具生气了（图片）。

(1)再来看看这两个小朋友怎么了？

(2)小女孩为什么不开心？你有什么好办法让她开心起来？

(3)看看到底谁帮助了她。

小结:原来两个小朋友在玩的时候,因为争抢玩具,小女孩生气了,有一个小女孩过去安慰她,抱抱她,她就觉得开心舒服啦。

3. 摔倒了（图片）。

(1)咦,她又怎么了呢？

(2)她为什么哭了起来？

(3)我们应该怎么做让她不哭呢？大家一起说一说。

小结:小朋友们都是心地善良的好孩子,当别人伤心难过的时候都愿意安慰他,抱抱他,这样别人也会开心起来。今天我们知道了,开心的时候我们需要找个朋友抱一抱,伤心难过的时候也需要朋友来抱一抱。这样我们就能成为一个幸福的人。

四、那你再想想还有哪些时候我们需要抱抱呢？

1. 抱抱小动物（图片）,这是喜欢的抱抱！

2.生日时(图片),这是开心的抱抱!

3.胜利时(图片),这是胜利的抱抱!

小结:我们今天说了这么多的抱抱,当不开心时我们抱一抱就会变得开心起来,如果开心的时候抱一抱,我们会变得更加开心!

五、玩《抱一抱》的游戏(播放音乐)

1.那接下来我们跟着音乐一起开心幸福地抱一抱吧!

你还记得这首歌曲吗?

2.那我们用以前的学到的本领抱一抱吧。

六、鼓励幼儿在家中与爸爸妈妈及其他亲人进行抱抱的游戏

你们愿意把我们的幸福抱抱带回家送给爸爸妈妈吗?那我们今天回家给爸爸妈妈一个大大的抱抱吧!

(文丽、赵优佳、莫悠悠等供稿)

(二)围绕绘本《小蓝和小黄》组织的系列活动

绘本简介　在绘本《小蓝和小黄》中,小蓝和小黄是用蓝颜色和黄颜色的彩纸撕出来的圆纸片,看上去是那么随意。画面中的爸爸妈妈、好朋友们,也都是一个个随意撕出来的色块,所有的画面都是简单的。这本绘本用这简单的几个色块,为我们生动演绎出了一个关于友爱的温馨故事。对于小班孩子来说,他们对于友情、亲情等情感的认知和体验是不够丰富的,这本绘本可以让他们在这直白的画面中体验情感、感受温情。小班的孩子对颜色也特别敏感,绘本可以引导孩子直观地认识三原色,进而帮助幼儿学习颜色的调和变化,寓教于乐。通过绘本,孩子们会知道黄色和蓝色在一起会产生变化,从而激发他们对颜色渐变的兴趣。

1.科学活动:颜色分类

设计意图

《小蓝和小黄》这本绘本涉及了小班科学领域方面的内容。绘本里"你不是我们的小蓝,你是绿的",隐藏着"颜色匹配""一一对应"等内在的科学经验。《3~6岁儿童学习与发展指南》提出要有意识地引导幼儿观察周围事物,学习观察的基本方法,培养观察与分类能力。而按颜色分类是幼儿常见的分类形式之一,属于按物体的外部特征分类,符合小班初期幼儿的认知经验与能力水平。我们要引导幼儿在观察的基础上,正确认识常见的颜色,说出其名称并尝试进行简单的分类。本次活动按照绘本里的内容设计情境,将科学问题巧妙地设计到情境中,以此来组织教学活动,而相关情境的创设会引起幼儿

浓厚的兴趣,幼儿在情境中认识颜色,学习按颜色分类。根据绘本创设的情境,幼儿能在轻轻松松的过程中愉快地参与学习,在游戏活动中体验到科学活动的乐趣。

活动目标

1.认识红、黄、蓝三种颜色,并能按颜色分类。

2.乐意参与活动,在活动中体验快乐。

活动准备

1.PPT。

2."红、黄、蓝"三个形象图;红色、蓝色和黄色的房子各两个。

3.图形宝宝、邀请卡若干。

4.音乐《拉个圆圈走走》一段。

活动过程

一、认识颜色

1.打开PPT。师:小朋友们,他是谁呢?（小蓝。）我们和小蓝打个招呼吧!

2.师:小蓝有好多朋友,他最好的朋友是谁啊?（小黄。）今天小蓝和小黄还带着朋友小红一起玩呢!

二、辨别相同的颜色(相同的颜色喜欢在一起)

1.师:小红、小蓝和小黄,他们喜欢在一起玩。瞧,他们玩起了藏猫猫! 猜猜他们会藏在哪儿呢? 为什么你觉得他们会藏在这里?

2.师:箱子里还有一些东西,你觉得他们会喜欢这些吗? 哪些是小红喜欢的? 小蓝喜欢的是什么? 这个小黄会喜欢吗?（他们喜欢和自己相同颜色的东西。）

3.师:小红、小蓝和小黄要去公园玩了。他们需要穿过隧道才能到达公园哦! 这里有三条隧道,他们会怎么通过呢?

4.师:到了公园,他们发现进入公园有五扇门,他们会怎么选择呢?

5.小结:我们小朋友都发现了,原来相同的颜色喜欢在一起!

三、颜色分类游戏

(一)"图形宝宝去做客"

1.师:小红、小蓝和小黄在公园里玩了一会儿后,现在准备回家了,猜猜哪个房子是小红的呢? 这个是谁的房子? 我请小朋友送他们回家。为什么你觉得这是小红的家?

2.师:图形宝宝要去小红、小蓝和小黄家做客了。（出示图形宝宝）我要去小蓝家做客! 小蓝会怎么说呢?（对不起,你不是蓝的,你是红的。）

3.用同样的方法,请幼儿纠正错误。

4.师:这里有一群图形宝宝,他们也想去小红、小蓝和小黄家做客,请小朋友们把图形宝宝送去做客吧！记住了,小红、小蓝和小黄说,他们喜欢相同的颜色。

(二)"好朋友邀请一起玩"

1.师:图形宝宝去小红、小蓝和小黄家玩得真开心啊！小朋友们,你们也想和小红、小蓝、小黄一起玩吗？现在小红、小蓝和小黄来邀请我们小朋友了。这是邀请卡！请小朋友们等下找到邀请卡并贴在自己的身上,然后去相同颜色的小房子那里贴好邀请卡,和小朋友们一起玩转圈圈的游戏！小红、小蓝和小黄把自己的好朋友邀请卡藏在了小朋友的小椅子背后,现在请你们去找找吧！

2.播放音乐,幼儿围着小房子玩转圈圈。

3.教师在身上贴蓝色邀请卡,去黄色、红色的房子旁尝试和小朋友一起玩。师:宝贝们,我能和你们一起玩吗？(请小朋友说明理由)

4.师:那谁可以邀请我一起玩呢？(让幼儿观察教师的邀请卡颜色,判断教师该和拥有什么颜色邀请卡的幼儿一起玩)

5.师:小朋友们,你们玩得开心吗？小红、小蓝和小黄想对小朋友们说,今天他们也玩得很开心啊,谢谢小朋友们今天帮他们让相同颜色的东西在一起！

(林悦敏、孙露露、庄丽君等供稿)

2.阅读活动:小蓝和小黄

设计意图

小班的孩子,对周围世界充满浓厚的兴趣,对新鲜事物具有强烈的好奇心,而且这阶段的孩子只对那些形象鲜明、具体生动、能引起强烈情绪波动的事物有记忆。根据这一情况,为了进一步满足孩子的好奇心,我们设计了本次活动。利用故事中有关蓝色加黄色变成绿色的"魔术"有效地激发幼儿探索的欲望,旨在引导幼儿仔细观察、大胆尝试并在尝试的过程中感知两种颜色组合在一起后的神奇变化,寓教于乐,孩子们在操作和游戏中学习故事,感知颜色的变化,体验与好朋友在一起的快乐。

活动目标

1.理解绘本内容,能够根据自己的生活经验看画面想象、猜测故事情节。

2.积极参与阅读活动,并能在活动中大胆地想象和表述。

3.体验绘本中颜色变化的神奇过程。

活动准备

1.绘本PPT。

2.各色橡皮泥。

活动过程

一、引出课题

出示各色橡皮泥请幼儿抢答颜色,调动大家的积极性。

师:我们一起玩一个"谁是孙悟空"的游戏,看看谁的眼睛最亮。这是什么颜色的橡皮泥?(出示蓝色、红色、黄色、橙色、绿色橡皮泥,请幼儿抢答。)

师:橡皮泥颜色真丰富,今天老师就给大家带来了一个与颜色有关的故事。

二、分段阅读故事《小蓝和小黄》

师:(出示绘本封面)这个蓝色的圆圈叫小蓝,那这个黄色的小圆圈叫什么?(小黄。)

1.仔细观察画面,阅读故事第一段。

(1)师:小蓝的家里还有谁?(爸爸妈妈。)你是怎么看出来的?(请幼儿上来指出哪一个是爸爸,哪一个是妈妈,并简单说明理由)

(2)师:小蓝有很多好朋友,小朋友们数一数这里有几个颜色宝宝?他们分别是谁?给他们取一个名字吧。

(3)师:可是呀,小蓝最好的朋友还是小黄。小黄的家就在街对面,小黄的家里还有谁?(爸爸妈妈。)你是怎么看出来的?(请幼儿上来指出哪一个是爸爸,哪一个是妈妈,并简单说明理由)

(4)师:他们最喜欢玩捉迷藏的游戏了,请小朋友上来指出颜色宝宝分别躲在哪里。(引导幼儿初步认识方位,比如上面、下面、旁边等。)

(5)师:(观察图片)他们还很喜欢玩什么游戏呢?(转圈圈。)他们是怎么转圈圈的?(手拉手)手拉手拉起来像什么?(圆圈,花朵。)

(6)师:(观察图片)有的时候他们会跟我们小朋友一样干什么呢?(上学,学本领。)从哪里看出来?(他们整整齐齐地坐好。)

2.倾听故事第二段

师:小蓝终于找到了自己的好朋友小黄,他的心情是怎么样的?他会做什么呢(引导幼儿说出小蓝会抱小黄)?请小朋友抱抱自己身边的小伙伴。

3.完整阅读绘本故事,感知故事中有趣的科学现象。

师:今天老师给你们准备了黄色和蓝色的橡皮泥,那我们来看看小蓝和小黄抱一抱,会发生什么有趣的事情呢?

幼儿自主操作,用蓝色橡皮泥小球拥抱黄色橡皮泥小球,让幼儿发现小球颜色的变化,帮助幼儿理解故事内容。

活动延伸

1.回家讲故事给爸爸妈妈听。

2.玩一玩橡皮泥,看看别的色彩宝宝抱在一起会有什么变化。

(莫悠悠、徐肖肖、陈军敏等供稿)

(三)围绕绘本《多多什么都爱吃》组织的系列活动

绘本简介 《多多什么都爱吃》源自幼儿绘本系列丛书"幸福的种子",它以一个小女孩的自述方式,描写了女孩对长大后的幻想历程。故事中的小花不吃饭、爱挑食,总是将不爱吃的蔬菜全部喂给小狗多多,并幻想多多吃了长大的样子。最终,她发现了多吃的好处、坏处,明白了不挑食道理。小班幼儿普遍有挑食的坏习惯,和故事里的小花有许多相似的地方。这个故事轻松、有趣,孩子特别爱听。绘本以活泼明亮的色彩和自由奔放的蜡笔线条,加上类似漫画的造型,给幼儿提供了宽松自然的故事情境。绘本内容有利于孩子充分想象,并逐步将故事推向高潮,这种方式相比日常说教更有助于孩子理解故事内容,达到更好的教学效果。

1.阅读活动:多多什么都爱吃

设计意图

绘本《多多什么都爱吃》里的内容正是我们老师和家长都很关注的幼儿挑食问题。对于寄宿制幼儿园的孩子,他们全天都在幼儿园统一就餐,除了特殊情况外,幼儿园一般不会为孩子单独安排饮食。对很多家里的"小宝贝"而言,他们需要一个适应在校就餐的过程。通过学习绘本《多多什么都爱吃》,孩子们了解了故事中小花把饭菜都给多多吃导致多多长大后带来的一系列麻烦,小花改正了挑食的坏习惯的结局,让幼儿认识到饭菜要自己吃才能长大,他们应该做个不挑食的乖宝宝,才能健健康康地长大。

绘本《多多什么都爱吃》以活泼明亮的色彩和自由奔放的蜡笔线条,加上类似漫画的造型,给孩子们提供了宽松自然的故事情境,表达了与小班孩子密切相关的挑食问题,这种方式相比日常说教更有助于孩子理解故事内容,达到更好的教学效果。我们希望通过这个绘本的阅读让孩子们知道挑食是个不好的习惯。再者,这本书对我们也是一个启发:对于孩子的一些不足,是否能用一种轻松有趣的方式来引导他们呢?这样孩子是不是能更愉快、更清楚地认识到自己的不足呢?

活动目标

1.尝试观察绘本画面,理解画面内容,发现画面中的前后变化。

2.根据故事情节猜测多多长大后带来的好处和坏处,并尝试用简单、清楚的语言表达出来。

3.通过阅读绘本知道挑食是不对的。

活动准备

绘本及相关 PPT。

活动过程

一、出示绘本封面，了解故事中的人物：小花和多多

师：宝贝们，今天李老师给大家带来了一本好看的书，题目叫《多多什么都爱吃》。你们看，这是书的封面，这个小女孩的名字叫小花，（教师手指小狗）小花旁边是谁呀？（小狗。）小狗的名字叫多多。他们之间会发生什么有趣的事呢？我们一起打开看看。

二、逐一观察图片，完整欣赏绘本

1.小花把饭菜都给多多吃。

（1）出示图 1。

师：妈妈说："开饭啦！来，小花，多吃点青菜喔，青菜很有营养，吃下去你会长得高高的！"

师：宝贝们，你们觉得小花喜欢吃吗？你从哪里看出来的？

师：嗯，小花呀，手托着下巴憋着嘴巴（教师模仿小花表情），说："我不要吃，我不要吃。"

（2）出示图 2。

师：那小花是怎么做的？我们来看一看。（把青菜倒给了多多吃。）

师：嗯，小花说："多多什么都爱吃，给多多！"多多呢，伸出舌头，摇摇尾巴，可开心了。

师：谁听到了小花是怎么说的？（多多什么都爱吃，给多多！）

师：我们和小花一起说说看。

（3）出示图 3。

师：妈妈说："小花，那你吃点胡萝卜吧，胡萝卜吃下去呀眼睛会亮亮的。"

师：你觉得小花喜欢吃胡萝卜吗？从哪里看出来的？

师：小花看到胡萝卜转过脸皱起了眉头（教师模仿小花表情）。

师：小花不喜欢吃胡萝卜，她会怎么做？谁来猜一猜？

（4）出示图 4。

师：嗯，我们一起来看看猜得对不对。小花又把胡萝卜倒给了多多吃，小花会说些什么呢？我们一起来说。（多多什么都爱吃，给多多！）

（5）出示图 5。

师：妈妈看小花什么都不喜欢吃，就去盛了一碗豆腐汤，说："来来来，小花，喝点豆腐汤吧，豆腐汤可营养啦，吃下去皮肤白白的。"

师:这次,小花喜欢吃吗?

(6)出示图6。

师:小花会怎么说,怎么做呢?

师:小花说:"多多什么都爱吃,给多多!"接着地,又把豆腐汤倒给了多多。

师:宝贝们,你们觉得小花是一个怎么样的孩子呀?(不听话、挑食……)

(7)出示图7、图8。

师:妈妈摸了摸小花的头,对小花说:"小花呀,如果你什么都叫多多帮你吃,多多也会帮你长高、长大,那你就长不大了!"小花听了妈妈的话,看着多多,心想:如果让多多长大,它会变成什么样子呢?

2.多多变大了的好处和坏处。

(1)好处。

师:宝贝们,你们猜一猜长大的多多会对小花有什么帮助呢?

教师出示图9、图10、图11、图12,并逐一讲述。

(2)坏处。

师:多多变大后带来了这么多好处,但是如果多多越长越大、越长越大(出示多多大图),又会带来什么麻烦呢?(幼儿自由回答)

①师:那我们来看一看小花是不是和你们想的一样。(出示多多睡觉图)哎呀,多多长得和房子一样高、一样大,还睡得下它的小床吗?(睡不下。)嗯,多多连房间都进不来,伤心地哭了起来,真可怜啊!

②出示多多洗澡图。

师:小花在干什么?(帮多多洗澡。)小花都爬到哪里了?

师:是啊,小花一会儿爬到多多背上,一会儿又拿来梯子给多多洗脸,这边爬爬,那边爬爬,这边刷刷,那边刷刷,真累啊!

③出示多多吃狗粮图。

师:他们在干什么?(小花在喂多多吃狗粮。)

长大后,多多吃的狗粮多不多呀?

师:没长大的多多只要吃一小碗呢!可以给小花家省下很多的粮食。

④出示小花和多多玩图。

师:多多长这么大,小花有没有长大?(没有。)小花要和多多一起玩方便吗?(不方便。)从哪里看出来的?(小花要装上飞行器才够得着多多。)

师:长大后的多多给小花带来了这么多麻烦,你们觉得小花喜不喜欢长大的多多?

3.小花改掉了挑食的坏习惯。

师:嗯,小花想来想去,还是喜欢多多现在的样子。那我们一起来看看小花最后是怎么做的(出示小花吃饭图,幼儿回答)。

小结:小花再也不把饭菜给多多吃了。小花真是乖孩子,我们小朋友要像小花学习哦,做个吃饭不挑食的乖宝宝,才能健健康康地长大。

三、以音乐《快乐吃饭歌》结束活动

师:宝贝们,我们来听音乐,做个不挑食的宝宝吧!(播放音乐)

(音乐放一半)孩子们,我们一起去外面告诉别班的小朋友不能挑食喔。

(李依琳、邵海玲、王永红等供稿)

2. 健康活动:我们什么都爱吃

设计意图

《多多什么都爱吃》这本绘本的话题正是我们老师和家长都很关注的幼儿挑食问题。我们想通过这个绘本的阅读让孩子们知道挑食是个不好的习惯,然后在理解绘本的基础上让幼儿更深入地了解蔬菜水果的营养价值和挑食对身体的影响,让他们进一步懂得挑食是不对的,并引导幼儿自己动手制作果蔬沙拉品尝,在动手品尝中让幼儿养成良好的饮食习惯,努力做到不挑食、不偏食。

活动目标

1.初步养成良好的饮食习惯,努力做到不挑食、不偏食。

2.体验自己动手做沙拉的乐趣和快乐。

活动准备

1.PPT。

2.材料:萝卜、玉米粒、黄瓜、苹果、香蕉、鸡柳、沙拉酱、番茄酱。

3.勺子;碗。

活动过程

一、出示图片,导入主题

1.师:这是谁?(多多。)

多多:大家好!我是小狗多多。我的小主人叫小花,她很挑食,不爱吃青菜,总是把青菜给我吃,你们觉得她这样做对不对?(不对。)

师:为什么不对?青菜吃了有什么好处呢?

小结:青菜里有丰富的维生素,能帮助我们减少生病的次数,变得越来越健康。

师:小花还不爱吃什么?(出示萝卜、青菜图)

师:你觉得萝卜吃了有什么好处?豆腐呢?

小结:红红的萝卜,能让我们的眼睛越来越亮。豆腐营养丰富,能让我们越来越聪明。

二、知道不挑食才能长得健康

1.师：小花知道后，开始认真吃起碗里的饭菜，你们看她吃完了吗？表扬一下她。

师：吃完饭，小花带着多多去散步，在公园里碰到了好朋友点点和拉拉，小花的朋友点点看上去怎么样？（很胖。）

师：你们说点点为什么会长得这么胖？

师：原来点点只喜欢吃肉，从来都不吃蔬菜才长得这么胖。那像点点一样就吃肉行吗？

师：那拉拉看上去健康吗？为什么？你们猜猜看拉拉为什么这么瘦？

师：就跟你们说的一样，拉拉非常喜欢吃蔬菜，可是她不吃肉。你们觉得光光吃蔬菜行吗？

师：我们不仅要吃肉，也要吃蔬菜，还有水果，这样才能营养全面，长得健健康康。

三、介绍材料，幼儿动手制作水果沙拉

师：老师今天准备了一些美味的食物，邀请你们来做一份营养很丰富的沙拉。

萝卜：红红的萝卜，能让我们的眼睛变得越来越亮。

玉米：黄黄的玉米，可以帮助我们排便便。

黄瓜：青青的黄瓜能帮助我们把身体里的垃圾排出去，变得越来越好看。

苹果：红红的苹果能让我们变得越来越聪明。

香蕉：黄黄的香蕉也能帮助我们排便便。

师：老师在每个盘子里都放了勺子，舀了后记得把勺子放回去，记得把每种食物都舀一点到小碗里，再到酱料的地方选你喜欢的酱，再拿一个勺子拌一拌，果蔬沙拉就做好了，你们想不想试一试？记得要吃多少拿多少哦。

四、品尝沙拉，结束活动

师：小厨师们，你们的盘子里有哪些好吃的？我们一起来尝一尝吧！

小结：我们也要像小花学习，不仅要吃各种各样的食物，还要努力把碗里的食物吃光。

（杨雨婷、俞敏慧、张以斯帖等供稿）

（四）围绕绘本《和我一起玩》组织的系列活动

绘本简介 太阳初升时，小女孩儿走到草地上，看见蚱蜢正在吃早餐，就对蚱蜢说："和我一起玩好吗？"还伸手想去抓蚱蜢，吓得它马上跳开了。接下来，小女孩陆续看见了青蛙、乌龟、松鼠等小动物，仍然要它们和她一起玩，还屡屡动手去抓,这种举动当然吓跑了所有小动物。接连碰壁的小女孩非常落寞,只好一个人静静地坐着,什么事也不能做。没想到就在这种"无所事事"的情况下,原本遁逃的小动物都回来了,它们回归到原来的位置上,和小女孩儿静静地相处,看似保持安全距离,互不惊扰对方,其实彼此已经形成了自然相处的模式,营造出和谐共处的氛围。

1. 语言活动:和我一起玩

设计意图

由于从小静观动物,安妮对于动物有一股浓浓的疼惜之情,把它们当作伙伴一样嬉戏,当作朋友一样相处,这份情意不但在本书中表露无遗,也在其他绘本作品中屡有显现。例如绘本《在森林里》中,小男孩儿在森林里遇到了狮子、灰熊、袋鼠等动物,他和它们一起野餐,玩丢手帕以及躲猫猫,就像和朋友玩耍一般;绘本《森林大会》中,小男孩儿和森林里的小动物互相比绝活,这不正如朋友间的友好竞争吗?《指南》指出:"引导幼儿学习用平等、接纳、尊重的态度对待差异。"人跟动物一样,是大自然的一部分,如何与之相处,是我们现在最需要学习的内容。而玛丽创作的这一本书,提供了一个最好的方法,就是"静观聆听、和谐共处",即安静地观察周围动物的一举一动,不惊扰,不伤害;仔细地聆听大自然的声音,不中断,不喧闹。根据小班幼儿的学习特点,我选取了其中四种幼儿熟悉的小动物,以图片、手偶的形式生动直观地帮助幼儿理解故事,希望他们能从中理解和谐相处的意义和表达方式。

活动目标

1.理解绘本内容,并能根据画面简单说出图中发生的事,学说"XX,和我一起玩好吗"。

2.爱护小动物,感受人与动物和谐相处的温馨画面。

活动准备

PPT;手偶。

活动过程

一、谈话引出课题

师:今天天气可真好,我们跟着安妮一起到草地上玩吧,看看会发生什么事呢?

二、欣赏图片,理解绘本内容

1.兔子的故事。

(1)师:安妮碰到了谁?(兔子。)一只兔子躲在橡树后面,一边用鼻子闻,一边小口地吃着一朵花。

幼:兔子,和我一起玩好吗?

(2)师:兔子为什么跑了? 原来安妮想要和兔子交朋友,可是她用手去抓兔子,兔子就被吓跑了。

(3)师:要是安妮用手去抓你们,你们愿意和她做朋友吗?

2.青蛙的故事。

(1)师:安妮又碰到了谁?(青蛙。)一只青蛙跳过来,坐在池塘边。我猜,它在等着捉蚊子。

幼:青蛙,和我一起玩好吗?

(2)师:青蛙为什么也逃跑了? 原来安妮又做了一个不好的动作——抓。你觉得青蛙会喜欢吗?

3.乌龟的故事。

(1)师:安妮又去找朋友,找到了谁?(乌龟。)一只乌龟静静地趴在木头上,动也不动,正在晒太阳。

幼:乌龟,和我一起玩好吗?

(2)乌龟被吓得去哪了?(游到水里去了。)为什么呀?

4.小蛇的故事。

(1)师:这是谁?(小蛇。)一条小蛇偷偷地穿过草丛,扭来扭去,爬了过来。

幼:小蛇,和我一起玩好吗?

(2)师:你们猜,小蛇会逃跑吗? 你怎么知道的?(出示图片)小蛇果然吓得钻到地洞里了。

5.师:(出示图片)安妮怎么了? 为什么?(音乐起)

师:你们有没有话想要和安妮说呢? 谁能帮帮她想想办法?

6.师:(出示图片)哇! 你们看。(打开音效)

(1)师:安妮听了你们的话,会做些什么事呢?

(2)师:吓跑的小动物们都回来了,它们在哪呢? 它们还带来了它们的动物朋友。我们来认识一下吧。

(3)师:这时候的安妮看起来怎么样? 你们开心吗?

小结:原来想要和动物交朋友就不应该用手去抓它们,这样它们因为心里害怕就会逃跑。我们可以静静地和它们坐在一起,有礼貌地问个好,这样就能交到更多的朋友。

三、完整欣赏绘本

1.师:这本绘本有个好听的名字叫《和我一起玩》,我们一起来欣赏吧。

2.师:(出示手偶)我是兔子、青蛙、乌龟和小蛇,你们来当安妮哦,请你们说说安妮的话。

四、游戏《找朋友》

师：跟着音乐我们一起去找朋友吧，和朋友手拉手出去玩啦！

（林欢欢、林双双、陈瑜等供稿）

2.社会活动：和我一起玩

设计意图

　　刚刚进入寄宿制幼儿园的小班孩子，分离焦虑明显，社交意识薄弱，他们有交往意愿，也渴望交朋友，但是由于小班的孩子处于具体形象思维阶段，语言表达能力尚未发展好，在交往的时候往往以行为代替自己想要表达的东西，甚至会出现所谓的攻击性行为。本次社会活动在前面活动的基础上进行，幼儿已经初步知道在和小动物的交往时不能用手去抓小动物，这样小动物才能和幼儿交朋友。这次以绘本为主题的社会活动刚好符合现阶段小班幼儿的状况，把原先和小动物相处的经验迁移到和同伴之间的交往。这一绘本的价值在于它是真真切切地符合处于小班第一学期的幼儿的特点，也非常巧妙地解决了孩子们在交往的过程中使用不当行为带来不愉快的困惑。从绘本中体验安妮和小动物之间的交往变化，再联系到自己和同伴之间的交往，活动以幼儿平时的一日生活展开，在观察、讨论、说一说、玩一玩的过程中体验和朋友一起玩的快乐。

活动目标

1.基于绘本，了解安妮和小动物之间的情感转变。

2.能使用礼貌用语进行交往，并愿意和同伴一起玩。

3.在体验中感知和同伴一起玩的快乐情感。

活动准备

1.制作好的PPT（2段视频、2张图片）。

2.音乐一段。

3.一半幼儿自带玩具。

活动过程

一、出示绘本《和我一起玩》，引出话题

1.这位女孩子是谁？她去小树林碰到了谁？她和小动物之间发生了什么事？后来呢？

2.总结：安妮很想和小动物们一起玩，可是她总是用手去抓它们，小动物们都被吓跑了。当她不再去抓它们的时候，小动物们都回来了，她和小动物们一起成了好朋友，玩得很开心。

二、利用视频、图片引导幼儿学会礼貌交往

安妮有几个朋友，他们在交朋友的时候发生了一些事情，我们一起来看看。

1.播放视频:争夺玩具。

(播放视频前半段)他们怎么了?你觉得这样做对不对?为什么?那我们应该怎么做?

(播放视频后半段)这位小男孩说了一句什么话?(我们一起玩好吗?)这么有礼貌的话,小女孩同意了吗?我们也一起来说一说这句好听的话,现在他们两个是怎么玩的?(一起玩。)

2.播放视频:抢书。

(1)(播放视频前半段)这两个小朋友之间发生了什么事情?如果你很想看别人的书,那应该怎么说?怎么做?

接下来看看他们之间会发生什么样的事情。

(2)(播放视频后半段)这个小男孩说了什么话?这么好听的话,女孩子同意了吗?我们也来说一说。现在他们怎么样了?

3.逐一出示四张图片,对的做O动作,错的做×动作。

一起滑滑梯:你们瞧,这两个小朋友在干什么?对不对?为什么?

抢小椅子:他们在干什么?对不对?为什么?

一起摇摇马:你们觉得对不对,为什么?

一起搭积木:你们瞧,这几个小朋友在干什么?对不对?为什么?

4.分享玩具。

(1)(拿出准备好的玩具)今天,我也给你们带来了许多玩具,可是不够,你们说怎么办呢?

(2)请拿到玩具的小朋友去邀请没有玩具的小朋友,说一说刚才我们说过的好听的话,大家一起玩一玩。

(3)幼儿自由找朋友玩。

三、结束

来,我们带着玩具去和别的小朋友一起分享吧!

(张以斯帖、邵海玲、俞敏慧等供稿)

(五)围绕绘本《猜猜我有多爱你》组织的系列活动

绘本简介 绘本《猜猜我有多爱你》是由英国著名作家山姆·麦克布雷尼写的一本有关爱的童话书。作者描述了在柔和、静谧的月光下,小兔子和大兔子一段关于爱的对话,以及用身体动作表现至真至纯的爱的表白。该故事篇幅短小,情节简单,整个作品洋溢着爱的气氛和天真的童趣。绘本中的小兔子用自己身体上的部位或动作来比喻自己对妈妈的无限爱意。可是无论怎样,它都比不过大兔子,因为妈妈的爱永远比孩子的爱更深、更广、更远。"猜猜我有多爱你"——这样一句普通的话语,让人觉得无比温馨,易被小班孩子理解,使其感受浓浓的母子深情。另外,绘本中运用的比喻手法、对话式的语言,易被幼儿理解并模仿。我们希望通过活动让孩子知道爱不是件容易衡量的东西,爱需要表达,表达爱会让人与人之间的感情更加稳固,家人会感到更快乐、幸福。

1.阅读活动:猜猜我有多爱你

设计意图

现在的孩子都是家里的小太阳,从长辈那感受到了太多的爱,孩子们都有被爱的经验感受。之所以选择这个绘本故事,一是觉得这个故事有满满的的爱,可以让幼儿感受到浓浓的母子深情,二是这个故事运用了比喻的手法、对话式的语言,将动物拟人化,将爱的程度具体化,使幼儿易懂、易学、易模仿,符合幼儿的认知水平,具有实用性。

活动目标

1.分段阅读绘本内容,感受可爱的小兔和妈妈之间真挚深切的母子情意。

2.愿意用语言、动作来表达爱的情感。

3.熟悉句式:"××有多×,我就有多爱你"。

活动准备

绘本;PPT。

活动过程

一、导入课题

今天王老师带来了一本书。这本书的名字叫《猜猜我有多爱你》。

二、阅读图书(PPT)

出示书的封面:

1.这个故事讲的是谁和谁的爱的故事?

2.我们一起听一听这个爱的故事。

片段一:用张开手表示爱

晚上,小兔子该上床睡觉了,可是他拉着妈妈的耳朵不放,要她听自己说话,他对妈妈说:"妈妈,猜猜我有多爱你。"妈妈说:"这我可猜不出来。"小兔子把手张开,张到无法再张开,说:"妈妈,我爱你有这么多。"妈妈一看,也把手张开,张到无法再张开后说:"我爱你有这么多。"小兔子一看,哦,真多啊!

1.小兔子用了一个什么动作表示对妈妈的爱呀? 我们也来做做看吧,对,把手张开,张到怎么样啊? 还要说一句话哦!(用了一个张开的动作,嘴里说:我爱你有这么多。)

2.妈妈也把手张到无法再张开,说:"我爱你这么多。"孩子们,你们说,是兔

妈妈爱得多,还是小兔子爱得多?

3.谁来和妈妈比比谁的爱多?

4.小兔子和妈妈为什么要把手张开,张到无法再张开?(因为他很爱妈妈,爱得很多。)小兔子一看,哦,妈妈爱得真多呀!

孩子们,我们继续看看小兔子还用了什么动作,说了什么话来表示对妈妈的爱呢?

片段二:用举手、跳跃表示爱

小兔子把手举得高高的,说:"我爱你一直到我的手指头。"妈妈也把手举得高高的,说:"我爱你一直到我的手指头。"小兔子一看,啊,真高啊! 小兔又在原地一蹦一跳地说:"我跳得有多高,我就有多爱你。"妈妈一看,一蹦蹦得老高,说:"我跳得有多高,我就有多爱你!"小兔子一看,哦,真高呀!

1.小兔子和兔妈妈还用了哪两个动作,说了什么话来表示自己对对方的爱?

(1)举手指头的方法:把手举得高高的,说"我爱你一直到我的手指头"。孩子们,妈妈爱得多还是小兔子爱得多? 我来看看我们班谁的爱多? 谁愿意和别人比比? 他们在做的时候你们帮他们说话。对呀,爱要说出来的。

(2)跳的方法:边跳边说"我跳得有多高,我就有多爱你"。我来看看我们班谁的爱多? 谁愿意和别人比比? 他们在做的时候你们帮他们说话。

片段三:小兔子和兔妈妈眼前的景色

就这样,兔妈妈和小兔子说着说着来到了哪里?(山脚下。)

1.他们看到了什么?(花、山、树、小河……)

小结:对了,有山、花、路……这是什么?

2.小兔子看到了那么多东西,他就用这些东西来表示对妈妈的爱,他是怎么表示的呢? 仔细听,心里有爱要表示出来哦……

3.示范:他说:"妈妈,路有多长我就有多爱你。"咦,小兔子是怎么说的?

小兔子还会用什么来表示对妈妈的爱呢? 你们来说说。

(山有多高我就有多爱你;小草有多绿,我就有多爱你;天有多高我就有多爱你;花有多漂亮我就有多爱你……)

三、谈话活动

孩子们,小兔看到了这些,那你们看到了什么?(教师出示图片:大海、火车、楼房、彩虹。)

你能用这里的其中一幅图来表示对妈妈的爱吗?

小结:孩子们,生活中让你表达爱的东西可多了。我们继续来看看吧……

说着说着,小兔子累了,看着月亮说:"妈妈,我爱你从这里到月亮那里。"说着,就躺在妈妈怀里睡着了。妈妈看了看小兔子,说:"傻孩子,妈妈爱你从这里到月亮那里,又从月亮那里回到这里。"说完,兔妈妈抱着小兔子,吻了吻他也睡着了。

四、情感升华

这个故事里的爱多吗? 平时在家里你最爱谁呢?

请把你的爱告诉你爱的人哦! 待会儿休息的时候别忘了对你的好朋友说:"猜猜我有多爱你。"今天回家的时候要对你爱的人说:"嗨,猜猜我有多爱你。"把你的爱送给别人,好吗?

(王永红、邵海玲、俞敏慧等供稿)

2. 社会活动:妈妈的爱

设计意图

绘本《猜猜我有多爱你》描述的是在柔和、静谧的月光下,小兔子和大兔子一段关于爱的对话,以及用身体动作表现至真至纯的爱的表白,该故事篇幅短小、情节简单,整个作品充溢着爱的气氛和天真的童趣。中国人表达爱的方式比较含蓄,虽然父母与孩子间都充溢着温暖的亲情,心里都有着绵绵不断的爱,可是我们却羞于表达或不知道如何说出口。选择这一内容,希望通过这个活动让孩子知道爱不是件容易衡量的东西,爱需要表达,表达爱会让人与人之间的感情更加稳固,家人会感到更快乐、幸福。

活动目标

1. 感受妈妈养育孩子的辛苦,以及对孩子的爱。

2. 愿意帮助妈妈做一些力所能及的事,知道爱要大声说出来。

活动准备

1. 一小段视频(妈妈对宝贝爱的表达)。

2. 温馨的背景音乐;PPT。

3. 每人一张爱心卡片。

活动过程

一、大兔子和小兔子的爱

播放 PPT 绘本封面,引导幼儿回忆大兔子和小兔子之间对爱的表达方式。

师:还记得《猜猜我有多爱你》这个故事吗?

师:故事里面的大兔子很爱小兔子,小兔子也很爱大兔子。那小兔子是怎么让大兔子知道他有多爱她的呢?

幼:举起双手,高过头顶,告诉大兔子……

师:那大兔子呢?

师:你们觉得谁的爱更多呢? 为什么?

师:是啊! 大兔子用了这么多方法来告诉小兔子,她真的是很爱小兔子呢! 其实在生活中,也有这样的一个人在深深地爱着你们呢,这个人是谁呢?

二、说说妈妈对自己的爱

1.出示怀孕的妈妈的图片。

师:没错就是我们的妈妈。妈妈怎么了?

幼:妈妈怀孕了;妈妈的肚子里面有小宝宝了。

师:瞧! 妈妈有小宝宝了,妈妈可高兴了呢!

师:小宝宝在妈妈肚子里面会一天天地长大,妈妈的肚子也会……

幼:越来越大!

2.出示妈妈怀孕走楼梯和捡东西的图片。

师:妈妈怎么了?

幼:妈妈很累的样子,走不动了;妈妈捡东西也很累。

师:为什么呢?

幼:因为肚子太大了……

小结:原来妈妈怀孕是这么辛苦的一件事情呀! 但是为了宝宝,妈妈再辛苦也不会觉得累。妈妈都是一直爱着我们的,是吗? 那你们的妈妈都是怎么爱你们的呢?

3.引导幼儿回忆生活,说一说妈妈是怎么爱自己的。

师:你们说了这么多,那我们一起来看看妈妈都是用什么方式来表达她对我们的爱。

4.播放妈妈表达爱的一些图片,引导幼儿将看到的画面通过语言表达出来,引发幼儿共鸣。

师:小时候妈妈也给你们换过尿布吧! 我们小朋友们拉了脏脏的小便、大便在尿布上,妈妈也不会觉得脏,都是亲手给你们换掉!

师:就算我们出生了,妈妈也会一直这么照顾着我们,妈妈为什么要为我们做那么多的事情呢?

小结:原来,我们妈妈为我们做这么多的事情,都是因为妈妈非常地爱我们!

5.出示妈妈照顾宝宝的图片。

师:如果我们生病了,谁会来照顾我们呢?

幼:妈妈。

师:你的妈妈在你生病的时候会怎么照顾你呢? (引导幼儿回忆,激发共鸣)

幼:妈妈会送我去医院看病,还给我买药、打针,还喂我吃药。

师:有些时候,晚上很晚了,你还生着病,妈妈就会怎么样?

幼:很担心,很着急,会一直陪着我。

师:妈妈希望你怎么样呢?

幼:快点好起来。

三、说说我对妈妈的爱

师:妈妈都很爱你们,你们爱妈妈吗?

幼:爱……

师:你想用什么方式来表达你对妈妈的爱呢?

幼:帮妈妈做事情,帮妈妈扫地,抱抱妈妈……

小结:看得出来,你们都非常地爱你们的妈妈,今天妈妈们还准备一份礼物,让我们一起来看一看、听一听妈妈的这份礼物里面都藏着什么呢。

四、鼓励把爱说出来

(观看妈妈们的视频,聆听妈妈的爱的声音,感受妈妈的爱,激发幼儿想要对妈妈表达爱的渴望。)

师:你听到妈妈在里面说了什么?

幼:宝贝,我爱你。

师:那你想对你的妈妈说什么呢?

(引导幼儿大声说出自己对妈妈的爱,知道爱要大声说出来。)

师:这句话可真好听,要是妈妈听见了一定会非常高兴的,请你们一定要记得把这句好听的话带回家,告诉自己的妈妈哦!

五、结束活动

(林双双、林小红、赵平等供稿)

3. 音乐活动:妈妈我要亲亲你

设计意图

在《猜猜我有多爱你》这个绘本中,幼儿感受到兔妈妈和宝宝之间的浓浓的爱意,他们相亲相爱,幸福平静地生活在一起,就像生活中妈妈和宝宝之间不可分离的亲情一样。但是在现实生活中幼儿较多接受的是妈妈对自己的关爱,很少想到自己对妈妈应该付出什么,因此选择歌曲《妈妈我要亲亲你》。这个活动很好地传达了绘本的蕴意,同时把孩子的想法付之于行动,鼓励他们用简单的动作来表示他们对妈妈的爱。在绘本中小兔子用动作来表示他对妈妈的爱,音乐活动中幼儿通过歌声传递着对妈妈的爱,用相应的动作来表达对妈妈的爱。当时正值"三八节"到来之际,活动十分符合节日主题。

活动目标

1.学习看图谱,记忆歌词内容,感受歌曲的旋律美。

2.体验妈妈与宝宝之间的亲情。

活动准备

歌曲《妈妈我要亲亲你》音乐;图谱。

活动过程

一、随旋律做发声练习,初步感知旋律

1.(出示图片)它们是谁?(小兔子和兔子妈妈。)兔妈妈爱兔宝宝吗?

2.那你的妈妈爱你吗? 你爱妈妈吗?

3.我们用轻轻的、长长的"呜"来唱一唱。我们用轻轻的"啦"来唱一唱。

4.兔妈妈和小兔子说非常感谢你们唱的歌。

二、欣赏歌曲,熟悉并理解歌曲内容

1.欣赏歌曲,初步感受歌曲旋律。

(1)有一位小朋友也很爱他的妈妈,我们来听听歌曲里的小朋友是怎么爱妈妈的。(教师清唱第一遍。)

(2)你听到了什么?(出示图谱,逐句贴上嘴巴和手的标志)

(3)(教师清唱第二遍,图谱补充完整)我们用什么来亲亲妈妈呢?(出示嘴巴标志)那用小嘴巴亲亲妈妈的哪里呢? 我们用什么来摸摸妈妈呢?(出示手标志)用手摸摸妈妈的哪里? 那么,我们再来仔细听一听,小嘴巴亲了妈妈的哪里,摸了妈妈的哪里?

(4)(出示图谱:亲的部位和摸的部位)刚才你听到宝宝亲了妈妈的哪里? 又摸了妈妈的哪里?(教师将幼儿说的亲的部位和摸的部位分别摆放在相应正确的位置;通过图谱帮助幼儿记忆歌曲,理解歌词内容。)

三、学唱歌曲

1.(看图谱念歌词)那我们一起来亲亲、摸摸妈妈,好吗?(幼儿集体演唱一遍。)

2.最后是亲在哪里? 摸在哪里? 我们再来唱一次,不要弄错了哦。(幼儿集体演唱一遍。)

3.先请女孩子唱,再请男孩子唱。

4.现在请小朋友当妈妈,请两个小朋友当宝宝来表演一下,你们帮他们来唱哦。

5.请小朋友们找一个好朋友,一个当爸爸或者妈妈,一个来表演。交换角色后再表演一遍。

四、创编歌曲

五、角色延伸

妈妈听了你们的歌肯定很开心,你还可以把这首歌唱给谁听?(爸爸,爷爷,奶奶,老师。)

2.你们看,后面有那么多的客人老师,我们也可以亲亲老师,我们把这首歌唱给老师听。

(邵海玲、俞敏慧、王永红等供稿)

二、中班绘本阅读教育的活动设计

(一)围绕绘本《花格子大象艾玛》组织的系列活动

绘本简介 大象都是灰色的,但是在大卫麦基的绘本《花格子大象艾玛》中有一头拥有彩色格子外表的大象,他叫艾玛。艾玛是那么特别,他喜欢讲笑话,是大家的开心果。可是,他却有一点小小的烦恼:为什么自己不是一般的大象?有一天,他想了一个办法,让自己身上的颜色变得跟别人一模一样。可是,当他和别人一样时,结果会怎样呢?

这是一本充满活力、极具趣味的绘本故事。艾玛既是孩子们熟悉、喜爱的动物形象之一,又有着特别的外形特征,还具有鲜明可爱的"开心果"的性格特征,能引发孩子们的观察兴趣和情感共鸣。而且绘本故事情节简单有趣,易于理解,能让孩子了解每个人各有特点,试着欣赏别人和自己不一样的地方。

1.阅读活动:花格子大象艾玛

设计意图

中班孩子对各种动物非常感兴趣。特别是动物们各种与众不同的外形特征,对孩子们极具吸引力。"花格子大象艾玛"既是孩子们熟悉、喜爱的动物形象之一,又有着特别的外形特征,还具有鲜明可爱的"开心果"的性格特征,能引发孩子们的观察兴趣和情感共鸣。而且绘本故事情节简单有趣,易于理解,能让孩子知道每个人都有独特的特点,试着欣赏别人和自己不一样的地方。

活动中保留了绘本情节鲜明的画面,让孩子们通过自己的观察理解故事的发展,同时预设了发散性思维的提问,引导孩子对绘本画面进行仔细的观察并依据观察进行想象。另外,绘本包含两条情感线索:"艾玛的与众不同"和"艾玛是个开心果"。基于中班孩子的情感发展和生活经验,孩子们对与众不同的理解大多停留在着装上。因此提问导向侧重在"艾玛是个开心果"上,让孩子们在观察艾玛特别的外貌特征的同时也了解"带给别人快乐时自己也很快乐"的道理,

较易引起幼儿的情感共鸣,符合中班孩子的年龄特点和学习特点。

活动目标

1.能仔细阅读绘本画面,理解故事情节。

2.能理解每个人都有自己的特点,懂得带给别人快乐时自己也很快乐。

活动准备

1.绘本PPT。

2.每组各种形状的彩色贴纸、小镜子若干。

3.化装节的背景音乐。

活动过程

一、猜测导入

1.(出示花格子图片)图上有什么?(五颜六色的花格子。)你觉得这可能会是什么?

2.(出示大象艾玛的图片)原来这是一只有着五颜六色的花格子的大象。他叫艾玛,我们来和他打个招呼吧!

二、观察图片,理解故事情节

1.(出示象群的图片)瞧,这些都是艾玛的朋友。他们都一样吗?

小结:他们有的年轻,有的年老,有的胖,有的瘦,但他们的颜色都一样,只有艾玛特别不一样。

2.艾玛是大家的开心果!你知道什么是开心果吗?

小结:能给别人带来快乐的人就是开心果。

3.艾玛做了什么事情让别人感到开心?

小结:有时艾玛逗大家玩,有时大家逗艾玛玩,因为有艾玛,大象们总是很快乐。

4.(阅读绘本)有一天大象们都睡着了,艾玛却怎么也睡不着,他想着:"世界上哪有像我这样的花格子大象呀,我想变得和我的朋友们一样。"艾玛他想做什么? 有什么办法可以变得和朋友一样?

5.艾玛是用什么办法让自己变得和其他大象一样呢?(用幼儿的回答小结:艾玛用长鼻子卷住大树使劲摇,把果子都摇到了地上,然后打了个滚……)

6.涂上果汁的艾玛回到大象群中,谁也没有认出他。你能认出艾玛在哪儿吗? 你是怎么知道的?

7.(继续阅读)过了一会儿,艾玛觉得有点不对头,是怎么回事呢? 森林还是原来的森林,晴朗的天空还是原来的晴朗天空,飘过的云还是云,那些象也还是原来的象,但是他们都一动也不动,艾玛从来没有看见他们这样严肃过。什么叫严肃? 他们为什么这么严肃?

8.看着这些严肃的一动不动的大象,艾玛决定要逗一逗他们。艾玛举起了长鼻子,要多响就多响地大叫起来(播放音频)。所有的象大吃一惊,一下子蹦得老高老高的。"哎呦,天呐!""噢啊,天啊!""艾玛,这一定是艾玛。"一下子,所有的象哈哈大笑起来,还从来没有笑得这样开心过!

9.就在这个时候下雨了(播放音频),会发生什么事情呢?

10.(阅读绘本)艾玛身上的果汁被冲洗得一干二净,他变回了老样子,所有的象还在笑个不停。"噢,艾玛,"一只老象上气不接下气地说:"你开过不少玩笑,可这一次是最最好笑的。你呀,真是我们最爱的开心果。"有一只大象说……(播放音频)

11.他们要过一个什么节?"艾玛化装节"要怎么过你们听明白了吗?

12.这群象就真这么做了,每年这一天,他们化上了五颜六色的妆,在森林里举行大游行。现在你能找到艾玛在哪儿吗?你要是碰巧看到一只大象是普通大象的颜色,那你就知道,他准是艾玛,错不了。

三、参加"艾玛化装节"

1.小朋友们,你们喜欢艾玛吗?为什么?

小结:我也喜欢艾玛,不光光因为他漂亮的花格子,还因为他是个开心果,能让他的朋友感到快乐,带给别人快乐的时候自己也很快乐。

2.艾玛说:谢谢你们喜欢我,我要和你们做朋友,想邀请你们一起参加"艾玛化装节"。你们愿意吗?那你们要做什么准备呢?

3.幼儿分组化装。

4.音乐响起,幼儿参加"艾玛化装节";他们跳舞,和艾玛合影留念……

(王佳瑶、江珺、庄文琴等供稿)

2.美术活动:艾玛化装节

设计意图

《花格子大象艾玛》是欧洲"寓言大师"大卫麦基的经典绘图作品。故事轻松幽默,画面丰富多彩,不仅能引发孩子们探索和欣赏装饰画图案美的欲望,还会带给幼儿充分的审美体验。特别是艾玛过化妆节时,图中的每只大象都各不相同,形象可爱,深受幼儿喜欢,也让幼儿知道每只大象都是那么与众不同,有效地激发了幼儿的创造力,并能促使他们逐步形成图案装饰的迁移能力,让幼儿在欣赏美、表达美、创造美的过程中发展并提升装饰技能。在听了《花格子大象艾玛》的故事后,幼儿对花格子大象产生了浓厚的兴趣,他们发现大象也可以有那么漂亮的颜色,他们喜欢与众不同的艾玛造型。于是,我们设计了这一美术活动,用点、线、面的组合方式,并搭配不同的颜色,引导幼儿设计一只与众不

同的大象,激发他们对各种颜色的喜爱,发挥他们的想象力和创造力。

活动目标

1.发现点、线、面的独特美,并能运用点、线、面组合的方式装饰大象面具。

2.在情境中大胆表现,体会与众不同。

活动准备

1.PPT;面具(每人一个);棉签;画笔;颜料。

2.背景音乐《新年森林舞会》《大象大象》音乐。

3.面具。

活动过程

一、以情景表演的方式进入活动室

1.(教师扮演艾玛的角色)朋友们,我是与众不同的艾玛,今天我要邀请你们一起来参加我的化装节,来吧!(音乐起)做大象动作进场。

2.感受与众不同的美。

(1)你们想不想打扮得跟我一样与众不同呢?

(2)谁知道什么是与众不同?(就是和别人不一样。)

二、以装饰的方式装扮与众不同的大象

1.我这里就有几个与众不同的朋友(播放 PPT)。你喜欢我的哪个朋友?请你来说说(根据幼儿的回答点击相应的图片)。

条纹:你看,画上一条条线就变成条纹大象了。

图案:他和艾玛一样是只格子大象,但颜色不同也是那么与众不同。

小结:原来在装扮的时候可以用点和各种线来组合,涂上漂亮的颜色就会变成与众不同的大象了。

2.你们想用怎么样的线条、图案把自己装扮得与众不同?

3.哈!来了更多的朋友,他们已经准备好了!(点击、滚动 PPT)

4.我们也赶快装扮吧!

三、幼儿装饰大象(播放音乐)

1.请你们用后面桌子上的棉签和画笔来设计吧!

2.鼓励幼儿大胆选用点线面设计自己的面具,教师巡回指导。

四、参加化装节,结束活动

音乐响起来了,朋友们!快来!我们的舞会开始了!也可以邀请客人老师一起来参加。

(敏娴、连敏君、周玲婉等供稿)

3.社会活动:我是开心果

设计意图

世界上没有花格子大象,但是绘本《花格子大象艾玛》就出现了这样神奇的事情。阅读后,孩子们都说喜欢艾玛,因为他是大家的开心果,能逗大家开心。孩子们已经有了对开心果的正确认识,也希望自己能够和艾玛一样成为大家的开心果,这对寄宿的幼儿尤为重要。所以我们设计了社会活动"我是开心果",希望活动能引导幼儿关注同伴的情绪,知道同伴不开心时可以通过做鬼脸、跳舞、分享玩具等方式让他开心;喜欢和同伴分享快乐,体验让别人开心自己也开心的愉悦情感;知道开心是可以传染的,要经常开心。这就要求中班的孩子学会掌控、调整自己的情绪,还要想办法调整别人的情绪。因此,这次活动不单单是谈话式的社会活动,我们在活动的后面加入了游戏,让孩子们真正体验快乐。

活动目标

1.能关注同伴的情绪,知道同伴不开心时可以通过做鬼脸、跳舞、分享玩具等方式让他开心。

2.喜欢和同伴分享快乐,体验让别人开心时自己也开心的愉悦情感。

活动准备

1.图片:唱歌、做游戏、和同伴一起看书、做鬼脸、讲故事、分享玩具等。

2.游戏"传递微笑"的背景音乐;歌曲音乐《开心拍手歌》。

3.艾玛手偶。

活动过程

一、艾玛导入活动,引发兴趣

1.(出示艾玛手偶)小朋友们,你们好!我是"开心果"艾玛,你们知道我为什么叫"开心果"吗?

2.小结:因为我每天都很开心,我总是逗大家玩,逗大家笑。有了我,大家都很开心。

二、关注同伴情绪,分享开心的办法

1.小朋友,你们开心吗?这里有两棵心情树,今天开心的小朋友就把一个开心果贴在开心树上,不开心的小朋友就把一个烦恼果贴在烦恼树上。

2.幼儿自由选择心情果,分别将其贴在心情树上。

3.原来今天我们有这么多小朋友感到开心,能说说你的开心事吗?

4.但是也有小朋友不开心,这是为什么呢?不开心的时候有什么感觉?

5.小结:当我们不开心的时候,小烦恼就会在我们的心里捣乱,让我们不开心、吃不香……

6.用什么办法让自己开心起来呢？有什么办法让别人也开心起来？

7.请你在椅子下面拿一张能让别人开心的照片,说一说,并和旁边小朋友交换说一说。

8.请个别幼儿上来介绍办法。

9.小结:人人都会有不开心的时候,如果你碰到不开心的事了,可以告诉老师、爸爸、妈妈或小朋友。他们会安慰你,你的心情就会好起来。你也可以看会儿电视,听会儿音乐,玩玩玩具,看看书,就会变得开心了。

三、通过游戏的方法,逗别人开心

1.(出示艾玛手偶)现在开心果艾玛要和我们做游戏了。音乐响起,小朋友们开始传艾玛;音乐一停,艾玛在谁的手里,谁就变成开心果,逗别人开心。

2.游戏"传递微笑"。

(1)你们开心吗？开心的时候你会怎么样？(老师最后引导到微笑。)

(2)(教师示范)现在我把我的微笑传给某某小朋友,请你也把微笑传给下一个小朋友,也可以加上动作(拉拉手、抱一抱),这样一个一个传递下去。

(3)幼儿传递微笑。

(4)你们收到朋友的微笑了吗？开心是可以传染的,所以我们要经常笑一笑,把开心带给别人。

四、结束部分

1.看到小朋友们这么开心,客人老师也开心了。那么我们请客人老师一起来唱歌跳舞吧。

2.师幼一起在歌曲《开心拍手歌》的音乐中自由舞蹈,结束活动。

(章巧男、江珺、庄文琴等供稿)

(二)围绕绘本《小男孩抓熊》组织的系列活动

绘本简介 绘本《小男孩抓熊》讲述了一个淘气的小男孩去抓熊,一路上他需要不断做决定:走哪条路,爬什么样的梯子,抓大熊还是小熊……可当他历尽千辛万苦,终于找到熊时,意想不到的事情发生了……在小男孩抓熊的过程中出现了许多不同的事物,引导孩子一次又一次地观察比较,发现其相反之处,尝试做出自己的选择。每一次选择都没有绝对的答案,关键是要有自己的理由。在和小男孩一起做决定的过程中,孩子们渐渐学会了分析、判断,有了自己独立的想法和见解。

1.阅读活动:小男孩抓熊

设计意图

中班孩子依赖性还比较强,通常在没有其他人帮助的情况下,我们常常听见他们说"我不会""应该怎么做呢"。在面对选择的时候,他们往往希望得到成人的提示,或者盲目听从同伴的决定。而在和故事中的小男孩儿一起去抓熊的过程中,孩子们需要学习独立做出决定,并且能说出自己这么选择的理由。在选择中,孩子们认识一些选择事物的相反关系,比如宽窄两条路、长短两把梯子,高矮两座山等相反关系。

活动目标

1.能积极参加发言,养成独立选择的习惯。

2.仔细观察小男孩在抓熊路上遇到的事物,在比较中发现不同,做出自己的选择。

3.了解男孩抓熊的过程,知道并能回忆一起回家的路。

4.掌握一些正反比较的词语。

活动准备

1.《小男孩抓熊》的PPT课件。

2.操作图片人手一份。

活动过程

一、人物介绍,引起兴趣

出示小男孩的图片。

1.你们看这是谁?

2.淘气的小男孩突然有了一个有趣的主意。猜猜看,可能是一个怎样有趣的主意?

3.原来,小男孩打算出门去抓一只熊,现在小男孩正准备东西要出发呢。

二、理解故事,进行比较、选择

1.出示小男孩的两只背包。

(1)出门前,小男孩遇到了一个难题,究竟该背哪个包出门呢?

(2)你们看,这两个包有什么不同?

(3)你们觉得背哪个包合适呢(说说你的理由)?

小结:犹豫了半天,小男孩终于有了自己的决定,他想,我要走很远的路,背小的包比较方便。于是他背上小包出门了。路上,他遇到了更多问题,需要他选择究竟该怎么做。

2.出示果树林、高低山坡、小马和乌龟、宽窄两条岔路、长短梯子等多幅

场景图片。

(1)你看到有哪些事让小男孩为难?

(2)如果你是他,你会怎么选择?为什么?(引导孩子比较事物的不同,思考每一种选择的好处和不足,在每张图片观察后进行小结)

(3)你们都有自己的想法,那小男孩是怎么选择的呢?

(4)你记得男孩的选择吗?(幼儿讲述。)

小结:其实,你们的选择没有错,小男孩儿的选择也有自己的道理,他顺着自己选的方向一路走去,终于发现了两个山洞。

3.出示亮洞和黑洞。

(1)这两个山洞有什么不同?

(2)你觉得哪个洞里会有熊?

4.出示大熊和小熊。

(1)这次为什么小男孩又歪着脑袋,皱起了眉头呢?

(2)你觉得应该抓大熊还是抓小熊宝宝?

小结:就在小男孩想来想去的时候,大熊醒了,小男孩吓得马上就跑出了山洞。

三、操作

1.可是小男孩吓得忘记了自己是怎么来的,你们还记得小男孩找熊的路线吗?请你们帮帮小男孩。老师给每个小朋友都准备了很多张小图片,请你从左往右摆一摆小男孩找熊的路线,再想一想、说一说小男孩回家的路线是怎么样的。

2.我们一起来看一看小男孩抓熊的路线。

3.那小男孩回家的路线是怎么样的?

4.你们有没有发现找熊的路和回家的路的秘密呢?

5.小男孩回家了吗?(谢谢你们,小男孩终于回到家了。)

(元佳笑、张淑琪、林洁等供稿)

2. 体育活动:我们来抓熊

设计意图

幼儿参加体育活动的直接动机是好玩,他们喜欢有情节、有角色、贴近生活的游戏。根据幼儿的年龄特点,我们设计了体育游戏"我们来抓熊",活动中将幼儿已掌握的跑跳钻爬等动作结合起来。活动由《小男孩抓熊》绘本衍生,让幼儿和故事中的小男孩儿一起去抓熊,过程中孩子们需要自己做出决定,这让幼儿充满了期待。我们根据小男孩抓熊的路线,为幼儿设计了抓熊路线,又把小男孩如何钻过山洞作为突破点,为幼儿提供了学习匍匐前进专项技能的学习机会。

活动目标

1.学习匍匐前进的动作要领,提高爬的动作技能。

2.能根据路线图选择找小熊的路线。

3.体验抓熊游戏的乐趣。

活动准备

1.小熊玩偶若干;包若干。

2.路线图若干份。

3.场地布置。

4.垫子若干。

活动过程

一、热身运动(音乐起)

师:谁能跟我一样做? 谁能跟我做得相反?

师:接下去的时间呢,陈老师要和小朋友们一起度过,我有一个小小的要求,就是当陈老师拍3下手的时候,你们就马上到垫子的一边站好,能做到吗? 那我们来试试。

二、在自由尝试中学习匍匐前进

1.师:小朋友们,我们都听过《小男孩抓熊》这个故事吧,今天小男孩又要去抓熊了,你们愿意一起去吗? 抓熊的路上,要经过一个长长的山洞,这个山洞非常非常矮,我们要怎么过去呢?

2.幼儿自由尝试。

师:谁来分享一下你的好办法?

3.师:陈老师有一个过山洞的好办法,我来做,请你们仔细观察。

4.匍匐前进动作示范。

5.师:谁来说说陈老师是怎么做的?(首先要双手握拳,然后把手架起来,再把肚子贴到垫子上,最后双手双脚交替往前爬。)这个爬的方法,有个好听的名字,叫作匍匐前进,我们一起来说说看。

师:我们一起来试试。这边是练习的出发点,练习一遍后还想练习的小朋友请从旁边回到起点后继续练习。

5.集体实践练习,教师巡回指导,指出问题。

6.个别幼儿动作示范。

师:刚才我发现这位小朋友做得不错,请他来试试。

7.第二次集体练习。

三、游戏:我们来抓熊

1.师:现在我们要去抓熊了,抓熊前我们先背好包包,再补充点能量。可是熊在哪里呢?路线图就藏在这些包包里,请你们好好观察抓熊的路线,我们要经过一座桥,有长长的桥和短短的桥,请你选择要经过的桥,在下面的框框里做个记号。接下来呢,有宽宽的路和窄窄的路,高高的山和低低的山,大一点的矮山洞和小一点的矮山洞,请你自己选择,等会儿按照自己选的路线走(爬过小桥——走过小路——翻过山坡——钻过山洞)。熊们都藏在小树林里,小朋友们仔细找一找,一个小朋友就抓一只熊,特别要提醒的是,等会儿我们在过山洞的时候,都要把刚才学到的匍匐前进的本领发挥出来。选择好了吗?把笔放回包包里,出发!

2.在小木屋集中,说说来时路上遇到的困难,总结刚才的匍匐前进动作。

师:我们都抓到熊了吗?那我们按原路返回到起点吧。

四、结束部分

1.师:今天我们和小男孩一起抓到熊了,开心吗?来庆祝一下吧!

2.放松运动(播放庆祝音乐)。

(陈恩祥、李妮蔓、涂佩丽等供稿)

3.语言活动:相反国

设计意图

绘本《小男孩抓熊》由一位淘气的小男孩的一个奇怪的想法——抓一只熊玩玩引出。相信小读者们刚打开这本绘本,就会被小男孩"抓熊"的点子所吸引。比如准备什么东西去抓熊?背重包还是轻包出门?爬高高的山坡还是低低的山坡……而在和故事中的小男孩一起去抓熊的过程中,孩子们需要自己做出决定,故事中出现了许多不同的事物,在不断选择的过程中,孩子们也在一次又一次地观察、比较,发现其相反之处。因此,根据中班孩子的年龄特点,我们就在绘本中挖掘出了反义词的学习线索,让孩子们更好地、更深入地理解反义词,由此衍生出了本次活动,活动重点放在反义词的学习上,因此,活动取名为"相反国"。

活动目标

1.理解意义相反的词,学说一些简单的反义词,练习思维的敏捷性。

2.能积极主动地参与游戏,大胆表达自己的发现。

3.感受生活中反义词的有趣,产生对反义词的兴趣。

活动准备

1.人手一个背包。

2.实物:石头、棉花、粗细胶棒、长短蜡笔、黑白棋子、大小塑插玩具、弯的和直的管子玩具。

3.PPT。

活动过程

一、情境进入,初步感知反义词(背着包入场)

1.师:小男孩抓熊的故事你们还记得吗?

师:小男孩还告诉我一个秘密,有一个非常有趣的相反国,专门说相反的话,今天想带大家去玩玩,你们想去吗?

2.教师带领幼儿进入情境环节。

师:那我们就背上书包出发吧。

(背上包,走过长短桥,钻过大小山洞,走过宽窄的路。)

二、理解反义词

1.幼儿选择路线去相反国。

师:你们看,这里有桥、有洞、有路,你们可以随意选择一条自己喜欢的路线去相反国。

2.幼儿来到相反国。

师:欢迎你们来到相反国。

师:发现有些小朋友的速度非常快,有些小朋友的速度比较慢。

师:刚才你们来相反国的时候都经过了哪些地方?

幼:山。

师:有两座山,有什么不一样?

幼:梯子。

师:有两把梯子,两把梯子有什么不同呢?

师:还经过了什么地方?

幼:路。

师:有两条路,这两条路有什么不一样?

3.教师引导幼儿说出含有反义词的词组如高高的山、矮矮的山等。

师:长短,大小,宽窄,这些有趣的词都是一对相反朋友,那快的相反朋友是谁呢?(慢。)

三、探索操作:进一步感知反义词

1.师:相反国是一个要动脑筋的地方,国王看到你们这么聪明,就想考考你们。他为你们准备了许多有趣的东西,就藏在你们的背包里,请你们拿出来找

一找,里面有没有藏着相反朋友呢?找到后也可以和旁边的小朋友说一说。

2.幼儿取出背包中的实物、图片,寻找更多的反义词。

师:你们的背包里都藏着哪些相反朋友呢?和大家分享一下你的发现吧。

3.请幼儿说出自己的发现。

师:背包里的东西,有软的硬的,厚的薄的……这些也都是相反朋友。

四、欣赏相反国的PPT,发现更多的反义词。

1.师:看来相反国国王为你们准备的难题没有难倒你们,你们还想知道更多的相反朋友吗?

师:相反国里肯定还藏着许多的相反朋友呢,我们一起再去找找吧。

2.欣赏PPT。

师:相反国大门口站着两个士兵,这两个士兵长得有什么不一样?(高矮。)

师:大门怎么了?(关着。)

师:我们要怎么做?(推开。)

师:我们一起把门推开吧。

师:原来关的相反朋友是谁?

3.理解反义词:胖瘦、长短、哭笑、睡醒、多少、黑白、冷热、好坏、脱穿、大小。

五、游戏:说反义词或做相反动作

师:你们找到了这么多的相反朋友,那我们就来做个有趣的相反游戏吧。

师:我来说个反义词或做一个动作,请你们说出相反的词或做出相反的动作来。

六、结束

（周玲婉、江珺、连敏君等供稿）

（三）围绕绘本《我是彩虹鱼》组织的系列活动

绘本简介 彩虹鱼是海洋里最美丽的一条鱼,他有着彩虹般闪闪发光的鳞片,有着别人都想拥有的漂亮的外表,但却总是孤零零一个人,没有朋友,也不快乐。彩虹鱼怎么也想不明白,大家为什么都不喜欢接近他呢?他把自己的烦恼告诉了章鱼奶奶,章鱼建议彩虹鱼分给每条鱼一片闪光鳞,这样一来,虽然他不是一条最美丽的鱼了,但却能体会到什么才是幸福。彩虹鱼将闪光鳞分给了伙伴们,收获了快乐。故事中的彩虹鱼拥有孩子般的性格特点,他活泼、勇敢、乐观,同时也会犯各种各样小朋友容易犯的错误,但他在一次次的学习、成长中,逐渐学会分享、包容、沟通、互助和关爱,也拥有了无所畏惧、勇于探索的品质。

1. 阅读活动：我是彩虹鱼

设计意图

中班孩子由于受生活环境影响,仍然缺乏分享的经验,普遍存在个人主义的倾向。但是随着中班孩子的社会性不断发展,人际交往需求的增大,有时交往方式的欠缺会导致各种交往问题的出现,绘本《我是彩虹鱼》中的彩虹鱼碰到的问题孩子们也会遇到,因此通过这本绘本的阅读可以让孩子们懂得在跟同伴交往时要学会给予、分享和互助;知道自己跟彩虹鱼一样并不是完美的,虽然有缺点,会犯错误,但这并不可怕,改正后仍然能交到很多好朋友。另外,彩虹鱼遇到交友危机的时候它并没有用哭闹、要赖等消极方式来解决,而是很积极地去寻找解决方法,这对于刚从小班升入中班的孩子来说也是要学习的一部分。我们希望通过阅读,让孩子明白,他们已经慢慢长大了,遇到问题的时候要开始学会自己找方法解决。这正是幼儿社会化所要掌握的技能之一。

活动目标

1. 能初步理解绘本故事,并能大胆猜测故事情节。

2. 懂得友谊的珍贵,体会分享带来的快乐。

活动准备

绘本 PPT。

活动过程

一、教师引导幼儿阅读绘本,初步理解绘本内容

在遥远的蓝色大海深处,住着一条鱼,这是一条怎么样的鱼?

(师:点击 PPT,引导幼儿仔细观察彩虹鱼;幼:清楚完整地讲述彩虹鱼的特点。)

你们观察得真仔细。是呀,他有一个好听的名字,叫彩虹鱼。彩虹鱼独自游在大海里,你们看到了什么? 彩虹鱼的表情是怎么样的?

(师:引导幼儿局部观察;幼:能够发现其细微的地方,更深刻地记住彩虹鱼的形象。)

他还有自己的好朋友吗? 他们在干吗?(要鳞片。)为什么要鳞片?

他们的鳞片有什么不一样的地方?(闪光鳞。)彩虹鱼会不会给他们呢?

(师:鼓励幼儿大胆推测故事内容;幼:清楚说出给或不给的理由。)

我们接着往下看,这一天,一条小蓝鱼从后面追了上来,他会和彩虹鱼说什么呢? 彩虹鱼会怎么说? 为什么不给? 是呀,彩虹鱼没有把自己的鳞片送给小蓝鱼,小蓝鱼怎么样了? 表情怎么样? 其他的鱼呢? 这下彩虹鱼变得怎么样了?

（师：请幼儿结合画面内容，肯定幼儿的表述；幼：能够大胆清楚地讲述故事内容，并引发联想。）

彩虹鱼失去了所有的好朋友。彩虹鱼就去找了谁帮忙？彩虹鱼会怎么和海星说呢？可能说什么？请章鱼奶奶帮忙，章鱼奶奶会怎么帮助彩虹鱼呢？还有其他想法吗？章鱼奶奶建议彩虹鱼把自己的鱼鳞分享给好朋友。彩虹鱼拥有好东西但不分享，那你有好东西的时候会分享吗？为什么？

（师：引导幼儿结合自身的分享经验进行讲述；幼：能够意识到分享是好的事情，能给人带来快乐。）

就在这个时候，小蓝鱼又来了，这次小蓝鱼是怎么说的？彩虹鱼会给他鳞片吗？彩虹鱼做了什么动作？那小蓝鱼的表情是怎么样的？彩虹鱼的心情怎么样呢？所有的鱼都游了过来，他们都来干什么呢？他们最后都得到闪光鳞了吗？

（师：继续点击PPT，鼓励幼儿自己观察，大胆表述故事的内容；幼：能够仔细观察画面，发现彩虹鱼的变化。）

二、引导幼儿完整阅读

你喜欢彩虹鱼吗？为什么？

彩虹鱼之前不分享，为什么后来愿意分享了？

（师：鼓励幼儿大胆表达自己的看法；幼：知道分享会带来快乐和幸福。）

是呀，有好的东西要与别人分享，这样才会得到快乐和幸福！那我们也把这个好听的故事一起分享给好朋友吧！

（张仙丹、江美君、李静静等供稿）

2. 音乐活动：彩虹鱼和小蓝鱼

设计意图

这是取材于经典绘本《我是彩虹鱼》中"彩虹鱼找朋友送鳞片"的情节，根据中班幼儿的交往技能、同伴分享等特点，设计的一个音乐游戏活动。活动中我们选取了奥尔夫音乐《浪花曲》《水底世界》《鱼儿鱼儿水中游》，将其分别作为彩虹鱼、小蓝鱼、两个朋友一起游的音乐。在了解故事、学说礼貌用语、熟悉乐曲、交换角色游戏的过程中，幼儿逐渐体会彩虹鱼从"不愿意分享"到最后"乐于分享"的心理历程，并体会"分享是快乐"的教育价值，体验与同伴分享及共同游戏的快乐。

活动目标

1. 熟悉旋律，尝试用各种鱼游动作表现歌曲的节拍。

2. 懂得运用有礼貌的语言进行交往，体验与同伴分享及共同游戏的快乐。

活动准备

1.音乐:《浪花曲》《水底世界》《鱼儿鱼儿水中游》。

2.纱巾 16 条。

3.彩虹鱼和小蓝鱼手偶。

活动过程

一、出示手偶,引入绘本

讲述故事并提问。

小蓝鱼第一次碰到彩虹鱼是怎么说的?(给我,给我。)

彩虹鱼怎么回答的?(不给,不给。)

为什么不给?(是啊,这么没有礼貌肯定不能给。)

我当小蓝鱼,你们当彩虹鱼,学一学他们的话吧。

第二次小蓝鱼学会礼貌了,他是怎么说的?

我请这一半小朋友当小蓝鱼,另一半当彩虹鱼,学一学他们的话。

(师:讲述故事,并引导幼儿学说彩虹鱼和小蓝鱼的对话;幼:回忆绘本内容,学说彩虹鱼和小蓝鱼的对话。)

二、熟悉旋律,创编动作

1. 熟悉旋律。

今天我带来两段旋律,你们听一听,告诉我,哪段音乐是彩虹鱼在海里自由自在地游,哪一段是活泼可爱的小蓝鱼在游?(幼儿倾听音乐。)

哪段音乐是小蓝鱼的? 哪一段是彩虹鱼的?

(师:播放两段旋律,引导幼儿安静倾听;幼:倾听两段旋律,辨别小蓝鱼和彩虹鱼的音乐。)

2. 创编动作。

(1)创编彩虹鱼的动作。

我们一起听彩虹鱼的音乐,慢慢地游着。

音乐结束的时候,我们摆一个漂亮的姿势,让所有小鱼都看看我们的美丽。

(听音乐,空手练习一遍。)

真美啊,我们打扮一下,漂亮的彩虹鱼,我们一起游一游吧。

(听音乐,手拿纱巾练习一遍。)

你们跳得真好看,彩虹鱼们,把我们的纱巾放在椅子下面。

(师:示范彩虹鱼的动作,做动作时抓住每段旋律的拍点;幼:边听音乐,边做彩虹鱼游的动作。)

(2)创编小蓝鱼的动作。

谁来了? 活泼可爱的小蓝鱼来了。

我们听音乐,一起做一做小蓝鱼游泳的动作。

(师:示范小蓝鱼的动作,做动作时抓住每段旋律的拍点;幼:边听音乐边做小蓝鱼游泳的动作。)

三、了解游戏规则,开始游戏

1.介绍游戏规则。

(1)分组。我们一起把小蓝鱼和彩虹鱼的故事表演一遍,我们分两组,这边是彩虹鱼的位置,这边是小蓝鱼的位置,你们想当谁,就游到那个位置上。

(2)介绍规则。听到彩虹鱼的音乐,彩虹鱼要游出来;音乐结束的时候,彩虹鱼要摆好一个漂亮的姿势。听到小蓝鱼的音乐,小蓝鱼要游出来,找到一条彩虹鱼;音乐结束的时候,小蓝鱼向彩虹鱼要鳞片。

(师:介绍分组要求,帮助幼儿了解游戏中的规则;幼:自主选择喜欢的角色。)

2.听音乐,游戏一次。(教师讲述故事,引导幼儿游戏。)

游戏中发现一个问题,你前面的彩虹鱼已经有朋友了怎么办?

(师:播放音乐,念旁白,帮助幼儿听拍点做动作;幼:边听音乐,边按照规则做动作。)

3.交换角色,再游戏一次。

师:我们再玩一次,喜欢彩虹鱼的坐这边,喜欢小蓝鱼的坐那边。

(师:指出第一次游戏中的不足之处,提醒幼儿遵守游戏规则;幼:交换角色,再次游戏。)

四、结束

小鱼们,我们找更多的朋友一起玩这个游戏吧。

(陈佳、陈茜、周微等供稿)

3.美术活动:我是彩虹鱼

设计意图

《我是彩虹鱼》这一绘本中彩虹鱼的形象生动鲜明,他就像我们身边的一个小伙伴,并不完美,会犯各种各样小朋友也容易犯的小错误,但他总是努力去尝试和学习。现在的孩子由于受生活环境影响,缺乏分享的经验,普遍存在个人主义的倾向,这一内容符合孩子的现实需要,它通过绘本故事的呈现,让孩子在欣赏、思考中体验友谊的珍贵和分享带来的快乐和幸福。另外,绘本的设计满足了幼儿的美感需求,通过"彩虹鱼"的形象引发幼儿分享、帮助的心理诉求。为彩虹鱼设计一片独一无二的鳞片的美术活动,让幼儿在创作的同时体验彩虹鱼的美感,以及创作的乐趣。

活动目标

1.通过回忆故事,感受彩虹鱼带来的美感体验。

2.用自己喜欢的材料装饰鳞片,大胆表现各种鳞片的色彩与图案。

3.感受彩虹鱼鳞片的美丽,体验创作的乐趣。

活动准备

1.幼儿对鱼的外形、花纹色彩有所了解。

2.幼儿欣赏并理解故事《我是彩虹鱼》。

3.《我是彩虹鱼》PPT,带有彩虹鱼轮廓的海洋世界。

4.PPT《美丽的鳞片》,配以轻音乐。

5.颜料,油画棒,报纸,皱纹纸若干。

活动过程

一、故事导入

还记得他吗?(记得,是彩虹鱼。)彩虹鱼把自己最宝贵的闪光鳞给了朋友,让他的朋友变得更漂亮了,但自己却只剩下了一片闪光鳞,没有鳞片的彩虹鱼再也没有以前那么漂亮了,怎么办呢?(做新的鳞片送给他。)

(师:点击PPT,出示"彩虹鱼",从彩虹鱼的形象引发孩子帮助的欲望;幼:能说出自己的想法并说出理由。)

二、欣赏《美丽的鳞片》PPT,并讨论鳞片的制作

你们的想法可真好,老师也做了几片鳞片送给他。(教师选择喜欢的鳞片进行讲解。)

你最喜欢哪个鳞片?你知道它是用什么做的呢?

(师:引导幼儿仔细观察PPT中的鳞片,并肯定幼儿的观察成果;幼:能看出PPT中的鳞片的制作材料。)

1.涂色鳞片:它用到的材料是油画棒,它用油画棒设计出漂亮的色块。

2.拓印鳞片:你们猜对了吗?这是用纸和颜料来制作的。原来这个叫纸团印画。小朋友们在印画的时候可要注意不要让颜色混在一起哦。

3.皱纸鳞片:看,皱纹纸可以搓成一个纸团,也可以抓住中间让它变成一个漂亮的蝴蝶结(边说边制作)。

(师:引导幼儿仔细观看鳞片,并积极提问:你最喜欢的鳞片是哪个,它的制作材料是什么;幼:能完整地表达自己的想法。)

三、幼儿自由创作

我要把我的鳞片送给彩虹鱼,先撕开背后的双面胶,把垃圾扔在纸篓里。(贴好了)快快选择自己喜欢的材料,为彩虹鱼设计鳞片吧。

幼儿自由选组进行鳞片的创作(播放音乐)。

(师:在制作过程中及时引导并帮助幼儿。)

四、体验成功的快乐

1.教师帮助幼儿将制作好的鱼鳞贴在彩虹鱼身上。

2.我们来看看谁设计的鳞片最美呢?说说看你为什么觉得它最美?

你们为彩虹鱼设计了这么多美丽的鳞片,彩虹鱼开心极了,要邀请我们一起来跳舞。

(师:欣赏制作的鳞片,感受创作的快乐;幼:感受彩虹鱼的美丽和快乐。)

(陈佳芝、阮慧星、马燕等供稿)

(四)围绕绘本《蜈蚣叔叔的袜子》组织的系列活动

绘本简介 绘本《蜈蚣叔叔的袜子》讲述的是小精灵嘟嘟住在森林深处,隔壁住着爱美的蜈蚣叔叔。一天,蜈蚣叔叔生病了,嘟嘟去探望,发现蜈蚣叔叔有三十只脚,嘟嘟很好奇:他是怎样穿袜子的呢?于是读者就随着好奇的嘟嘟一起去瞧一瞧。绘本通过给蜈蚣叔叔穿袜子的故事,潜移默化地引导孩子们了解"按规律排序"的方法,同时也让孩子学习了常规的社交礼仪,促使孩子们养成关心他人的好品质。

1.阅读活动:蜈蚣叔叔的袜子

设计意图

这本绘本的故事情节和画面比较简单,幼儿通过自主阅读就能初步了解相应内容。自主阅读的成功体验对处于中班第一学期的幼儿有着积极的影响。通过阅读这本绘本,幼儿可以从中获得常规的社交礼仪:要去探望病人,并向病人表示关心;别人来看望自己的时候,要穿戴整齐,表示对客人的尊重;进门之前要先敲门等。故事中,虽然蜈蚣有很多脚,给他穿鞋子和袜子一定很麻烦,但是小精灵嘟嘟却很乐意帮助他,这一情节也教会幼儿关心他人,不怕麻烦。

活动目标

1.乐意参与绘本阅读活动,理解绘本内容,感受绘本中蜈蚣叔叔的特别与帅气。

2.在仔细观察绘本画面的过程中,初步了解蜈蚣叔叔穿袜子的特别之处,了解排序的规律性。

活动准备

PPT《蜈蚣叔叔的袜子》;蜈蚣图片;蜡笔若干。

活动过程

一、活动导入,激发兴趣

1.(图1)有一位朋友,大家都叫他美男子(帅哥),你知道美男子长什么样?

那我们赶紧请出这位美男子。他是谁? (他是蜈蚣先生。),和美男子蜈蚣先生打个招呼吧,蜈蚣先生到底哪里帅了? 大家都这么喜欢他。

小结:跟你们讲的一样,蜈蚣先生最爱打扮自己,每次出门都要戴一顶帽子,挂一根拐杖,还要把皮鞋擦得闪闪发亮。听说蜈蚣先生的脚有三十只,脚上每天会搭配不同颜色的袜子,他在家里都穿着袜子呢。

二、阅读理解,了解排序

1.蜈蚣叔叔还有好多的朋友,谁能一口气把他们都说出来?

(师:引导幼儿认识蜈蚣叔叔的朋友;幼:对蜈蚣叔叔的朋友有一个初步的了解。)

把蜈蚣叔叔的朋友以点状的形式排列在蜈蚣叔叔的周围,让孩子在认识蜈蚣叔叔之后,很自然地认识他的朋友们,为后面朋友来看望环节做铺垫。

2.(图2)可是有一天,帅气的蜈蚣先生变了样,你从哪里看出他生病了? 生病的蜈蚣先生,躺在床上有什么感觉?

(师:引导幼儿说出生病的感觉;幼:结合生活经验,观察图片,说出生病的感觉。)

3.(图3、图4)蜈蚣叔叔生病的事情,被谁发现了? 嘟嘟是怎么做的? 他们的心情怎么样? 猜猜他会对妈妈怎么说? 妈妈让嘟嘟带着一篮子好吃的去看望蜈蚣叔叔,嘟嘟高兴地跳了起来。刚才还一脸担心的嘟嘟为什么变得这么高兴了?

(师:引导幼儿观察嘟嘟表情的变化,猜测变化的原因;幼:结合生活经验,说出朋友生病了自己应该怎么做。)

4.(图5)嘟嘟兴奋地来到蜈蚣叔叔家,他一直想数一数蜈蚣叔叔是不是真的有三十只脚,可是觉得被蜈蚣叔叔发现会显得自己很没礼貌,嘟嘟只好偷偷地数了起来。孩子们,怎么样偷偷地数,才不会让蜈蚣叔叔发现呢?(幼儿表演)我们一起偷偷数一数。其他的脚被棉被盖住了,没办法再数下去了,嘟嘟有点失望,正准备回家,蜈蚣叔叔叫住了嘟嘟:"一会儿有客人要来,我必须穿袜子打扮一下。可是我没有力气了,你能帮帮我吗?"孩子们,蜈蚣叔叔的脚可不是两只,他有那么多只脚,如果你是嘟嘟你还愿意帮忙吗? (愿意。)你真有爱心,嘟嘟和你们一样是热心的好孩子,他当然愿意帮忙。蜈蚣叔叔笑着说:"我的袜子都晒在院子里。"

(师:请幼儿思考偷偷地数的办法,增加活动趣味性;幼:积极想办法,并把自己的想法表演出来。)

5.(图6)哈哈,蜈蚣叔叔有这么多脚,那他一定也有许多许多的袜子,那我们和嘟嘟一起去院子里看看蜈蚣叔叔的袜子吧。哇,蜈蚣叔叔晒袜子有什么特

点？你发现了什么？（整齐，一排一个颜色。）

小结：蜈蚣叔叔不仅穿袜子整齐帅气，晒袜子都是整齐、有规律的。绿袜子一排，黄袜子一排，红袜子一排，蓝袜子一排，袜子都整整齐齐地挂在晾衣绳上，就像彩旗在风中飘扬。

6.（图7）嘟嘟费了好大劲把所有袜子都收回了房，蜈蚣叔叔说："我穿袜子的方式很特别哟！""怎么特别？""我会按照顺序穿。你先帮我穿两双蓝色的袜子，然后再穿一双黄色袜子和一双绿色袜子。""那接下来该怎么穿？还有好多只脚没穿呢。""接下来，你按照前面的顺序继续穿下去就可以了。""按照什么顺序？谁来告诉嘟嘟？你真聪明，我们一起帮蜈蚣叔叔按照顺序穿袜子吧，接着应该穿什么？怎么办？脚不够！""按照规律，4双袜子为一组，最后一组袜子应该剩下四双脚，可你只有3双了。""那剩下的3双就不用穿了，要是脚痒了，我还可以给它挠痒痒。"

（师：引导幼儿看图说规律；幼：观察规律，继续给蜈蚣叔叔穿袜子。）

7.（图8）穿上袜子的蜈蚣叔叔看起来又帅了许多。最后一双绿色的袜子刚穿好，门外响起了什么声音？猜猜会是谁来了，他们可能是来干什么？原来是蜜蜂阿姨来看望蜈蚣叔叔了，她带来了一盒糖果。小朋友们找一找，蜜蜂阿姨的礼物上藏着什么秘密？蜜蜂阿姨知道蜈蚣叔叔喜欢有规律的东西，送来的糖果盒子图案都是有规律的。

8.（图9）蜈蚣叔叔高兴地收下了盒子上有规律图案的糖果。这时又响起了一阵敲门声，这次会是谁来了？蜗牛叔叔、阿姨也来看望蜈蚣叔叔，他们送来了一个蛋糕，蜗牛叔叔和阿姨送的蛋糕上有什么秘密？蜈蚣叔叔的朋友可真贴心，蜈蚣叔叔喜欢什么他们就送什么。

（师：引导幼儿发现蜜蜂阿姨和蜗牛阿姨送的礼物的共同特点，以及他们送有规律的礼物的原则；幼：发现礼物有规律、都是蜈蚣叔叔喜欢的东西，知道送礼可以送朋友喜欢的东西。）

三、师幼完整阅读

1.听，门外又响起了一阵敲门声，这次又会是谁呢？又会带来什么礼物？那我们一起来完整地读一读这本书就知道了。这本书的名字叫《蜈蚣叔叔的袜子》。

（师：完整阅读绘本；幼：带着问题，跟着老师再次阅读绘本。）

2.（图10）跟你们说的一样，大家把各自带来的礼物摆在桌上，当场举行了一个祝愿蜈蚣叔叔早日康复的宴会。嘟嘟坐在蜈蚣叔叔旁边，他觉得今天吃的糖果、蛋糕、果汁比任何时候都更加美味了。就连蜈蚣叔叔的脚，看起来也比任何时候都帅气迷人呢！为什么嘟嘟也觉得今天的食物更好吃了？（分享，丰盛。）

四、经验迁移

出示蜈蚣叔叔图片,请幼儿用彩笔给蜈蚣叔叔穿袜子。

孩子们,我们也去看望蜈蚣叔叔吧,他最喜欢有规律的东西,那我们就帮他穿上有规律的彩色袜子。

(师:激发孩子给蜈蚣叔叔穿有规律袜子的兴趣;幼:用自己喜欢的规律,给蜈蚣叔叔穿袜子。)

(陈怡、李静静、杨洁等供稿)

2. 美术活动:设计蜈蚣叔叔的袜子

设计意图

生活中到处有有趣的事情发生,阅读绘本《蜈蚣叔叔的袜子》,让幼儿在有趣的绘本故事中,感知、发现和创造多种排列规律,同时感受绘本中蜈蚣叔叔穿袜子的特别和有趣,体验帮助他人的快乐。第一个环节,通过蜈蚣叔叔举办袜子派对情境引发孩子兴趣;第二个环节,欣赏袜子,让幼儿观察袜子的图案并大胆地表述;第三个环节,用实物展示的方法讲解创作材料;第四个环节,让幼儿选择自己喜欢的方式自主作画;第五个环节,通过袜子派对游戏让孩子在游戏中展示自己设计的漂亮袜子。

活动目标

1.选择自己喜欢的方式装饰袜子。

2.体验在袜子上作画和游戏的乐趣。

活动准备

1.图片 4 张;白色袜子 18 只。

2.水彩笔(一组 4 色)。

3.泡沫纸贴(一组)。

4.蔬菜拓印(一组)。

5.颜料(红、黄、绿)。

6.空纸篓 1 个。

活动过程

一、导入

今天,帅气的蜈蚣叔叔要举办一场袜子派对,他要邀请好朋友们和我们中X班的小朋友一起去参加。瞧! 这是他的好朋友们设计好的袜子(见图3-8)。

(师:创设蜈蚣叔叔举办袜子派对的情境,引发幼儿设计袜子的兴趣;幼:乐意去参加蜈蚣叔叔的派对。)

二、出示袜子,幼儿观察、欣赏

1.哇!你觉得哪只袜子最漂亮?那这些袜子漂亮在哪里?有哪些漂亮的花纹?它的花纹是怎么样的?

第一只袜子:有漂亮的亮片、形状、颜色。

第二只袜子:红黄蓝的规律。

第三只袜子:拓印。(有哪些好看的花纹?)

第四只袜子:拓印规律。

第五只袜子:点线面。(漂亮在哪里?用了哪些图案?哦!用了点、波浪线、直线装饰,好漂亮。)

第六只袜子:形状规律。

(师:展示三种不同方式装饰的袜子,引导幼儿观察袜子的花纹、图案颜色、线条、规律;幼:尝试大胆地讲述自己喜欢的袜子,观察自己喜欢的袜子的漂亮图案。)

三、教师讲解(出示材料)

1.我最喜欢蜗牛叔叔设计的袜子,他可厉害啦。是用蔬菜来设计的哦!这是萝卜(出示萝卜),用萝卜蘸一下红颜色的颜料,印一下,红颜色印了要放回哪里呢?红颜色印了放回红颜色的盘子里。黄颜色呢?蓝颜色呢?蜗牛大叔还准备了蒜芯、青菜(出示实物)。

2.除了蜗牛大叔的蔬菜可以印画,我还带来了一些小图案和水彩笔。

(师:通过实物展示讲解作画材料,引导幼儿操作;幼:喜欢作画的材料和方式。)

四、幼儿分组操作(播放音乐)

我们都知道蜈蚣叔叔最喜欢有规律的东西了。小朋友,我们赶紧选择自己喜欢的材料,设计出蜈蚣叔叔最喜欢的袜子去参加他的派对吧。

五、袜子派对游戏(播放音乐)

袜子派对开始啦,我们去参加袜子派对了。

(师:引导幼儿把袜子穿在脚上展示自己设计的袜子;幼:体验展示袜子作品和游戏的快乐。)

(潘挺奇、林佳、李静静等供稿)

图 3-8

3. 数学活动:蜈蚣叔叔的袜子

设计意图

在我们生活中到处充满了按规律排序的图案,这些有规律的排序带给我们美的享受。孩子们会有意识或无意识地发现生活中存在的有规律现象,并且对这些也特别感兴趣,这正好与本次数学活动的主题不谋而合。因此根据《指南》精神以及中班幼儿的年龄特点,我设计了数学活动"蜈蚣叔叔的袜子",以帮蜈蚣叔叔穿袜子为切入口,递增难度,让孩子们在帮蜈蚣叔叔穿袜子的情境中感受到规律的好玩和有趣。

活动目标

1.能发现袜子简单的排序规律,学习不同的排序方法。

2.能在情境中感知规律的美,增强观察、分析、比较能力。

活动准备

《蜈蚣叔叔的袜子》绘本;纸质衣橱;幼儿操作材料人手一份。

活动过程

一、谈话导入,了解 ABAB 排序模式

师:我们都知道蜈蚣叔叔是出了名的美男子,每次出门他都会把自己打扮得很帅气,特别是他的袜子,而且他还会根据自己的心情有规律地穿袜子。我们来看看第一天蜈蚣叔叔他的袜子是怎么穿的吧(出示长短袜)。哎,你发现了什么? 蜈蚣叔叔是按什么规律穿的呢? 你是从哪边开始看的?

(师:强调看袜子的顺序要从头开始,不然容易产生错误规律;幼:观察蜈蚣叔叔袜子的规律并大胆地说出自己的发现。)

小结:现在我们一起来看一看蜈蚣叔叔的袜子,(念"一只长一只短")原来蜈蚣叔叔的袜子是按照一只长一只短、一只长一只短的规律一直穿下去,其实就是按长短长短的规律来穿的。

(师:小结长短长短的规律,帮助幼儿加深对 ABAB 两个为一组的规律的理解;在活动中可能孩子对于长短的表述会是大小,老师也不用急于纠正,可以直接按照孩子所说的大小规律进行小结。)

二、AABAAB 模式

师:第二天,蜈蚣叔叔又会怎样穿袜子呢? ①有可能是为了挠痒痒。如果他要全部穿起来,那接下来该怎么穿? ②哎呀,蜈蚣叔叔可真粗心,还没把袜子穿完就出来了,我们来帮帮他。③直接说规律,你是怎么发现的呢? 红红黄红红黄红红黄,你觉得蜈蚣叔叔是按照什么规律来穿的呢? 那接下来该怎么穿呢?(幼儿操作)现在袜子穿好了,我们来检查一遍,红红黄红红黄,原来今天蜈

蚯蚓叔叔的袜子真的是按照红红黄的规律来穿的,你们可真棒,我们帮蚯蚓叔叔穿了正确的袜子,它可开心了。

(在第二次磨课时出现蚯蚓叔叔未穿袜子的脚,孩子们就直接想到了绘本中蚯蚓叔叔要用脚挠痒痒,而不是穿袜子,鉴于此我们也想到了孩子的多种不同回答,便于应对孩子们的不同想法。)

三、ABCABC模式

师:第三天蚯蚓叔叔的袜子是这样穿的(有些穿,有些没穿),你发现了什么? 1,2,3噔噔噔噔,呀,蚯蚓叔叔的袜子怎么回事? (幼回答:有的穿了,有的没穿。)看来蚯蚓叔叔粗心的毛病还没改,我们赶紧帮它穿上。(最前先穿)这只该穿什么袜子,为什么? 那现在我们一起来帮他穿对了吗? 那他是按什么规律来穿的?

小结:哦,原来是按红黄蓝红黄蓝的规律一直往下穿的。你们的表现可真棒!

(师:将蚯蚓叔叔的袜子按照红黄蓝红黄蓝的规律穿好但在中间空出几只脚,增加难度;幼:自主观察并大胆地说出自己的发现,按照自己的想法进行操作。)

四、AABCAABC模式

师:第四天蚯蚓叔叔把所有的袜子都穿好了,但他开始不开心,这又是为什么呢?(出示袜子请幼儿回答)原来蚯蚓叔叔的袜子穿错了,你们觉得哪里不对? 没关系,现在我们从前往后一个一个来看。红红黄蓝红红黄蓝,现在请你来猜一猜,蚯蚓叔叔的袜子是按什么规律穿的? 那我们换上去试试看,红红黄蓝,红红黄蓝,对的,你们真聪明,接下去应该也是红红黄蓝。可是蚯蚓叔叔穿了什么颜色的袜子? 对了,这只袜子穿错了,我们应该给他换什么颜色的袜子? 还有吗? 哦,所以今天蚯蚓叔叔的袜子是按照什么规律来穿的? (AABCAABC)

(师:最后的袜子是按照AABC的规律来穿的,相对于前面的规律,AABC的难度比较大,因此在活动中就只空了两只脚,便于幼儿发现规律。)

五、幼儿操作

师:穿对袜子的蚯蚓叔叔可帅气了,但他想变得更加帅气一点,所以他把他的帽子、领带、拐杖交给了我们来装饰,但是蚯蚓叔叔他是有要求的,所有的装饰都要有规律哦。如果你想挑战高难度的,那就选择帽子这一组,领带组在这边,拐杖组在这边。完成后可以请我们的客人老师帮我们检查一下,然后把它整齐地贴到蚯蚓叔叔的衣橱上,给蚯蚓叔叔一个大大的惊喜。(幼儿操作,教师观察,幼儿完成后可以请老师帮忙检查并粘贴好,也可以根据自己的意愿进行观察或二次操作。)

（根据前面的提示，大多数幼儿能按规律正确摆放操作材料。）

六、小结

师：蜈蚣叔叔的帽子、拐杖、领带现在变得真漂亮，我们赶紧请蜈蚣叔叔来看一下吧。

（于玮楠、林佳、罗喜喜等供稿）

三、大班绘本阅读教育的活动设计

（一）围绕绘本《母鸡萝丝去散步》组织的系列活动

绘本简介　《母鸡萝丝去散步》是英国的佩特·哈群斯所著的一本经典绘本，它的文字与画面形成一种非常滑稽的对比，文字讲述的是母鸡萝丝去散步的平淡无奇的故事，而另一个主人公——狐狸，却在母鸡的背后上演了一出滑稽可笑的"捉鸡"屡屡受挫的故事。

1. 阅读活动：母鸡萝丝去散步

设计意图

绘本《母鸡萝丝去散步》除了色彩鲜艳、内容有趣以外，其故事的线索很清晰、明显，而且能有很大的余地让小朋友自由地发挥和展开想象。在活动中可以让幼儿大胆地讲述、想象和猜测故事的情节，充分地发挥教师的主导作用和小朋友的主动参与性，多给他们机会来表达、讲述、表现自己和发挥想象。幼儿对故事有了初步了解之后，边想象、边猜测、边讲述，使故事的内容越来越丰富、精彩，课堂气氛轻松而活跃。当他们被有趣的故事吸引和感染后，会对整个故事产生了想说、想讲的积极欲望。这个过程可以促进他们在语言讲述、表达、词汇的运用等方面能力的发展。

活动目标

1. 能细致地观察画面，激发想象力。

2. 根据画面大胆想象、推测并表达自己对故事情节的理解。

3. 通过加入适当的拟声词去感受图画书的诙谐、幽默。

活动准备

绘本；PPT；音乐。

活动过程

一、介绍萝丝，引起兴趣

1. 今天天气好不好？天气真好。有一只母鸡，她的名字叫萝丝，她要出门散步了，瞧瞧她的样子，谁能用一句好听的话来形容一下？是啊，这只母鸡半闭

着眼睛,抬着头,迈开大步向前走。这就是我们今天要讲的故事——《母鸡萝丝去散步》。

2.(观察农场路线图)这就是母鸡萝丝居住的农场,让我们一起来看看在农场里都有些什么地方?(院子、磨坊、池塘、篱笆、蜜蜂房,这是母鸡萝丝的家。)

二、自主阅读(播放音乐)

母鸡萝丝要出门去散步了,她会经过一些什么地方呢?在散步的时候会发生什么样的事情呢?我们拿出书本一起来看一看,看书的时候要轻轻地一页一页地翻。

三、理解故事内容,分析故事角色

刚才你们看到了什么?谁来说一说?谁看上了母鸡?狐狸想干什么?他成功了吗?

接下来,我们把事情一件一件说清楚,好不好?我们先来说说母鸡萝丝去散步的事情。

1.(出示母鸡图片)母鸡萝丝出门去散步,她都经过了什么地方?谁来说一说?(教师根据幼儿回答出示母鸡散步地点。)

2.(出示狐狸图片)我们来看看,可怜的狐狸遇到了哪些倒霉的事情,谁来说说看?(教师根据幼儿回答出示狐狸倒霉的地方。)

3.接下来我们来看看母鸡萝丝的动画片,怎么样?(教师做简单描述。)

4.我们来看看母鸡萝丝的散步路线,她走过院子,绕过池塘,越过干草堆,经过磨坊(出示相应的动词),这就是母鸡萝丝的散步路线,对不对啊?

5.谁能清楚地说一说母鸡萝丝的散步图?(幼儿讲述散步过程。)

6.母鸡萝丝的散步路线我们都已经说清楚了,狐狸遇到的倒霉事情谁能来讲一讲?(幼儿讲述狐狸倒霉的事情,教师出示图片。)

7.(幼儿完整阅读)其实母鸡萝丝散步的故事就是把狐狸发生倒霉的事情连起来变成的一个完整故事。谁能在讲故事的时候加进去狐狸是怎么想的?他是怎么去抓母鸡的?把这些身体动作加进去。

小结:小朋友在讲故事的时候加上了很多自己的身体动作,还把狐狸的表情、动作和内心想法都加到故事里面去了,我们来给他鼓鼓掌。

8.你们说说看这只狐狸他倒不倒霉?他为什么这么倒霉?我们来帮他找找原因吧。

小结:总的来说,这是一只笨狐狸,他不会观察周围的环境,就连去抓猎物的时候也没有观察仔细,所以老是遇到倒霉的事情。

四、观看视频

最后,狐狸有没有抓住母鸡萝丝?我们一起来看故事的结尾(播放动画片）。最后狐狸有没有抓住母鸡？跟我们小朋友讲的一样,他最终没有抓住母鸡萝丝,这只母鸡真是太幸运了,她的运气真是太好了,可是你们觉得每一次母鸡萝丝的运气都能这么好吗？她该注意些什么呢？怎样更好地保护自己？我们看看母鸡萝丝回到家里有一件事情忘记做了,是什么事情？我们小朋友回到家里做的第一件事情是什么？及时关门。你们都会保护自己,如果母鸡萝丝像我们小朋友这么聪明的话,她的运气估计一直都会这么好,这真是一个有趣、滑稽的故事。

五、再次完整阅读

我们再回到故事中,一起来读一读这个故事。（师幼一起阅读。）

六、结束

最后,大家一起边看书边讲述,愉快地结束活动。

（郑晓、范轶婷、朱晓红等供稿）

2. 美术活动:母鸡萝丝去散步

设计意图

《母鸡萝丝去散步》全书仅有简单的 8 句话,所以图画是该绘本的精华,"用图来讲故事"是这本书的主要特点。线条与色块的排列与组合是书中最出彩的部分,也是比较适合幼儿欣赏与学习的部分。线与面是造型的基本元素,它们构成了孩子理解绘本的基本元素。该绘本为我们展现了图形和线条排列有序的装饰效果。绘本中有单一元素的排列,如农场中建筑的屋顶和墙壁、柳树的树叶、青蛙身上的圆形花纹等;还有不同元素的交替排列,如狐狸身上的花纹(图形与线条的交替排列)、母鸡萝丝尾巴(颜色交替排列)、苹果树(图形组合的排列)。大班幼儿已经开始注意事物比较隐蔽、细微的特征,能观察到更为细致的东西,能够观察到绘本中的规律排列;当发现了规律时,他们能按照规律继续往下排,也能自己创造出各种各样的规律。

活动目标

1.了解绘本中装饰图案的排列规律,感受有规律排列带来的美感。

2.能创造出各种不一样的规律,并且能在规律上添加花纹。

3.尝试对农场各部分进行有规律的装饰。

活动准备

1.农场树、狐狸、母鸡等课件。

2.农场的各个部分;记号笔。

活动过程

一、导入

1.嗨,大家好! 我是萝丝,我有一件烦心事:有一只狐狸总想把我吃掉。没

办法,我只好搬家了。

2.我最喜欢有规律的花纹了,所以,我要把我的新家打扮得很有规律。

二、出示 PPT,介绍农场中的规律

瞧,这是我以前的农场,里面的东西都是有规律的。

小结:原来规律可以是两种图案的交替排列、两种线条的交替排列,也可以是图案和线条的交替排列。

三、欣赏各种各样的规律

1.这是一些设计师帮我设计的规律,你能看懂吗?

2.它们是怎么排列的?

3.你还能创造出什么样的规律?它是怎么排列的?

4.可是,我觉得这些规律还不够好看,你有什么办法把它变得更美吗?

5.你准备添加什么花纹?添加在哪里?接下去应该怎么排?

6.小结:我们可以在图案或者线条上添加花纹,使它们变得更美。

7.我这里有一些设计师设计的有规律的花纹,我们一起去看看吧。

四、幼儿设计规律

1.农场这么大,靠我一个人装饰农场真是太困难了,相信有创意的你们一定会用有规律的漂亮花纹来打扮我的农场!

2.在你们的椅子下面,有农场的一部分,请你们用上有规律的方法对它进行装饰。设计好后,与其他小朋友的合起来,看看我的农场会被你们设计成怎么样。

五、欣赏

1.你最喜欢农场的哪一个部分?为什么?

2.他用了哪些有规律的花纹?

(王叶影、曹海虹、程丹君等供稿)

3. 音乐活动:母鸡萝丝去散步

设计意图

本活动欣赏音乐《在山魔王的宫殿里》,这首乐曲节奏由慢到快,旋律由低沉到高亢。这次活动尝试将音乐与语言活动相结合,将乐曲《在山魔王的宫殿里》与绘本《母鸡萝丝去散步》的阅读相结合,从绘本中的另一个角色——"狐狸"的视角出发,通过欣赏音乐,随音乐进行合作表演,生动幽默地再现《母鸡萝丝去散步》的故事情节,并将其还原成动作表演,从而感受并体验乐曲旋律与节奏。

活动目标

1.欣赏音乐,体验曲调速度、力度变化的有趣性。

2.敢于大胆地创编游戏动作,能主动跟随音乐进行动作表演。

3.在表演中学会相互合作,体验合作的乐趣。

活动准备

音乐《在山魔王的宫殿里》;图谱;手偶。

活动过程

一、欣赏音乐,感受乐曲

今天,老师给小朋友们带来了一首乐曲,请小朋友们听一听这首乐曲有什么变化。听完你有什么感受?听的时候你可以用身体来稍微表现一下。

小结:音乐越来越快,越来越响,听起来有种紧张、刺激的感觉。那到底会发生什么事情呢?

二、出示手偶、图谱,帮助幼儿理解

1.出示手偶,随音乐边操作边讲述故事,幼儿欣赏。

音乐里说了谁?

2.出示图谱,理解音乐1

(1)我还把这个故事用图谱的方式画了下来。现在我要考考你们几个问题,你们试着把它记住,音乐结束后把答案告诉我。音乐的什么地方是母鸡在打扮,什么地方是母鸡在散步?图谱中的"○"在音乐里是一个什么声音?它表示什么意思?

(2)教师突出图谱中"○"代表的声音,请幼儿听见该声音时做回头的动作。

(3)母鸡在家里打扮会做什么动作?散步会做什么动作?请幼儿学习动作。

(4)播放音乐,教师带领幼儿表现音乐第一部分。

那现在,我们就来当一当母鸡,一起来表现一下吧!

3.结合图谱,理解音乐2

(1)母鸡打扮的时候狐狸在干什么?母鸡一出门,狐狸就跟上了,还遇到好几件倒霉事。

(2)师在图谱处贴倒霉事的图片,交代问题。

为什么我要在这里贴上狐狸的倒霉事的图片?这表示什么意思?

小结:母鸡的回头和狐狸的倒霉事是同时发生的。

(3)学习狐狸遇上倒霉事时的动作。

这几件倒霉事可以怎么用动作表示呢?

三、音乐游戏

1.师幼合作游戏。

师:现在,我来当母鸡,你们来当狐狸,我们一起跟随音乐来玩这个游戏。

师:现在我来当狐狸,你们来当母鸡,看看你们会不会被我捉住。

2.幼儿合作游戏。

现在,请你们来当一当狐狸和母鸡,玩这个游戏吧!

3.反复游戏2遍,活动结束。

(张祎秀、朱晓红、陈琼洁等供稿)

(二)围绕绘本《我绝对绝对不吃番茄》组织的系列活动

绘本简介 《我绝对绝对不吃番茄》描写了一对有趣的兄妹——查理和萝拉,这次爸爸妈妈给了查理一个任务——哄萝拉吃东西。萝拉非常挑食,而且她绝对绝对不吃番茄。查理好不容易才想到办法来哄她:把她不爱吃的胡萝卜称作"木星来的橘树枝",把豌豆称作"来自绿王国的绿雨滴",把马铃薯泥称作"富士山山顶的松软白云",把炸鱼块称作"海底超市的海洋零食"。查理哥哥运用丰富的想象力,用魔法语言使萝拉愿意尝试她不爱吃的食物。最后,萝拉竟然要求吃"喷水月亮",当然,这就是她之前绝对绝对不吃的番茄啰!面对小朋友们的叛逆期,如何发挥自己的想象力和聪明才智来引导孩子,这本书值得教师借鉴。

1.阅读活动:我绝对绝对不吃番茄

设计意图

当今社会,独生子女多,家庭成员全围着一个孩子转,孩子要什么就给什么。特别是在餐桌上,大人总把孩子最喜欢吃的东西放在孩子面前,甚至就只准备孩子爱吃的,长此以往就使孩子养成挑食的习惯。挑食也几乎成了现在孩子的通病。孩子们对喜欢吃的就使劲吃,不喜欢吃的喂也喂不进去,这严重影响了营养的均衡摄入。《我绝对绝对不吃番茄》这本书以查理和萝拉玩想象力游戏为主要内容,从正面引导孩子吃下各种有营养的食物,不失为教育孩子不应挑食的好题材。因此,我设计了这个阅读活动。

活动目标

1.在欣赏与阅读绘本的过程中,享受阅读的乐趣。

2.发挥想象力,大胆讲述自己的想象与发现,增强口语表达能力及模仿能力。

3.理解绘本内容,改掉挑食的坏习惯。

活动准备

故事PPT。

活动过程

一、阅读封面

1.今天我们要一起分享的图书是《我绝对绝对不吃番茄》。

154

2.请你仔细看看这本书的封面,你能发现什么?

3.小结:原来小小的一个封面竟然藏着这么丰富的信息,所以,会读书的孩子一定是从封面开始阅读的。

二、展示 PPT,重点阅读

1.你们猜,"我绝对绝对不吃番茄"这句话是谁说的? 我们一起打开书本看一看。

2.边翻阅图书,边讲述故事前一部分(报菜名)。萝拉是个怎样的孩子?

3.小结:萝拉这个也不吃,那个也不吃,是个非常挑食的孩子。

4.(播放 PPT)萝拉喜欢吃胡萝卜吗? 你有什么办法让萝拉尝一尝胡萝卜吗?

5.哥哥查理也很想让萝拉吃胡萝卜,他想了一个很管用的方法。

6.萝拉吃了胡萝卜吗? 为什么?

7.小结:查理哥哥把平常的食物想象成又神奇又美好的物品,成功地引起了萝拉尝一尝食物的兴趣。

8.(出示各种食物图片)这里有这么多萝拉不喜欢的食物,请你选一种食物,然后学一学查理哥哥的方法,对萝拉说几句话,让萝拉去尝一尝它,喜欢上它。

三、完整阅读

1.萝拉到底有没有去尝这些食物? 我们一起在绘本里找找答案,看看查理哥哥又是怎么说的。

2.听了查理哥哥的介绍,萝拉尝试吃这些食物了吗?

四、回顾魔法语言

1.查理哥哥是怎么介绍这些食物才让萝拉妹妹爱上这些食物的呢?

2.出示图片,幼儿根据图片复述魔法语言。

3.天哪! 查理哥哥的魔法语言真神奇,不但让挑食的萝拉爱上了各种食物,连萝拉也学会了这种魔法语言。我们有什么不喜欢的食物吗? 活动后小朋友们也用魔法语言来帮助小伙伴吧?

(梁银金、李晓涵、林英等供稿)

2.书写活动:我绝对绝对不吃番茄

设计意图

升入大班的幼儿逐渐对文字和符号产生了一定的兴趣,常常在自己的绘画作品上歪歪扭扭写上自己的名字,每当他们在日常生活中看到自己认识的汉字时都会兴奋地读出来,表现了对汉字强烈的兴趣。《纲要》中也明确指出要培养

幼儿对生活中常见文字、符号的兴趣。《我绝对绝对不吃番茄》这本绘本讲述了查理哥哥用魔法语言让妹妹改掉挑食的坏习惯的故事。书中的语言幽默风趣，充满想象力。抓住这一特点，设计对话框，使孩子们在阅读绘本的同时观察文字、符号特征，培养孩子的对文字、符号特征的敏感性，在观察和想象的过程中体验发现的喜悦。

活动目标

1. 在熟悉魔法语言的基础上，发现符号记录的方法。

2. 对食物进行想象，尝试用符号进行记录。

3. 大胆地在同伴面前表达。

活动准备

绘本 PPT；纸；笔。

活动过程

一、回顾绘本内容

1. 上次我们一起阅读了绘本《我绝对绝对不吃番茄》，你们喜欢这本绘本吗？喜欢谁或者喜欢什么内容呢？为什么？（好笑，聪明，幽默。）

二、魔法语言在哪里

这些地方我也很喜欢，因为它里面藏了一些有魔法的语言。

1. 这些魔法语言是谁说的？（查理哥哥。）

2. 查理哥哥的魔法语言藏在几个地方呢？（同时出现 PPT 对话框）

(1) 萝拉讨厌胡萝卜时。

(2) 萝拉讨厌豌豆时。

(3) 萝拉讨厌土豆泥时。

(4) 萝拉讨厌炸鱼块时。

小结：学会了魔法语言，就能把不喜欢的东西变得很有趣。

3. 认识对话框。

这些符号，你们见过吗？认识吗？

它叫对话框，对话框里面写着说话的内容。尖尖角对着谁就是谁说的话。

三、制作大书

1. (出示对话框)萝拉还有许多不爱吃的东西，请你们用魔法语言把这些食物变得神奇和有趣，并把它们画在对话框里。在这个位置，画上你自己的人像，并写上名字。画好以后，把你的魔法语言说给后面的老师们听，请他们帮你把魔法语言写下来，然后交给我。等下一起听听谁的魔法语言最有趣，大家开始行动吧。

(幼儿创作，教师巡回指导，把完成的幼儿作品展示起来。)

2.这是谁的魔法语言？请你说说看。

小结：看来，大家都学会了魔法语言，有了有趣的魔法语言，生活原来可以更美好。

3.每个人的语言都很有意思，我把它们集合在一起，变成了一本大书。作者就是？（大班全体小朋友。）

4.这本大书叫什么名字好呢？

5.我们一起来看看自己制作的大书吧。（师幼共读）

小结：真是一本有趣的书，由于时间关系，书的后面还没有完成，大家可以在语言区继续把它制作完成！

（陈琼洁、郑晓、朱晓红等供稿）

3.综合活动：创意拼盘

设计意图

蔬菜、水果等是幼儿生活中常见的食物，它们不但营养丰富，外形上也都有自己的特点。但是随着生活水平的提高，独生子女的增多，很多幼儿都有挑食的不良习惯，绘本《我绝对绝对不吃番茄》中的主人公将食物进行想象、美化，从而使人产生了尝试的欲望。蔬菜和水果不同的形状和丰富的色彩能激发幼儿美的灵感，拓展他们广阔的想象空间。因此，我设计了"创意拼盘"这个活动，旨在进一步激发幼儿想吃蔬果、爱吃蔬果的欲望；让幼儿知道多吃蔬菜水果对身体有好处；培养幼儿的动手操作能力、审美能力及创造力，并进一步体验与同伴分享、交流的乐趣。

活动目标

1.能大胆尝试用蔬菜、水果以及其他食物在圆形或方形盘子上进行创意拼盘。

2.品尝自己及同伴的创意拼盘，知道多吃蔬菜水果对身体有好处。

活动准备

各种蔬菜、水果；盘子；塑料刀。

活动过程

一、出示材料，激发兴趣

1.今天，王老师给你带来了许多神奇的宝贝。看，这是什么？（番茄。）

嗯，这不仅是番茄，它还是小人国里的太阳。

2.（出示黑豆）这是什么？

这不仅是一颗黑豆，还是亮晶晶的黑宝石。

3.（出示黄瓜）这是什么？

这不仅是黄瓜，它还是来自外太空的绿色月亮呢！

二、出示各种拼盘范例

1.今天呀，我用小人国里的太阳、亮晶晶的黑宝石、绿色月亮拼了一个小朋友，拼了花朵、狮子还有孔雀呢，喜欢吗？你最喜欢哪一盘？说说为什么喜欢。

2.引导幼儿根据拼盘造型和颜色搭配来欣赏范例。

三、幼儿制作拼盘，并为拼盘起名

1.用这些既漂亮又美味的宝贝来做造型啰，你们想不想也来试一试？看，所有的材料都给你们准备好了。等会儿请你挑选自己喜欢的材料，看看它像什么；你也可以用刀切一切，然后摆一摆、拼一拼。总之发挥你的想象力，进行有创意的造型吧！最后，请为你的创意拼盘取一个好听的名字！

2.幼儿自由拼盘，教师巡回观察，并拍照记录。

小朋友在做的时候，先想一想要拼什么样的拼盘造型，是拼成植物呢，还是可爱的小动物，或者别的什么图案。再想想需要用哪些材料，也可以将材料切成自己想要的形状。然后思考一下怎么摆，是先从盘子的中间摆出花样，还是先从盘子的外边摆出花样。看看哪个小朋友最会动脑筋，想出许多漂亮的拼盘造型，颜色搭配得最漂亮，拼盘设计得最有创意。

四、展示幼儿的作品照片，幼儿欣赏并介绍自己的作品。

我把你们的创意拼盘都拍下来了，我们一起来欣赏一下。

（点出典型的三盘）这盘是谁的？来介绍一下。

五、品尝自己或同伴的创意拼盘。

哇，这么多神奇的宝贝组合在一起的拼盘，真是太漂亮了，你们拼的每一盘我都喜欢，都忍不住想吃呢！你们是不是也跟我一样忍不住了呢？那我们就一起来分享、品尝一下自己或者朋友的创意拼盘吧！

（王薇薇、程丹君、金云素等供稿）

（三）围绕绘本《收集》组织的系列活动

绘本简介 《收集》这个故事，从"佳佳的收集"开始，引出了许多有趣的内容。整个绘本没有明显的故事情节，散文的表现形式贯穿始终，给人以诗意的联想。在欣赏的过程中，孩子感受到"珍贵"的意义，也能体会到"收集"的乐趣。

1. 阅读活动:收集

设计意图

收集这一现象时刻存在于我们身边,我们每个人总是在自觉或不自觉地收集一些自己认为有用的东西。幼儿也喜欢收集,像我们班的孩子,有些喜欢收集陀螺,有些喜欢收集零食里面的卡片。也许这些都是成人看起来很不起眼的东西,也许是他人觉得微不足道的东西,但是孩子们却认为这些是"最重要""最珍贵"的,所以他们乐此不疲地收集这些东西。

在阅读活动的设计上,我们尝试以分段阅读的形式层层递进。第一个环节,通过聊天的形式,在宽松的氛围中帮助幼儿了解"收集"的含义。第二个环节,通过看看、讲讲小鸡、小兔最珍贵的东西,初步解决活动的重点和难点,引导幼儿感知"珍贵"和"收集"的意义。最后,在第三个环节"看看妈妈收集的东西"中,孩子们在"妈妈收集的这些东西特别在哪里"的设疑中,知道:只要心中有爱,无论收集什么,它都是最珍贵的。在整个活动过程中,我们在阅读的同时穿插话题进行讨论,将有关"收集"的话题加以挖掘、拓展,以此激发孩子对绘本的兴趣。

从活动细节处理来看,第一个细节的处理是为了让幼儿感受到妈妈收集的东西是很珍贵的。我们借助一些幼儿小时候的东西,让幼儿看看、说说,亲身感受妈妈收集的这些东西特别在哪里——是因为有了妈妈的爱,所以才会觉得这些很普通的东西变得那么珍贵,才体现了收集的意义,从而让他们知道"无论你收集什么,只要有了爱,它就是最珍贵的"。第二个细节是在活动最后,我们通过"我的收集计划表"来引发孩子们积极参与收集活动的兴趣,使孩子们将故事情节延伸到现实生活中来,继续感受"珍贵"和"收集"的意义。

活动目标

1.通过阅读、理解绘本内容,感知"收集"和"珍贵"的意义。

2.愿意用绘画的方式记录自己珍贵的东西,并进行大胆表述。

3.体会共同制作大书的乐趣。

活动准备

1.图书PPT;盒子。

2.纸张;订书机;封面;封底;水彩笔。

活动过程

一、聊聊"收集"的话题——本环节主要是要让幼儿理解"收集"的含义

1.(出示盒子)这里有一个漂亮的盒子,你会用它来干什么?

2.小结:对,刚才大家讲到了,就是把一些东西非常珍惜地放在一起保存起

图 3-9

来,我们把这个行为叫作"收集"(出示图 3-9)。

　　3.今天我们一起来看一个有关"收集"的故事。

　　二、集体阅读绘本——本环节主要是初步解决活动的重点和难点:感知"收集"和"珍贵"的意义

　　1.观看PPT第1—2页。

　　佳佳得到一个漂亮的盒子,她不知道用来干什么。

　　佳佳的妈妈说:可以用它来收集珍贵的东西。什么是珍贵的东西呢?

　　2.观看PPT第3—6页

　　小鸡最珍贵的东西是什么? 它为什么觉得蛋壳很珍贵?

　　小兔有珍贵的东西吗? 小兔为什么觉得萝卜种子很珍贵?

　　小结:小鸡有珍贵的家,小兔有珍贵的食物,它们都有珍贵的东西。

　　佳佳一路走来,收集了很多珍贵的东西。佳佳发现不只是自己在收集珍贵的东西,大家也都在收集。

　　3.观看PPT第7页

　　老奶奶收集了什么? 为什么觉得老照片很珍贵?

　　爱玩的小男孩收集了什么? 他为什么要收集这些玩具呢?

　　玲玲又收集了什么?

　　4.观看PPT第8页

　　你猜,妈妈最珍贵的是什么?

　　5.观看PPT第9页

　　讨论:妈妈收集的这些东西有什么特别的地方? 妈妈为什么要收集这些?

　　6.观看PPT第10页

　　小结:因为妈妈最爱你,你是妈妈最珍贵的宝贝,所以妈妈收集了你的东西。虽然这些东西很普通,但是它们记录了你成长的点点滴滴,因为有爱,所以

妈妈觉得它们珍贵。所以,无论你收集什么,只要有了爱,它就是最珍贵的。

三、完整阅读绘本

那我们一起来阅读这本书吧!

四、自制图书《收集》

1.我很喜欢你们,我也想收集你们最珍贵的东西,把它做成大一班的《收集》,(出示封面、封底)你们看,我连封面和封底都设计好啦,可是里面没有内容,你们把自己最珍贵的东西画下来,送给我好吗?

2.幼儿记录自己最珍贵的东西,并大胆表述:"这是我最珍贵的……,把它送给你吧!"

3.共同制作大书。

五、小结

这是你们最珍贵的东西,也是我最想收集的,我想这本书一定会给我们留下美好的回忆。我会好好保存的,谢谢你们!

(杨玲玲、庄海英、郭静静等供稿)

2.数学活动:收集大统计

设计意图

《纲要》指出:"要引导幼儿对周围环境中的数、量、形等现象产生兴趣,建构初步的数概念,并学习用简单的数学方法解决生活和游戏中某些简单的问题。"遵循这一理念,我们围绕绘本《收集》中的人物收集的东西,引导幼儿尝试去统计,并渗透条形统计的方法,帮助幼儿获得条形统计这一新的数学经验,并在日常生活和区域活动中将经验进行迁移。

活动目标

1.通过实践活动,学会用自己的方法分类统计生活中物品的数量,从中体会数学的有趣及重要性。

2.初步学习条形统计表的记录方法,能按图形的特征进行分类统计。

3.能养成细致的观察力和对数学活动的兴趣。

活动准备

记录卡每人一张;水彩笔4盒;黑白照片四人一份;彩色照片每人一套;PPT课件;分类板4份。

活动过程

一、引题,与幼儿一起回忆经验

(出示PPT)孩子们,佳佳他们收集了很多珍贵的东西。佳佳的朋友玲玲收集了花,连爱玩的小男孩也收集了好多玩具车,奶奶收集了许多老照片,妈妈收集了很多佳佳小时候的东西。那大家到底收集了多少东西呢？你们想知道吗？我也想知道。

二、对收集的物品进行分类（一次分类）

1. 出示 PPT（收集的东西都混合在一起）。

你们瞧！今天老师把他们收集的东西拍成照片带来了。请你们想一想，有什么方法可以让大家一下子就看出来他们分别收集了多少东西？

（引导幼儿懂得要先学会分类再进行统计的道理。）

2. 小结：哦，要想知道他们分别收集多少东西，首先要分一分类，然后再数一数。

3. 我今天带来了分类板和记录纸（出示 PPT），这张板和记录纸（见图 3-10）旁边有 4 个图标，你们能看懂这个图标是什么意思吗？（介绍其中一个，其他让孩子自己探索）我会把他们收集的东西发给你们，请你们 4 人一组合作，先把东西分一分类，把图片插入分类板中，再数一数，并在记录表里进行统计，可以用数字，也可以画图案记录。

图 3-10　分类板和记录纸

我们要先做什么事，再做什么事？（帮助幼儿梳理操作步骤）

在统计之前，请你们先 4 人一组，商量好谁来当小组长进行记录。待会儿我会进行计时，时间到了，我会倒数 10 个数，所有小朋友都要把记录纸交给我并坐好。

4. 幼儿操作，教师巡回指导。

5. 讲评。（教师出示大号统计结果表，将孩子的统计表以及分类板拍成照片并将照片展示出来。)

我们一起来看看,你们统计的结果和我一样吗?(一组一组检测)

你是用什么方式统计记录的?玲玲收集了多少花……(教师操作幼儿的材料,数一数以验证答案;如有错误,先请幼儿自己发现错在哪里。)

6. 认识条形统计表

(1)(出示 PPT)我也做了一张统计表,你们看看,谁能看懂我是怎么统计的?

(2)底下横着的那一排是什么?(收集的种类。)左边竖着的代表什么?(数量。)

(3)我的统计表中的小男孩收集了几辆小汽车?你们能看出来吗?怎么看的?(先找种类,再看条形对出来的是数字几,就代表小男孩收集了几件。)

条形统计表怎么看?我们一起来说说看。(先找种类,再看条形对出来是数字几,就代表收集了几件。)

(4)你们学会看这张统计表了吗?奶奶收集了几张老照片?怎么看?(引导幼儿说出看条形统计图的方法)

(5)我的统计方式有什么好的地方?(能一下子看出谁多谁少。)

(6)小结:格子越高就表示收集的数量越多。这是一种新的统计记录方法,叫条形统计表。

(7)这种统计表怎么记录呢?请你们仔细看。(教师演示 PPT 玩具车的统计法:先找到玩具车这一列,再从下往上涂格子,有几个就涂几格。)

妈妈收集了几件你们统计出来了吗?在我的统计表里该怎么表示?(帮助幼儿回忆)

三、能根据收集的物品特征进行统计分类(二次分类)

1. 有一天,老奶奶看着自己收集的心爱的照片,她不停地在摆弄照片,想把自己的照片分分类,可是她年纪大,眼睛看不见了,谁愿意帮助老奶奶呢?

2. 出示 PPT(各种形式的照片),引导幼儿说说不同的分类方法。

3. 出示 PPT(老奶奶照片统计表)。

奶奶收集的照片可有意思了,我们可以有好多种分法。如果按这张表要怎么分?如果我要统计四个人的照片,我该在哪一列统计?那怎么能保证我不数错呢?(教师出示 PPT,在照片上做标记,引导幼儿懂得要先做标记,数一个做一个标记。)

小结:统计的时候要先看表格是按什么分的,再分类数一数,数的时候要做标记,最后把结果在统计表上记录下来。

4. 佳佳他们听说我们班小朋友学了一个新的统计本领,都想请你们帮他们把东西分一分并进行统计。你们愿意帮助他们吗?

你愿意帮助谁,待会儿就拿谁的图片。图片上面老师夹了一张统计表,你们要先学会看标记,再根据标记进行统计,统计好了,在统计表上写上学号并把它贴在黑板上(教师限时)。

5.讲评(教师按照类别进行讲评)。

四、延伸活动

其实生活中有很多这样的统计表,给你们个任务:去找找生活中哪些地方会用到条形统计表,下次告诉我好嘛?

(蔡丽佳、金慧丹、张白鸥等供稿)

(四)围绕绘本《小黑鱼》组织的系列活动

绘本简介 《小黑鱼》讲的是一只逃出大鱼之口的小黑鱼,孤独地用自己的眼睛观察海洋到底是一个怎样的世界,开始注意到海洋是多么美丽、奇特和有趣,从而关注到这个世界中自己的存在,关注自己的想法,更深刻地了解自己的故事。当再次遇到危险时,它学会了独立,学会了坚强;面临困难,不躲避,不退缩,而是用自己的聪明才智,与大家团结一心,勇敢地前行。这是个蕴含着深刻哲理的绘本故事,能让孩子从中学会思考、学会观察、学会坚强。

1.阅读活动:小黑鱼

设计意图

大海,变化莫测,奥妙无穷,很多孩子对大海都充满了无限的向往和憧憬。该绘本以"小黑鱼"为主线,让孩子在感受大海美景的同时体会生活的美好以及朋友的重要性。本次活动能让幼儿在理解故事的同时产生对大海的兴趣,并从"小黑鱼"的经历中感受朋友的力量——朋友能为你驱赶孤独,朋友能助你战胜困难,朋友能给你勇气。现在的孩子以独生子女为主,在家养尊处优,到寄宿制幼儿园后感觉比较孤独,非常需要朋友。教师的责任就在于让每个幼儿学会结交朋友,融入群体,发挥团队合作精神,从朋友那儿吸取欢乐,也给朋友带去欢乐。本次活动不仅能激发他们对大海的兴趣,让他们感受大海的美,还能让他们从中感受朋友的价值,体会团结合作的力量。

活动目标

1.仔细观察绘本画面,能用完整的语言大胆猜想和描述故事情节。

2.理解故事内容,体会故事表达的勇于面对危险、团结协作的精神。

活动准备

1.《小黑鱼》PPT。

2.根据情景配乐。

3.幼儿应提前认识海底生物,如金枪鱼、水母、龙虾、海藻、海鳗、海葵等。

活动过程

一、引出课题

看,这是哪里? 让老师带你们走进大海的世界吧!

二、感知故事内容

1.(PPT1)在茫茫大海的深处,住着谁呢? 住着一群快乐的小鱼,它们都是红色的,只有一条是黑色的,它比其他的小鱼们游得都要快,它叫小黑鱼(帮助幼儿找出小黑鱼的位置)。

和这么多的朋友在一起,小黑鱼的心情会怎么样? 可是,这么快乐的日子却没有维持很长时间。

2.(PPT2,播放恐怖的音乐)有一天,大海里突然发生了一件可怕的事情,谁来了? (从海浪里突然冲出一条金枪鱼。)它看起来怎么样? (又凶,又饿。)会发生什么事呢? 它一口就把所有的小红鱼都吞到了肚子里。

小黑鱼呢(引导幼儿发现小黑鱼逃走了)? 为什么小黑鱼逃走了? 小黑鱼游得比其他小鱼儿快,所以它幸运地逃走了。可是,所有的好朋友都被凶恶的金枪鱼吃掉了,它的心情怎么样?

3.(PPT3)害怕、孤独、伤心极了的小黑鱼逃到了大海的深处。大海深处好黑呀! 好冷呀! 它一个人吃饭,一个人睡觉,一个人玩,一个人游来游去。

孩子们,小黑鱼能不能这样一直孤独、伤心下去呢? 那它该怎么做呢?

4.(PPT4)小黑鱼看到大海里到处是各种各样的奇妙生命。于是,它决定去寻找新的朋友。小黑鱼游呀游,咦,它看到了什么? (水母。)好美的水母啊,感觉像什么呀?

小结:它看到了像彩虹果冻一样的水母。哇,真想去吃一口呢。

5.(PPT5)看,它又遇到了谁? 小黑鱼遇到了大龙虾,大龙虾走起路来真好玩,像水下行走的机器……

我们来学学大龙虾走路的样子吧。

6.(猜一猜并讨论)海洋中的生物可真多啊! 小朋友猜一猜,小黑鱼还会遇到谁呢?

小结:小朋友认识的海底朋友可真多。小黑鱼遇到了哪些朋友呢? 我们来看看。

三、继续观察PPT,理解故事情感

1.边听边看,感受海底美丽的景色。

(PPT6同时呈现四张小图)小黑鱼还看到了什么? 谁会用好听的词语来说一说?

小黑鱼本来很伤心、孤独,但它看到了这么多的朋友和这么多的美景,它的

心情现在会变得怎么样啊？

小结：它觉得生活是多么美好，于是它又开心、快乐起来了。

2.感受友谊。

（PPT7）这个时候它又遇到谁了呢？对了，它又遇到了另外一群小红鱼。它们躲在礁石和海草的影子里。小黑鱼心里可高兴啦！它说："来游吧，出来玩吧，到处看看！"（播放录音，引导幼儿一起做小黑鱼，喊小红鱼出来）

小红鱼们出来了吗？为什么呢？

让我来听听小红鱼是怎么说的。"不行，"小红鱼说："大鱼会把我们通通吃掉的！"（播放录音）这时，小黑鱼说："可是，你们不能老躲在那儿吧？我们一起想想办法。"（播放录音）

3.小朋友，我们也来帮助小鱼们想想办法吧！

如果你是小黑鱼，你会想出一个什么样的好办法，把大鱼吓走？

4.体会勇气。

我们大家想出了各种各样的办法，小黑鱼的办法是什么呢？.小黑鱼想啊，想啊，想啊。突然，它说："有了！朋友们，团结就是力量，让我们紧紧地游在一起，变成海里最大的鱼！"（播放录音）

5.感受合作成功的快乐

（PPT8）小黑鱼教大家各就各位，紧紧地游在一起，你们看啊，一件伟大而奇妙的事情就要发生了！

（PPT9）所有的小红鱼聚在一起变成了什么？

找一找小黑鱼在哪里？（小黑鱼做了大鱼的眼睛。）

（PPT10）小红鱼和小黑鱼团结在一起，它们再也不害怕金枪鱼了。它们在清凉的早上游，在阳光灿烂的中午游，把大鱼们都吓跑了。

小黑鱼真是太棒了！能想出这么奇妙的办法来！我们为小黑鱼鼓鼓掌吧！

四、完整欣赏一遍

你们喜欢这条小黑鱼吗？为什么？

小结：小黑鱼不仅聪明也很勇敢，当它孤单一人的时候，就去寻找新的朋友，快乐地面对生活；当看到同伴小红鱼有困难时，它又勇敢地挑战危险，团结大家的力量，把金枪鱼给吓跑了。

五、亲身体验

孩子们，我们也来试试像小鱼一样变成一条大鱼，看看能不能配合得很默契（幼儿自由组合）。老师也想和你们团结在一起呢，我做大鱼的什么呢？

现在，让我们学学它们紧紧地团结在一起，往前方畅游吧！（听音乐游出活动室）

（朱晓红、范轶婷、曹海虹等供稿）

2. 美术活动:各种各样的鱼

设计意图

线描是儿童最简便、最直接用于表现事物形象和内心思想的绘画手段。它具有很大的随意性、游戏性、形象性和装饰性,备受孩子喜爱。孩子们经过第一学期的线描画尝试,对于线描画包含的基本造型元素——线条、点、面已经有了初步的了解。尤其是对于线条,孩子们基本上能说出各种线条的名称,已经熟练掌握各种线条的画法。经过绘本《小黑鱼》的阅读教学,孩子们从"小黑鱼"的经历中感受到团结友爱的力量,同时对海洋里各种各样的鱼产生了兴趣。因此,以"小黑鱼为朋友装扮自己,来吓跑凶猛的大鱼"为主题,我们设计了由故事延伸的线描画活动,让孩子们在鱼身上进行线描画创作,引导孩子们学习点、线、面的不同组合方式,进而激发他们的喜爱之情和创作欲望。

活动目标

1.尝试用线条分割的方法进行画面分割,用不同的点、线、面组成漂亮的图案装饰画面。

2.感受线描的乐趣,发挥想象力、创造力。

活动准备

1.画纸;勾线笔人手一支。

2.教师的范例一幅。

3.大幅海底背景。

4.表格。

活动过程

一、激发兴趣,引出课题

孩子们,还记得前几天我们讲的《小黑鱼》的故事吗? 小黑鱼用什么办法帮助小红鱼吓跑了凶猛的大鱼? 是呀,团结友爱,共同想办法,就能解决独自解决不了的困难。今天勇敢的小黑鱼又想了一个办法来帮助小红鱼,想不想知道? 我们一起来看看。

二、观看范例,引导幼儿了解线描画中点、线、面的组合和排列

1.出示范例

瞧,它是谁呀,是不是差点认不出来了? 它把自己装扮得很特别,金枪鱼从没见过这么特别的鱼,说不定会吓得躲起来。我们一起来看看小黑鱼到底是怎么装扮的。

2.教师逐张揭下鱼身上的分割图案。

小黑鱼用不同的线把身体分割成一块一块的。

3.找找每块上有什么线条？

（引导幼儿讲述图上有哪些线，教师在表格中进行示范记录。）

4.除了这些线条，还有什么？

（引导幼儿讲述图上有哪些点，教师在表格中进行示范、归纳、整理。）

5.其他几块方法同上。

6.（揭下鱼鳍、尾巴）其实这也是不规则的面。上面除了线条，还有什么点？

7.小结：用不同的点、线、面进行组合，可以组成一块块不一样的图案，这就是小黑鱼的新办法。

三、欣赏图案，引导幼儿拓展经验

1.除了这些线条，你还知道有哪些线条？（教师根据幼儿的回答进行示范记录，帮助幼儿回忆已经认识的各类基本线条。）

2.除了这些点，还有哪些点呢？（教师根据幼儿的回答进行记录，同时介绍一些常用点。）

3.出示局部图案，引导幼儿观察点、线的不同组合方式。

（1）图案一：线条相同，粗细不同。

这一块图案是怎样装饰的？你发现了什么？

小结：相同的线条，只要粗细不同就能使画面显得不一样，不单调。

除了波浪线，还有什么线也可以变化？

（2）图案二：线条不同。

这一块图案里用了哪些不同的线？这样的画面看上去有什么感觉？

小结：用不同的线条进行组合，能使画面变得丰富。

（3）图案三、四：点和线组合。

这一块图案是用什么来装饰的？它们怎么组合？

小结：将点、线、面进行有规律的组合，能使画面变得更漂亮、更有层次。

4.刚才每一块的图案都一样吗？

小结：原来，用不同的方法可以组成一块块不同的漂亮图案。

四、交待作画要求

1.先用你喜欢的图形画出一条鱼，尽量把整张画纸画满。

2.接着用不同的线条对鱼身进行分割，要记得画线条时一定要从鱼身的一边画到另一边。可以是从上到下，也可以从右边画到左边（带领幼儿徒手练习）。

3.最后，用不同的方法把点、线、面进行排列组合，把它们组成一块块不同的图案。有些线条可以加粗，有些点可以涂黑。

五、幼儿作画,教师巡回指导

1.鼓励幼儿大胆作画,画出与别人不同形状的鱼。

2.鼓励能力强的幼儿注意点、线、面组合时画面的美观和组合的多样性;帮助能力弱的孩子大胆作画,按照要求进行画面的分割和装饰。

六、作品展示及讲评

你们的想象力很丰富,把每条鱼都装扮得很特别,非常成功。这是一条装扮特别的超级大鱼。瞧,凶猛的金枪鱼不见了,它吓得躲起来了,小黑鱼的新办法真好!

(曹海虹、程丹君、王薇薇等供稿)

3. 社会活动:合作的力量

设计意图

进入大班的幼儿语言更加丰富,动作更为娴熟,交往能力逐渐提高,合作意识逐步增强,他们处于开展合作学习的"最近发展区"。因此,在这一时期开展合作学习,可增强大班幼儿的合作意识,提升大班幼儿的合作能力。《小黑鱼》绘本的结局是小鱼们团结在一块儿,战胜了大鱼。我们抓住这个"团结合作"的点,从绘本本身出发,设计了这次活动。让幼儿通过这次活动懂得合作的意义,理解合作的重要性,提高与同伴的合作能力,激发幼儿的合作意识,体验与别人合作的快乐。这应该是寄宿幼儿最需要培养的方面。

活动目标

1.理解合作的重要性,知道生活中处处有合作。

2.能共同探索,尝试协商、分工,提高与同伴合作的能力。

3.体验团结协作、战胜困难带来的快乐。

活动准备

1.书若干本;塑料袋;长棍子。

2.巧虎视频;PPT。

活动过程

一、绘本导入,感知合作

1.小朋友们看,今天谁来了?(小黑鱼。)在深海里有一条可怕的金枪鱼,小黑鱼最后想出了什么办法战胜了它?

2.为什么这个方法可以战胜金枪鱼?

3.小结:因为小鱼们团结合作,再小的鱼也能战胜大鱼。

二、观看视频,了解合作

1.合作看来真的很重要,不仅我们的小黑鱼会合作,其他的小动物也会合

作,我们一起到视频里看看吧!

2.你在视频里看到合作了吗?谁会合作?现在你觉得合作是什么?

3.小结:合作就是两个或更多的人,团结在一起,努力地做一件事。

三、游戏"齐眉棍",学习合作

1.小黑鱼还是有点担心这条金枪鱼会再次回来,你们能帮小黑鱼想一想还有什么其他合作的办法吗?小黑鱼也想出了一个新的合作方法,想请你们试试可不可以,你们愿意吗?

2.教师讲解游戏规则:将幼儿分成两大组,每组幼儿各分一半面对面站好。教师在两组之间各放上木棍,幼儿只能用食指托起木棍,最后将木棍放在地上为胜利。如果食指离开木棍,或者木棍掉落,游戏则失败。

3.幼儿游戏。

你们成功了吗?在游戏中,遇到了什么问题或者困难?应该怎么做?

4.幼儿再次游戏。

小结:这回你们成功了吗?这需要队员间齐心协力,力度一致才能做成功。玩了这个游戏之后,你们有什么话想要送给小黑鱼?

四、联系生活,实际感悟合作的重要性

1.除了我们的游戏需要合作,其实在我们的平时生活中,还有许多的事情都需要合作。我们一起来看看!

2.播放PPT图片,幼儿欣赏。

3.小结:在我们的生活中,合作无处不在,它可以让事情做得又快又好,什么事都难不倒我们,小朋友,你们说对吗?

(张祎秀、梁银金、王叶影等供稿)

(五)围绕绘本《一颗超级顽固的牙》组织的系列活动

绘本简介 《一颗超级顽固的牙》从不同的角度对换牙做了新的诠释,给传统换牙故事以新的生命。绘本的漫画风格融合了孩子般的笔触,文字与画面配合巧妙,俏皮可爱地描绘了一个温馨而风趣的故事,使孩子感受到换牙的快乐。故事内容不仅可以激发幼儿对生命成长过程的兴趣,而且故事中塔比莎换牙的现象贴近幼儿的现实生活,能给予幼儿生活上的提示。从故事画面来说,图画生动精致,文字言简意赅,便于幼儿自主阅读,通过画面想象、猜测情节的发展,这不仅能提高幼儿的语言表达能力,而且能丰富幼儿的生活知识,激发幼儿的想象力。

1. 阅读活动：一颗超级顽固的牙

设计意图

换牙是每个孩子都会经历的一个成长过程，是对他们极其重要的一件事。大班了，很多幼儿开始换牙，他们经常会聊到自己的牙齿。大班的孩子正处于换牙期，他们对此有小小的害怕，担心流血，害怕长不出漂亮的牙齿。有的幼儿会为自己换牙而高兴，有的幼儿会流露出一点担心，也有的幼儿不知道乳牙松动后新牙已经长在里面了。确实，处于换牙期的幼儿会碰到各种问题，换牙期要注意些什么、摇动的牙到底拔不拔等，都是他们在成长过程中必须要面对的问题。绘本《一颗超级顽固的牙》从不同的角度对换牙做了新的诠释，俏皮可爱地描绘了一个温馨而风趣的故事。本活动以阅读为主要形式，通过观察、猜测、想象、讲述，以及文字的配合、动作的感受、心情的体验，让孩子们感受换牙的喜悦、有趣，让换牙成为孩子成长过程中的一段美好经历。

活动目标

1. 在阅读中，了解故事情节，感受故事的有趣。

2. 了解换牙是成长必经的过程，能以正确的心态面对换牙。

活动准备

绘本 PPT；彩色纸；记号笔。

活动过程

一、集体阅读故事前半部分，观察图片，理解故事人物

1. 出示图 1。

她怎么啦？

小女孩叫塔比莎，每天早上，她在早餐的最后都会吃一个苹果，塔比莎张大嘴巴……（互动：哎呦，牙齿松动了。）

牙齿松动了疼不疼呢？你怎么知道的？

如果你的牙齿松动了，你的心情会怎么样？

可是我们的塔比莎却不是这样。

2. 出示图 2。

（讲述图片）她冲着爸爸笑了，爸爸也冲着她笑。爸爸说："如果今天晚上你把那颗牙齿放在枕头下面，牙齿小精灵就会把它收走，还会送给你一个礼物。"

现在，你知道塔比莎为什么高兴了吧。原来掉牙齿还有这样的好事，难怪她这么高兴。如果这个时候你就是塔比莎，你最想做的事是什么？

如果想让牙齿掉下来，可以用什么方法？

二、自主阅读,讲述塔比莎的办法

出示图3(5张图片组合)。

我们一起看看塔比莎都想到了哪些办法。(自主阅读)

逐图讲述塔比莎的办法,突出:扭、拴、蹦、捕、粘。

塔比莎用了这么多办法都没能让这颗松动了的牙掉下来,这是一颗怎样的牙齿呢?

顽固是什么意思?(理解题目:一颗超级顽固的牙)

塔比莎不高兴了。她把能想到的办法一个个都试过了,现在该睡觉了。今天晚上,牙齿小精灵不会来了。

三、用绘画的方式分享换牙的故事

有的小朋友已经开始换牙了,那么,你有没有遇到这样一颗超级顽固的牙齿呢?如果你碰到超级顽固的牙,你准备怎么做?

请大家把方法简单地画下来,并把方法介绍给大家。

你们的方法很有趣。你们想知道塔比莎的牙齿最后掉了没有吗?

四、阅读故事结尾,感受故事意想不到的结局

出示图4,观察3张图片,讲述结局。

五、推荐绘本

(范轶婷、朱晓红、陈琼洁等供稿)

2.美术活动:我的牙

设计意图

进入大班换牙期,孩子们开始关注自己的牙齿,会在相互的聊天中谈及:我掉了几颗牙,我长出了几颗新牙等。通过绘本《一颗超级顽固的牙》的阅读,孩子们对自己的牙齿有了更确切的了解。本活动建立在孩子感兴趣的话题上,孩子通过认真观察自己和同伴的牙齿,用绘画的形式记录自己当前牙齿的主要特征,并大胆表现自己张大嘴巴时的形象。活动中借助彩泥等材料,使孩子对创作更加有兴趣。最后,通过作品展示让幼儿更形象细致地介绍自己牙齿的健康状况,在交流分享中引导孩子更好地关注自己的牙齿。

活动目标

1.认真观察自己和同伴的牙齿,能较细致地表现出自己牙齿的主要特征。

2.学会用各种废旧材料表现人物面部的主要特征。

3.乐意描述自己的图画,与同伴一起分享自己的绘画。

活动准备

1.人手两支粗细不同的勾线笔、一面镜子等。

2. 各色彩泥、彩纸等。

3. 幼儿张大嘴的照片的 PPT。

活动过程

一、引导幼儿观察自己的牙齿和同伴的牙齿

1. 塔比沙有一颗超级顽固的牙,我们小朋友的牙呢?

2.(出示 PPT)我拍了几张有关小朋友牙齿的照片,请小朋友看看,他的牙齿长得怎样?你看到了什么?知道哪颗是新长的牙吗?

3. 小结:我们每个人的牙齿长得都不一样,有的有蛀牙,有的没有蛀牙,有的牙大,有的牙缝宽,有的开始长恒牙,有的还没有开始换牙。

二、欣赏画家的作品,大胆表现自己的牙齿

1.(欣赏插画作品)这是一个画家画的作品,这是一个小朋友在数牙齿的样子。你看到了什么?他画的眼睛到哪里去了?

2.(交代绘画要求)今天请小朋友也像画家一样画画自己的牙齿,照照镜子,看看自己张大嘴巴时的脸是什么样子的,嘴巴又是什么样的。把自己的牙齿的样子都画出来。你们可以选择用线描的方式装饰,也可以用彩色纸、彩泥装饰。注意一定要先把我们的牙齿画出来,画牙最好用细笔画,这样才能画出哪里有蛀牙,画画时嘴巴不能张太小哦。

3. 照镜子,画一画"我的牙"。

4. 教师巡回指导,鼓励幼儿把嘴巴尽量画大一些,用细笔画出牙齿的特征。

三、欣赏作品,分享交流

1. 作品中哪些人换牙了?哪些人有蛀牙?(验证大家的猜测)

2. 请幼儿上来介绍自己的画,说出自己牙齿的主要特征。

(程丹君、曹海虹、朱晓红等供稿)

3. 律动游戏:一颗超级顽固的牙

设计意图

换牙是每个孩子都会经历的一个成长过程,也是幼儿生活中极其重要的一件事。孩子换牙时,老师和家长作为引导者,应给予他们鼓励、支持,引导孩子轻松、勇敢面对换牙。因此,本活动利用该绘本,结合音乐《瑞典狂想曲》,让孩子们在音乐声中用动作表现牙齿和牙虫斗争的过程。孩子们乐在其中,在游戏中感受集体活动的乐趣,懂得保护牙齿的重要性,体验与同伴合作表演带来的快乐,增强爱护牙齿的意识。

活动目标

1.感受乐曲活泼的风格,根据故事情境变化,表现牙齿吃东西、牙齿同牙虫斗争、牙齿被牙刷刷的动作。

2.通过观察、模仿与练习,在 B 段音乐中尝试与同伴合作,用身体动作来表演牙齿与牙虫的"斗争"。

3.体验与同伴合作表演带来的乐趣,树立爱护牙齿的意识。

活动准备

熟悉故事;乐曲《瑞典狂想曲》选段。

活动过程

一、绘本情境导入,手指表现 A 段音乐

1.塔比莎那颗超级顽固的牙齿终于掉了,她又可以安心地吃最喜欢的甜食了。看,她在吃什么呢? 她是怎么吃的?(教师随 A 段音乐做动作。)

2.你喜欢吃甜食吗? 我们一起吃吧!(教师引导幼儿一起做动作。)

3.塔比莎还爱吃什么? 一起吃吧!

二、手指表现 B 段音乐

1.吃了那么多的甜食,牙齿会发生什么事呢? 请你来听一听,看一看。(教师随 B 段音乐示范动作。)

2.谁来了?(牙虫。)它是怎么来的? 请你学一学。

3.牙齿发现牙虫来了是怎么做的? 牙齿咬了几次?

4.我们用手指来表现牙齿和牙虫斗争的故事吧!

三、合作游戏(播放 B 段音乐)

1.你能和旁边的小伙伴用手指表现牙齿同牙虫斗争的故事吗? 先想好谁是牙齿谁是牙虫。(交换伙伴练习)

2.刚才我们是用手来表现牙齿的,想一想,我们还可以用身体的哪些部位来表现牙齿一下一下吃东西呢?(播放 A 段音乐;反馈幼儿动作)

3.师幼合作表演。(教师扮演牙虫)我来扮演牙虫,你们扮演牙齿,我要来吃你们啦!(播放 B 段音乐)

4.幼幼合作。

四、添加牙刷情境(播放 C 段音乐)

1.牙虫只是暂时被牙齿打败了,有什么办法能彻底消灭牙虫呢?

2.出示牙刷,讨论刷牙的好处。

3.以动作表现刷牙动作。

在一下一下刷牙的时候,牙刷和牙虫在嘴巴一上一下。

最后牙虫会怎么样? 我们可以用什么动作表现?

牙齿又会怎么样？你会用什么动作来表现？

4.集体用动作表现。（播放 C 段音乐）

五、完成游戏

1.理清游戏顺序:牙齿吃东西——牙齿同牙虫斗争——刷牙——牙虫死了——牙齿狂欢。

2.幼儿自主选择角色,扮演牙虫和牙刷,随音乐完成游戏。

3.小结:经过这件事,塔比莎一定会勤刷牙,更爱护自己的牙齿了。

（梁银金、张祎秀、郑晓等供稿）

第四章　寄宿制幼儿园的师幼互动

在孩子成长的历程中,父母、教师等重要他人对孩子的发展有着重要影响。学校环境与家庭情境的密切配合,是促使孩子健康成长的最有效方式。从世界各国教育改革发展的趋势来看,教育过程的研究被日益重视,其中建立积极、适宜、和谐的师生互动是各类研究关注的焦点与核心。

第一节　寄宿制幼儿园师幼互动的价值

在寄宿制幼儿园中,由于孩子与家庭分离,教师在无形中扮演了更重要的角色,承担了更多责任。幼儿教育过程是一个动态的师幼互动过程,人际活动在幼儿教育的过程中具有不可小视的价值。在物质环境优越和工作人员素质高的寄宿制幼儿园中,师幼人际活动状况直接影响着幼儿的发展,寄宿制幼儿园中师幼之间良好的人际互动、有效沟通,对孩子的健康成长起着重要的作用。

一、师幼互动是寄宿制幼儿园教育生态系统中的核心环节

教育生态学的研究认为,人、教育、环境彼此相联,共同构成一个不断矛盾运动的生态系统,教育生态系统中的每个组成因子,都在自身与环境的矛盾运动中寻求发展。在教育生态学中,由于教育生态本身就是多层次的,所以适应也是多层面的,包括教育生态系统对其赖以生存与发展的外部环境的适应。作为教育生态系统载体的学校对其周围具体生态环境的适应,以及教育生态系统中不断成长着的人对社会环境与学校生态环境的适应至关重要。尽管作为组织的学校对社会环境具有一定程度的影响,但是学校受社会环境的影响更为巨大。学校作为传递文化、对孩子进行教育的场所,一旦建立,就具有一定的稳定性,而社会环境却在不断地发生着深刻的变化。因此,教育生态系统对环境的适应,在很大程度上不是通过改变环境来进行的,而是通过自身的变革。在此

意义上,教育生态系统对环境的这种适应不是消极的,而应是主动的。对教育生态系统内部的个体(特别是作为受教育者的儿童)而言,其对环境的适应,既包括个体对教育生态系统外部自然环境、社会环境、规范环境等各种生态环境的适应,也包括个体对学校内部生态环境的适应。①

从教育生态学理论来看,儿童在人格养成过程中,要受到多种社会因素的影响与制约。社会和文化背景特性以及父母、教师等重要他人对儿童有显著而重要的影响。为了说明社会、家庭与学校环境对儿童的影响过程,马奇班克斯建立了学习环境模式(如图4-1所示)。② 从这个示意图可见,孩子的发展是教育生态系统各个部分协同作用的结果,对社会和文化背景教育功能而言,学校环境与社区环境、家庭环境的密切配合,是促使个人潜能发挥的最有效方式,儿童学习行为表现与人格习惯的养成也必须经过学校与家庭的合作,才能达成事

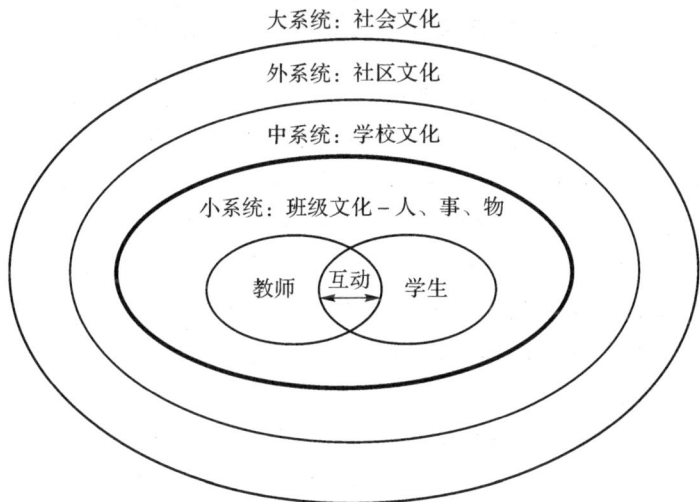

图 4-1

半功倍的效果。人类发展生态学理论的创始人布朗芬布伦纳也认为:个体发展的环境是一个由小到大的层层扩散的生态系统,每一个系统都会通过一定的方式对个体的发展施以影响。③ 这一观点包括以下几个方面。第一,发展着的儿

---

① 范国睿.教育生态系统发展的哲学思考[J].教育评论,1997(6):21-23.

② MARJORIBANKS, K. Family socialisation and children's school outcomes:An investigation of a parenting model[J].Educational Studies,1996,22 (1):3-11.

③ 颜洁,庞丽娟.论有利于儿童社会性发展的环境创设[J].学前教育研究,1997(4):16-19.

童不是被其所处环境随意涂抹的白板,而是一个不断成长的并时刻对环境产生影响的动态生命。第二,人与环境之间的作用过程是双向的、互动的。第三,与个体发展过程相联系的环境不仅是指单一的、即时的情景,还包括个体情景之间的相互联系,以及这些情景所植根的更大的环境。第四,从教育生态中各因素与儿童的互动性和重要性来看,越是居于中心位置,与儿童关系密切的小系统与儿童社会互动发生的频率就越高,其对儿童发展的作用就越大。依据这一观点,寄宿制幼儿园入园幼儿的发展,必然涉及幼儿园这一教育生态系统中的多个生态因子,而师幼互动位于教育生态系统的中心,是其中一个起关键作用的因子。寄宿制幼儿园相对封闭而稳定的社会环境,使孩子与外界社会文化和家庭的互动减少,班级中的师幼互动比走读制幼儿园的师幼互动更为频繁和重要,从而成为了寄宿制幼儿园教育生态系统中的核心环节。

二、寄宿制幼儿园师幼互动行为是师幼之间安全依恋关系的典型标志

国外学者对师幼互动问题的研究非常广泛,他们多采用结构化的研究方法和量表工具,往往从师幼关系方面加以研究。在师幼关系的基本特征与师幼关系对幼儿发展的影响方面,研究者普遍认为,教师与幼儿之间的关系不是单纯的教育者与被教育者之间事务性的关系,而是带有明显的情感特征,幼儿所经历的师幼关系状况对幼儿自身的发展具有重要意义。关于师幼互动行为的外部特征的研究,国外学者侧重考察的是师幼互动的频率与互动时间。加林斯基、豪斯(1994)就认为,高频率、积极的师幼互动行为本身就是师幼之间安全依恋关系的典型标志。[①]

而根据 ERO(Education Review Office,新西兰教育审查办公室)对 235 家儿童早教机构的研究发现,只有 12% 的机构中的教师与婴幼儿有积极互动,44% 的机构中的教师与婴幼儿之间有一定的互动,在其余 44% 的机构中则只发现少量或根本没有教师与婴幼儿之间的互动。[②] 这个调查告诉我们一个基本事实:在社会已进入经济飞速发展、教育日趋完善阶段的 21 世纪,幼儿园的物质环境日新月异,课程活动设计不断改善,人员的专业素质持续提高,制度规范日趋完善,但幼儿园内部人际环境的变化却常常滞后于物质环境和制度环境的变更。

---

① GALINSKY E, HOWES C. The family child care training study:Highlights of findings[M]. New York:Family and Work Institute,1994.

② 刘丽平,邓雪.新西兰《婴儿和幼儿:自信交流、勇敢探索》报告述评[J].科教导刊,2016(2):152-153.

幼儿的成长离不开好的人际环境,孩子的安全感是其发展的重要心理基础。在幼儿发展早期,孩子到了一个环境后,总是先要找到值得他信赖、依恋的重要他人,这个重要他人的存在,才会使儿童对环境产生安全感。当然对重要他人的选择,儿童会根据周围人际环境的变化而发生转移。比如,爸爸妈妈都在家的时候,孩子可能会更依恋妈妈;而妈妈出差了,孩子则粘着爸爸;一旦妈妈回来,爸爸又被"边缘化"了。对于寄宿儿童来说,与家人分离后,与孩子密切相处的固定照顾者就最有可能成为儿童发展的重要他人。刚刚进入寄宿制幼儿园的孩子,生活自理能力差,所有的生活细节教师都要照顾;孩子的自我保护意识和能力弱,教师每时每刻要警惕他们的安全;孩子之间的合作性差,教师随时都得防范孩子之间的冲突,调节他们的纠纷……幼儿在园的五天时间里,教师不仅要开展好各种教学活动,更要全权担负起照顾幼儿的责任。对于寄宿制幼儿园来说,一日生活都是课程,寄宿制幼儿教师还必须挖掘各个时段的教育价值,从而促进幼儿的发展。① 这种师幼互动的密度和频率一方面造成寄宿制幼儿园教师的工作时间相对较长,压力较大,但同时也使得教师对孩子的重要性得到进一步提升。在师幼互动过程中,教师的言行和情感表达获得孩子的认可,教师成为他们情感依赖的对象,是寄宿制幼儿园构建起孩子可以信任的育人环境的重要前提;孩子对教师的信任和喜爱程度,也会直接影响孩子对教师教学和行为指导的接纳程度,一位被孩子们排斥的教师,无法成为孩子的重要他人,也很难引导孩子健康成长。

三、寄宿制幼儿园师幼互动方式影响孩子的人格成长

马克思说:"人创造了环境,同样,环境也创造了人。"就是说:人是环境的产物。尤其是对于以具体形象思维为主的幼儿,环境对其身心发展起着巨大的作用。儿童心理学研究也认为,与周围环境的交互作用是个体心理发展的根本途径,幼儿是在与环境的交互作用中得以发展的。班杜拉的社会学习理论就以"人在成长时所获得的行为模式主要是他们与别人相互作用的结果"作为立论基础,认为教师与幼儿之间的行为往来,在幼儿学习、掌握和调节社会性行为方面具有重要价值。从师生互动方式看,根据师生之间互动的特点,师生关系类型可被大致分为放任型、民主型和专制型(见表4-1)。

---

① 罗璇.寄宿制和全日制幼儿教师精神压力的比较研究[J].黔南民族师范学院学报,2007(5):71-76.

表 4-1　不同类型师生关系比较表

	放任型	民主型	专制型
控制的责任	学生	学生与教师	教师
规则的制订	学生(教师协助)	教师(采纳学生)	教师
主要考量	内心的感受	外在行为优先	外在的行为
个别差异	非常强调	适度强调	毫不强调
干预介入的速度	尽量慢	留有学生自控的时间	尽量快
干预的方式	沟通、私下讨论	团体咨询、讨论	奖赏与惩罚
使用权威的依据	人格与专业的权威	专业与法定权威	法定与旧传统权威

　　影响师幼互动方式的因素包括早教机构类型、早教机构中幼儿的人数、教师的配备比等。但从表 4-1 所呈现的几种师生互动类型的比较维度看,影响师生关系类型最核心的因素在于教师对师生关系的认知,以及基于这一认知基础上的教师对学生的控制及由此形成的师生之间的相处方式。现有研究表明,在师生关系的构建过程中,教师的行为起到了决定性的作用。要建立良好的师生关系,教师首先要了解每个学生的家庭情况,在与学生的交流中能有针对性地引导单个学生;能在适当的时机根据学生的需求和兴趣发展他们的交流和探索能力;教师们能够对学生们的语言或非语言的表达都很熟悉,并且能够很积极地回应他们。[①] 师生关系中教师的行为示范、情感表达、热心期待都会对孩子的身心发展产生重要影响。例如,教育界普遍认为,我们的孩子应对挑战的能力和创造性方面的发展相对滞后,这可能和我们教育界一直是专制型师生关系占据主流的传统有一定关系。不过这里我们要强调的是,师生关系类型本身很难判断孰优孰劣,良好的师生关系应该与师生所处的教育情境和学生特点相匹配。对一个纪律很差、学生常规都很混乱的班级而言,当教师和孩子开始相处时,专制型的师生关系可能更为合适。

　　对于任何寄宿制幼儿园而言,由于教育环境具有特殊性,因此不管是多好的园区硬件建设、教育理念、教育目标、教育方案、教育计划都是要借助于幼儿园内的人际互动,特别是教师与幼儿之间的行为往来才能实现其价值。不同的师幼互动构成了幼儿教育的过程,教师与幼儿之间的每一个细小的活动事件都可被视为幼儿教育有机整体的一个切片,它既影响着幼儿的发展,又显现着幼儿教育外显的教育手段、教育结果,以及内隐的教师的儿童观、教育观。在贯穿

---

　　① 刘丽平,邓雪.新西兰《婴儿和幼儿:自信交流、勇敢探索》报告述评[J].科教导刊,2016(2):152-153.

幼儿园一日活动的师幼互动过程中,如果教师能够意识到自己的言行期望对幼儿发展的作用,明智地把握自己对待幼儿的态度和行为,对于幼儿的自主行为与主动行为给予适度的控制,适度的自由和充分的支持、鼓励,那么幼儿就容易形成独立、自尊、勇于探索、乐观向上的人格特征;如果教师对幼儿干涉过多,限制过严,则有可能使幼儿形成畏缩、胆怯、过分依赖的不良人格特征。

第二节　寄宿制幼儿园师幼互动现状调查

自 20 世纪 80 年代末以来,研究者日益重视师生互动在儿童发展和教育中的重要意义,师生互动已经成为众多研究者关注的热点课题。国外学者对师幼互动问题的研究非常广泛,但他们多采用结构化的研究方法和量表工具,从师幼关系方面加以了多方位的研究。在研究师幼互动行为的外部特征方面,国外学者侧重考察的是师幼互动的频率与互动时间。在关于影响师幼关系的客观环境的研究上,现有研究涉及的因素有幼儿园班级规模、教师和幼儿人数的比例等方面。关于幼儿园的师幼互动现状研究,刘晶波博士的全国教育科学规划"九五"重点科研项目"师幼互动行为研究——我在幼儿园里看到了什么"非常详细地对幼儿园中教师与幼儿的互动行为进行了考察、分析,并做了深刻的阐述。

幼儿园中的师幼互动有其共性,但更多体现为情境性和发展性。寄宿制幼儿园中的师幼互动也有其特殊性。为了更好地改进幼儿园育人环境,深入了解寄宿制幼儿园师幼互动的现状,我们借鉴了已有研究的相关方法,对我园师幼互动现象进行了调查研究。

一、基于观察调查的案例收集

对寄宿制幼儿园中师幼互动的研究,重要的研究基础是在自然教育情境下,仔细观察和如实记录有价值的师幼互动信息和案例。为了推动这个研究,我园组织教师积极学习和实践新《纲要》精神,研究和分析与师幼互动相关的信息和文章,不断地更新教育观念、改善教育行为。为了减少调查中无关因素的干扰,教师接受了相关的培训,如学习如何在自然的状态下开展观察、如何真实地撰写教育案例、如何深入了解研究的最终目的等,了解研究者自身在调查研究中的重要意义和任务等。

根据寄宿制幼儿园教师的工作强度,遵循调查要从实践中来又服务于教育实践的原则,我们将教师每周撰写教养笔记的任务更改为去观察和记录其他教

师与幼儿的互动情景(当然这个互动情景是园方界定的特定场景)。观察和记录要在寄宿幼儿一日生活的各个环节展开,教师以自然的心态,承担调查者和被调查者两种不同角色的任务,以真实自然的状态接受其他老师的观察记录,也以真实的心态记录其他教师与幼儿互动的情况。大家在有序开展正常教育活动的前提下,认真地记录着幼儿园中所发生的一切。每次记录后,及时地对每一次的现场观察记录进行通读、调整,对自己所搜集的资料进行初步的整理。在每周的资料汇集中,幼儿园会要求把观察者当时记录得不清楚或是没来得及记下的信息填补完整,以确保资料的准确性与完整性。

除了教师记录相关案例,我们还根据案例情景和教师、家长进行交流访谈,并将这些访谈记录添加到相应的资料中;在搜集到众多的案例后,再对这些案例进行质的分析,并围绕案例探讨适宜的师幼建构策略。具体的做法是逐一、反复阅读每一个师幼互动事件的记录,在阅读过程中尽可能将研究者任何主观性的判断、推理悬置起来,一遍一遍地推敲,梳理整个师幼互动行为事件的过程。一方面,我们借鉴刘晶波博士的研究成果,把构成师幼互动行为发生、发展的各种环节、要素从案例中剥离出来,赋予它们适当的名称;另一方面,我们要站在对师幼互动行为进行整体把握的立场上,依据教师与幼儿在互动中所表现出的行为特征与事件本身的走向,结合本项调查要解答的问题,采用师幼互动行为的相关分析工具,将案例和访谈记录穿插在一起,以实例剖析得出细致的分析结论。经过两年的坚持,我们积累了大量的关于师幼互动的真实案例和材料。

二、师幼互动资料的归类分析

(一)互动行为主题分析

根据教师与幼儿在互动过程中谁是施动者、谁是受动者这一单向维度,将师幼互动行为划分为两种类型,即教师作为施动者、幼儿作为受动者的师幼互动和幼儿作为施动者、教师作为受动者的师幼互动。在收集到的 269 件有效案例中,由教师发起的案例有 139 份,幼儿发起的案例有 130 份。从中可以发现本园幼儿与教师之间互动并不是受教师的绝对控制,幼儿在师幼互动中也不是处于绝对的被动状态。

借鉴刘晶波博士对互动主题的综合分析,在具体的师幼互动行为事件中,行为主题根据其主导者初步被划分为两个类别:一是由教师作为互动的施动者确定的互动行为事件的主题;二是由幼儿作为互动的施动者确定的互动行为事件的主题。在教师发起的互动中,我们将互动主题归纳为约束纪律、询问、指导活动、照顾生活、指令提醒、提问、解决纠纷、要求、共同游戏、评价、表达情感、让幼儿做事。我们研究后发现,我园师幼互动中,以约束纪律为主题的案例最多,占各类总量的 20%。在幼儿发起的案例中,我们将互动主题列为告状、寻求关注、发表见解、请求、寻求指导帮助、表述客观情况、展示活动结果、询问、共同游戏、帮助教师做事、幼儿表白,其中以告状案例最多,占总量的 23%(具体分布情况见表 4-2 和表 4-3)。

表 4-2 教师启动的互动事件主题频次分布表

主题 / 班别	约束纪律	询问	指导活动	照顾生活	指令提醒	提问	解决纠纷	要求	共同游戏	评价	表达情感	让幼儿做事
小班	4	7	1	11	10	3	4	4	3	3	1	
中班	13	8	4	4	3	1						1
大班	11	7	14	4	1	4	2	3	2	2	2	2
合计	28	22	19	19	14	8	6	7	5	5	3	3

表 4-3 幼儿启动的互动事件主题频次分布表

主题 / 班别	告状	寻求关注	发表见解	请求	寻求指导帮助	表述客观情况	展示活动结果	询问	共同游戏	帮助教师做事	幼儿表白
小班	10	5	5	8	3	3	2	1	3	2	1
中班	11	2	6	1	1	2		3			
大班	9	9	4	4	11	8	3	5	1	2	1
合计	30	16	15	13	15	13	9	9	4	4	2

从上表可以看出,教师或幼儿启动的互动主题事件的出现频次在不同年龄班分布状况不一。在教师启动的约束纪律、指导活动和幼儿启动的寻求指导帮助的互动事件出现的频次上,大班明显高于小班;而在教师启动的生活照顾、指令提醒、共同游戏和幼儿启动的请求这几方面的互动频次上,大班又明显低于小班。可见,不同互动主题事件的发生和幼儿的年龄特征有着一定的关系。

从教师发起的师生互动中主题的分布情况和主题内容来看,不同互动主题的呈现频次有明显区别,教师发起的约束纪律、询问、指导活动、照顾生活等主题出现得最多,而共同游戏、表达情感、评价、让幼儿做事等主题却出现得很少。从中可以发现,教师在与幼儿互动的过程中具有明确的规则意识,强调幼儿的

行为和活动符合规则,对幼儿的行为问题或违规行为十分敏感,并为此发动了大量的以约束纪律和维护规则为目的的互动,但对幼儿中出现的矛盾、与幼儿共同游戏或情感交流等内容则相对忽视,对于幼儿到底在干什么或儿童在心理、情感上有什么特殊的需要,教师并不是很在意。结合寄宿制幼儿园这一特定的互动大环境,以及教师对受教育者角色定位和幼儿发展水平、特点的界定,教师的角色更多表现为规则的执行者和维护者、状态的掌握者、生活的指导者和帮助者。持有这样儿童观的教师引发的照顾生活、指导活动、询问等互动事件占了师幼互动相当大的比例;而平行的、同等水平上的互动内容,如共同游戏和交流等则明显缺乏,可见教师对幼儿的情绪、情感关注不足。

从幼儿发起的师幼互动来看,该类师幼互动在内容的分布上具有十分明显的上行型互动特征,即多下对上的告状、寻求关注、请求、寻求指导帮助等,而平行、同等水平上的互动内容却较少,如与教师共同游戏、询问和帮助教师做事等互动事件出现不多。从表4-3上虽可见"发表见解"这一互动主题事件数量位居第三,但仔细阅读案例情景,可以发现这实际上仅是外表显性存在,而实质上幼儿的主体地位却未见突出;下面互动情节所蕴含的深层含义就是一个较好的写照:老师拿起手工纸和剪刀开始讲解示范,先沿轮廓线把正方形剪下来,再……坐在位置上的明明按捺不住,开启了师幼互动行为——"老师这个手工我会做了"。紧接着,其他孩子也应和着说:"这个我也会了。"老师有点生气,放下手工作业,对小朋友说:"那好,今天老师不讲了,你们自己做。"

幼儿寻求关注与抚慰的内容较多,这种现象与以往的研究成果似乎有点不相符,但如果站在寄宿制幼儿园的角度去思考,设身处地地去理解这些长期远离父母、从"众星捧月"生活走向群体独立生活的孩子的情感状态,寻求关注和抚慰内容的增多正表明了我们寄宿孩子的情感饥渴和情感需求。此外,表白和展示互动内容作为幼儿向教师表示积极行为和表达服从的重要内容,其所占比例却很少,这种现象似乎与上行型互动特征不符。但结合我们的教育实践,我们不难发现,教师强调儿童行为表现积极,但并不鼓励幼儿表达出来。我们常常可以发现,当幼儿向我们教师发出以表白为内容的互动时,如"老师,我坐好了",教师往往给予幼儿的是消极或中性的反馈:"坐好了就别说话""谁叫你说话的,老师难道看不见""我知道了,坐好就是了"。例如,在大班美术活动"赏月"中,教师已经交代了绘画要求,全班幼儿开始作画,老师在巡回指导,京京突然举起他的画喊道:"老师!我的画好吗?"老师马上不高兴地说:"我不喜欢小朋友在画画时大喊大叫!"尽管幼儿多么想表述、交流,尽管幼儿也是鼓足勇气发起了这样的互动,但教师的不耐烦、对孩子的消极态度,实际上是潜在地抑制和降低了幼儿形成以表白为内容的动机和能力。针对这样的互动情境,我们也可以看出这种幼儿施动的互动内容具有上行型的特点。

（二）互动行为性质分析

每一件互动事件中,教师和幼儿的情感特征都具有独特的价值,对整个互动的进程具有极大的影响。因此整理资料时,我们根据教师与幼儿的情感特征维度对每次互动的性质特征进行确定。根据教师和幼儿的表现,我们将他们的情感特征维度分为正向、负向、中性和进取、畏惧、平和,将互动结果特征分为拒绝和接受两个层次。通过分析整理,教师和幼儿开启的两类互动的特征见表 4-4、表 4-5、表 4-6、表 4-7。

表 4-4　教师开启的师幼互动行为特征统计表

年级	施动行为			反馈行为		
	正向	中性	负向	进取	平和	畏惧(不乐意)
小班	10	23	25	10	18	17
中班	8	13	12	9	18	11
大班	19	19	18	17	18	18
总计	37	55	55	36	54	46

表 4-5　幼儿开启的师幼互动行为特征统计表

年级	施动行为			反馈行为		
	进取	平和	畏惧	正向	中性	负向
小班	37	2	4	31	14	3
中班	28	1	1	24	2	4
大班	52	4	1	33	10	11
总计	117	7	6	88	26	18

表 4-6　幼儿开启的互动行为事件的结果特征统计表

年级	接受取向 频次	拒绝取向 频次
小班	38	8
中班	30	7
大班	51	3
合计	119	18

表 4-7　教师开启的互动行为事件的结果特征统计表

年级	接受取向 频次	拒绝取向 频次
小班	38	8
中班	30	7
大班	50	3
合计	118	18

　　从上述表格可以看出,施动行为中教师往往多以中性和负向的情感特征开启,而幼儿则多以进取的情感特征开启;反馈行为中幼儿往往以平和、畏惧的特征实施,教师则较多以正向的特征实施。可见,教师对幼儿施动时总是带有一种不满甚至是厌烦的情感,而在受动时则更多地给予幼儿以积极的应答。幼儿施动时则多带有大胆、无畏的进取心,受动时则表现为害怕、不情愿、无可奈何。经分析发现,师幼关系在某种意义上已经形成了一种关心型和依赖型的关系,教师对幼儿总是给予积极的反馈,幼儿总是毫无顾虑地以积极大胆的情感与教师进行交流互动。但是从另一个层面又可以发现教师和幼儿之间还是没有真正形成平等和谐的关系,教师还是没有彻底地转变自己的教育观和传统角色定位。尽管教师也努力地做到去积极地应答幼儿对自己的互动要求,去关注孩子的需求,但是教师的新理念却只是在幼儿形成的互动中体现,在这种情况下,他们会考虑自己的互动行为对幼儿的影响;而在教师自己开启的互动中,教师则往往受当时情境或其他因素的干扰,情不自禁地将潜在的一些教师固有的情感带入日常互动中,或为了维护规则秩序,或厌烦了教育过程中的琐碎事宜,总是以教师的特定身份参与活动,而忘记了自己应该怎么做更合适。幼儿在接受互动时,由于还保留着教师权威化的观念,因此难免显现出惧怕、不情愿和无可奈何。

三、寄宿制幼儿园师幼互动现状分析

(一)师幼互动质量在不断提高

　　以往众多的互动研究结果表明,传统文化和观念一直影响着教育过程。长期以来,大家对学生在教室中的期待是安静而不张扬,不推崇主动交往,这种观念在教师和家长的好孩子标准中得到了充分体现。例如,家长送孩子上幼儿园时,首先叮咛的是"要听老师的话";相当一部分幼儿教师十分强调班级规则的建立,除强调教育者的作用外,十分看重而且表现出对规则执行者和管理者等

角色身份的重视。因此,在不少的时间,幼儿是不被允许主动发起互动信号的。具体到师幼的实际互动上,如在集体教育活动时,幼儿首先做到的是安静,而不是和教师进行交流和互动,只有教师提问时才允许幼儿举手发言,并一定要按照教师的意图展开,否则就会出现幼儿没说完教师就说"请坐""听仔细老师的提问哟"等反馈现象。不过,在对我园教师观察案例的整理过程中,我们发现幼儿启动的互动与教师启动的互动在数量上十分接近;互动调查的结果也表明,互动中教师大多以接受而不是拒绝的方式反馈幼儿。从中可以发现本园教师比较多的是以和幼儿平等的身份,力求作为活动的支持者、参与者、引导者与幼儿开展互动,因此幼儿大多能比较大胆地主动开启互动。在一些案例中还存着在教师开启的互动中,孩子还能大胆地加以拒绝,或给以消极反馈的情况。

　　案例 1　午饭时间 11:10,吃饭进行一段时间后,周老师进去巡视,并提醒小朋友说:"现在你们是大哥哥、大姐姐了,饭菜都要吃完,一样都不能剩。"小朋友仍一声不响地吃着自己的饭,这时有几个速度快的孩子已经吃完了,正准备出来,餐桌一角有两个小朋友喊起来:"周老师,铭铭菜没吃完,他就要出去。"这时周老师开启了与铭铭的互动。"铭铭,你怎么菜没吃完就想出去,不行,要吃完。"周老师斩钉截铁地告诉铭铭。铭铭先低头不语,忽然他眼睛一亮,撅着小嘴说:"朱老师的饭菜不是也没吃完吗?干吗我们一定要吃完!"原来朱老师吃完饭,菜也没吃完。周老师沉默了……

　　师生互动包含师生间发生的一切交互活动和影响,是一个多范围、多层次的双边相互作用的综合系统。因此在评价互动质量时,我们不能仅靠数量来分析,而是要结合具体情境,也就是要深入幼儿园班级,在师幼互动的情境中开展分析。在学习并贯彻《纲要》精神的实践中,我们可以明显看到教师在与孩子的互动中能逐渐有分寸地把握自己,以平等、民主的关系与孩子开展积极的交往。

　　案例 2　午睡时间 12:30,在小班寝室里,小朋友都躺在床上了,老师一边讲着故事一边转过去检查被子。当老师走到凡凡边上时,发现她在踢被子,就帮她盖好被子又转到其他地方去了;过一会儿转回来发现她又在踢被子了。朱老师就蹲在床边轻声问:"怎么了?"凡凡回答:"睡不着。"朱老师笑着摸她的头说:"我们把眼睛闭上,过一会就会睡着了,睡觉的时候你的身体会悄悄长高的。"朱老师用手帮她闭上眼睛,亲了一下她的额头:"做个好梦!"然后,老师又转到其他地方了……

　　这是多么亲切自然的师生关系!没有训斥,没有责骂,一切都在平等关爱的气氛中展开,这样的交往还会让哪个孩子感到有压力呢?

我们也曾就寄宿制幼儿园中师幼互动的相关问题和教师做过几次漫谈,其中也提到这样的一个问题:你们对互动案例的观察记录代替教养笔记的撰写有什么想法?教师们就这个问题侃侃而谈:

> 写互动案例好呀,我们原来写教养笔记有时好像是为了完成任务,没有明确的要求和界定,常常会觉得茫然,有时还东抄一句、西抄一句,搪塞了事。记录互动事件则不然,我们是带着明确的任务,记录中还真有收获。以前从没真正去想过怎样和孩子进行交往,但自从开展师幼互动研究后,我们在教育教学活动过程中,在和小朋友的日常交往中就会想到我应该怎样和孩子交往才是适合的,才是有利于孩子成长的。作为研究者和被研究者,我们清楚、真实地看到了我们作为老师和小朋友之间所构成的互动,也清楚地发现原来我们是这样和孩子们交流、游戏、互动的。在看到有些场景时,我们真的很惭愧,同时也引以为戒。这样的研究对我们是一次检阅,同时也促使我们建立正确的儿童观、教育观,并不断地督促我们及时进行反思。

从目前我园的情形看,教师对于自己和孩子的交往不会仅限于对一节教学活动课的质量的追求,而是全方位地反思自己的言行举止,幼儿园内的师幼互动质量在逐渐提高。

(二)生活照顾中的互动质量不高,保育员与幼儿的互动状况不良

在教师开启的师幼互动中,继"约束纪律""询问"与"指导活动"后出现频次最高的要数"照顾生活"一项了。在幼儿开启的互动中,寻求生活指导帮助的互动事件也比较多。究其原因,我们发现,随着年龄的增长,幼儿园孩子(3～6岁)的独立能力虽然在逐步提高,但他们毕竟只是弱小的未成年人,独自在寄宿制幼儿园生活,他们所具备的自理能力远远不足以让他们完全脱离成人的关照与帮助而独立生存,对他们实施保育必然成为寄宿制幼儿园中与教育并重的一项任务。正如《纲要》中所强调的"要高度重视和满足幼儿受保护、受照顾的需要",尤其是对于我们这所寄宿制幼儿园,生活照顾是保教工作中的一项重要的任务,因此及时给予幼儿生活上的照顾成为师幼互动行为事件中发生频率相当高的主题互动。但在这个主题互动中,互动效果却往往不佳。我们也采访过几个教师(包括保育员),他们都有共同的感慨:读书时就知道幼儿教师是高级保姆,但那时还对这个高级保姆带有一种浪漫主义色彩的幻想;可今天真正到了工作岗位,特别是到了我们这所寄宿制幼儿园,每天上班连解小便也诚惶诚恐,生怕出事。每天围着四十多个孩子转,洗澡、撒尿、吃饭、睡觉、上课……真是有点透不过气。也许正是因为辛苦的工作所造成的紧张和忙碌,教师在对幼儿的

生活琐碎事情进行高频率的照顾时,难免会滋生出难以抑制的烦躁与倦怠,使得生活指导中的师幼互动氛围较为尴尬,师幼彼此的感受不佳。尤其是保育员教师,平时业务学习不多,长期忙于杂务,其与幼儿互动不良的情形比较普遍。下面是由保育员开启的生活照顾的互动情景,可以引发许多的思考:

> 案例3　晚饭5:00,小班吃饭时,小海把饭粒撒得满桌都是,连衣服、裤子上都是。吴老师收拾餐具,到了小海这一桌,看到如此情景,气不打一处来,拉起小海,一边用毛巾擦掉小海衣服上的饭粒,一边说:"哎呀,你这孩子总是这样,每次都吃到最后一个,还吃得这么脏,每次都掉了一地的饭粒,怎么就不见你改一改……"小海表情麻木,像个木头人,任由老师摆布。吴老师擦完了小海衣服上的饭粒后,对小海说:"去拿条毛巾把小椅子擦干净,你就站着把饭吃完吧。"小海一言不发,乖乖地去拿毛巾了……

这虽然是以照顾生活为主题的互动,但带给孩子更多的是训斥和惩罚:站着——吃饭——饭没吃完就擦椅子。

我们再来看下面这个由幼儿发起的寻求保育员指导帮助的互动:

> 案例4　快吃饭了,老师突然接到通知,中午要给幼儿洗澡。于是,吃饭前老师就和幼儿说好,吃好饭的幼儿去拿干净的内衣,准备洗澡。饭吃得快的幼儿去拿内衣了,朱老师和金老师还在餐厅里吃饭。小雨开启了与金老师的互动。小雨过来对金老师说:"老师,我没有衣服。"金老师听了说:"衣服没有,让你臭死。"过一会儿又说:"棉毛衫啊,去找来。"小雨说:"我找过了。""自己棉毛衫不带来,别跟我说,跟我说有什么用。"金老师不耐烦地大声说。"我已经找过了,就是没有。"小雨坚持说。"不知道,不知道。"听了金老师的话,小雨憋着嘴走开了……

面对数十个幼儿,完成分饭、收拾、洗澡等一系列的保育任务,确实不是一件轻松的事,再加上有的幼儿自理能力差,的确会给保育工作带来更多的麻烦,进而导致保育员的情绪更加消极。幼儿多么希望得到保育员的帮助,得到的却是保育员这么消极的回应。找不到衣服想找老师帮忙,却要受到老师那么多的奚落!

(三)互动中幼儿的主体地位得不到保障

在教育过程中,教师和幼儿是互为主客体的。教育环境中的一个重要组成部分——师幼互动,是教师和幼儿之间的相互作用过程,教师和幼儿都是互动中的主体。但是从我园所记录的案例来看,幼儿的主体地位还远远没有体现,其作用也没有得以完全发挥。尽管从总体上能够发现,在不同的环节幼儿发起

的互动比例比以往的研究资料显示的要多，与教师主动发起的互动次数在数量上持平；但在具体的互动情境中，其主体地位并没有得到足够的重视和保障，师幼互动中幼儿开启的互动或被训斥或被置之不理的情况比较常见。

案例5 午睡后，大四班小朋友刚起床，有的睡眼朦胧，有的在卫生间洗漱，有的小朋友已经整理好床铺，陆陆续续走了出去，陈老师正在指导个别孩子叠被子。这时，甜甜进来站在陈老师的前面，一副很认真的表情，说："陈老师，你先听我说！"陈老师没理她，甜甜又重复了一遍："陈老师，你先听我说。"陈老师回过头来，有点不耐烦地说："说吧，什么事？""红红找不到自己的茶杯就用小叶的茶杯喝水。我让她拿自己的茶杯，他说忘记号码了。上次俞老师已经告诉他号码了。我就把小叶的茶杯拿回来，把水倒掉了不让他喝。"甜甜很激动地一口气说了这么多话。陈老师皱了皱眉头说："你把水倒掉干什么！"看到甜甜一副委屈的样子，陈老师随后又说："红红倒好了就让他喝嘛，喝了你再帮他找茶杯。我还以为是什么事，这么要紧。好了，你出去吧。"陈老师说完就忙她的事了。甜甜也走出了寝室。

案例6 晚饭后，小朋友们在自由地玩，老师正在给生病的小朋友喂药。悠悠冲到老师的前面说："老师，今天请让我送药盒好吗？""今天是航航送。"老师回答道。悠悠继续追问："为什么请航航送呢？蒋老师也请她送。"老师反问道："你觉得是你的表现好呢，还是航航的表现好呢？"悠悠听后，看着老师笑而不语。"你为什么喜欢送药盒呢？以后你应该怎么做呢？"听了老师的话，悠悠悻悻地走了，一脸的不高兴……

从这两个案例中我们发现做孩子有多难！为了维护规则，主动阻止和告状，却受到老师的呵斥；主动想帮老师做事，不但做不成却因为自己的表现反而要受到老师的奚落。

在寄宿制幼儿园中，教师在师幼互动中显然是处于主导和优势地位，幼儿则处于相对的被动状态，教师在互动中的低敏感性和行为的性质，直接影响了幼儿在师幼互动中的主体地位和主体性的发挥。从上述的案例来看，在幼儿开启的互动中，幼儿更多表现为在名义上的可能主体，在实际中则处于被动或消极的地位，其在师幼互动中应有的主体地位难以得到保证，难以成为师幼互动真正的主体。另外，这种互动关系无疑会抑制幼儿与教师深入开展互动的动机和可能性，导致以后幼儿出现更多的消极互动行为。

（四）告状与约束纪律成为寄宿制幼儿园中师幼交往的主旋律

告状是幼儿在他们认为自己受到同伴侵犯或发现同伴某种行为不符合集

体规则时向教师发起的互动行为。在幼儿园中,经常会发生这样的事情:小路今天吃饭很快,吃完了就在活动室玩开了,还有几个小朋友吃完了饭也在玩;一会儿,只听小帆大声地叫起来:"陈老师,小路打我。"幼儿的自我保护意识、维护规则意识和自我表现意识在以告状为主题的互动事件中体现得淋漓尽致。在资料的归类过程中,我们发现,以告状为主题的事件成为幼儿与教师互动的中心。那么,为什么幼儿喜欢告状,为什么幼儿间会出现那么多的争执呢?我们认为主要还是生活环境改变所导致的。每个小朋友以前在家庭生活中总是受到特殊照顾,备受关注,而当他们走进一视同仁的群体生活中时,就会产生感觉落差,他们渴望在幼儿园中也受到大家的关注,告状有时就是孩子为了引起老师对他的关注而采取的行为。同时,每个孩子由于个性心理特征不同,对待周围事物总有着自己特别的方式与态度,大家生活在群体中就必然会发生纠纷,从而就会产生受保护的愿望。另外,幼儿在与教师的接触中自然而然地延承了教师的规则意识,会结合自己已有的经验,本能地去维护一定的规则。种种原因促使孩子渴望自己的表现能引起教师的注意,渴望受到教师的保护等,因此告状是寄宿孩子们满足自我心理需求的一种常见的行为。

约束纪律是教师对孩子在幼儿园日常生活或是教学中普遍性的行为的规范要求;或是教师自行制订的限于本班内执行的某一项规则,用以制止、改变或是鼓励、强化幼儿日常的某种行为。例如,俞老师在组织小朋友画画,每个小朋友一盒油画棒;默默小朋友拿着整盒油画棒当电话机在"打电话";俞老师看见了轻声地提醒默默,要他把油画棒盒放下来,可默默像没听见一样,照玩不误;俞老师走到他跟前,伸手拿掉他的油画棒,并轻轻地说:"默默,油画棒是不能当玩具玩的。你再玩的话,老师不喜欢你了。"

我们在研究中发现,以教师发起的约束纪律的互动事件居于各类互动的首位。可见,培养孩子一定的规则意识是很多幼儿教师工作的中心,教师在教育过程中更多是以规则维护者的角色投入到工作中,在他们工作中,一般不允许幼儿出现与规则相违背的言语、行为。例如,教学中,幼儿之间在不允许讨论的情况下是不能发出声音的;进餐时,大多数的班级是不允许幼儿交头接耳的……

在寄宿制幼儿园的一日生活中,教师的约束纪律以及由小朋友告状所引发的解决纠纷的行为从早到晚出现在各个教育环节,这些复杂且屡屡发生的事件花费了教师大量的精力和时间。一个老师曾这样告诉我:幼儿好像天生就会告状,你根本用不着提醒;要是有人做错了,他们全都会争先恐后这么做,有时连解决都来不及。这两类互动由于频繁而往往质量不高,教师在互动中或斥责或熟视无睹。有一个老师这样告诉我:"有时候真不知道小朋友是怎么搞的,明明

说过了不能干的事情,一回头又发生了,真是气不打一处来,你说不批评能行吗?"特别是在我们寄宿制幼儿园,安全更令我们老师担心,只有建立一套有序的班级常规才更有利于幼儿的安全。

(五)师幼之间情感交流、相互表白的机会少,各类互动普遍带有事务性

人是有感情的,人的感情不仅存在于个人内在的心理体验层面,而且也会通过人与人之间的互动行为显现出来,教师与幼儿的情感互动是他们交流情感体验的一个重要途径。但是我们的研究发现,幼儿启动的表白和教师启动的表达情感类的互动在师幼互动中只占极少的比例。爱孩子是每一个幼儿教师基本的职业素养,在和教师的交流过程中,无论与哪一个教师交谈,我们都会从他们的叙述中发现孩子的可爱与教师不加掩饰的对孩子的喜欢。这里引用几位教师对孩子可爱之处的描述片段。

> 案例 7
> 片段 1 户外活动刚开始,我就听到了两个小朋友的吵闹声,过去一看,原来是小杭和小阳在争夺同一个跳跳球,你夺我抢,一个面红耳赤,一个眼泪巴巴,相持不下,急着叫着老师。我走过去刚要提醒,小阳理直气壮地对我说:"老师,我已经说过'请'了,还说'谢谢'了呢,可她还是不肯,一点也没有礼貌!"小杭也急着说:"可是老师,我才刚开始玩,是我先拿到的呀"……
> 片段 2 一个小朋友说:"老师,长颈鹿都长得那么高,你怎么长得那么矮呀? 是不是你不吃饭,平时挑食,所以才会……"

从老师话语中,我们可以感受到教师对孩子的喜爱,是发自自己内心的、自然的、真切的情感,每一个孩子对于喜欢的教师也是如此。但是,为什么他们彼此之间的情感互动和表白交流会那么困难呢? 我们在和一个教师的访谈中得知,天真可爱的孩子能引起教师的喜欢,可这些孩子的淘气、顽皮更让教师劳心伤神,更关键的是教师在寄宿制幼儿园每天要面对几十个孩子,既要负责他们的吃喝拉撒,又要教好书、育好人,负担非常重;纷繁复杂的工作、乱哄哄的孩子——这样的互动情境和压力带给教师的更多是消极的情感体验。内心充满这种消极情感体验的老师怎么会兴致勃勃地去和孩子谈心呢? 面对一脸不高兴和烦躁的老师,幼儿怎么会主动积极地去找教师表白、倾诉呢?

在幼儿园的师生关系中,我们可以把教师和幼儿的关系分为两类:一种是师生之间为了某种事务功能而形成的关系,一种是师生各自基于自我特定人格而与他人形成的关系;与此对应的人际互动行为就分别为事务性互动和情感性互动。事务性互动双方主体总是围绕着某种制度化的职能实施你来我往的行

为,情感性互动是双方主体围绕彼此的某种兴趣进行情感的相互沟通、信息与观点的相互交流。纵观本项研究所收集到的案例,我们发现:在现实的幼儿园生活中,师幼互动的动因虽然事务性和情感性并存,但根本上却是以事务性为主导的。在事务性互动中,师幼互动是为履行某种事务性职能需要而存在的,教师和幼儿是以教育者和被教育者角色为定位的,教师在互动中履行社会规定的任务——实施保育和教育,幼儿则按照社会和成人为他们预设的目标和要求做出教师期待的行为。事务性互动中教师最重视的是秩序和事务的顺利完成,而幼儿的情感体验与完成事务则会被教师忽视,这种师幼互动在寄宿制幼儿园中普遍存在。从下面的几个案例中我们可以明显地发现这种情况。

案例8　幼儿启动的发表见解。上课时,老师在讲述的时候直接引用了一个故事,没有讲故事的题目,也没有向幼儿说明这是一个故事。刚讲了一句,小伟就举手了,还不等老师叫他起来,他就迫不及待地叫了起来:"怎么不讲题目呢?"老师愣了一下,有些恼火,就说:"你怎么知道这是一个故事,我又没说要讲一个故事,你随便插嘴,真没礼貌!"说完,老师就不理他继续……

案例9　教师启动的约束纪律。户外活动时,几个男孩子埋头聚集在楼梯侧面的夹缝,比比划划,说个不停。王老师见了,不假思索,大声命令:"那里有什么好看的,只有脏东西,赶紧离开那里。"孩子们无可奈何地暂时离去,只有一个小朋友轻声地说:"我们在看蜘蛛。"王老师听见了说:"蜘蛛有什么可看的,有毒的,你们不怕蜘蛛咬你们吗?"孩子们听后轻声地辩解:"我们不碰它,只是在观察它是怎样织网的。""这里太脏了,下次去别的地方观察吧!"王老师边说边牵着这孩子的手离开。

案例10　幼儿主动表述启动的互动。午餐时间,小朋友都在吃饭,第四桌小朋友指点着对面的墙,边说边笑,老师还以为他们在欣赏贴在墙上的画呢,便说:"小朋友们快吃饭,吃饭一定要专心,不要边吃边玩。"小强开启了与老师的互动。小强端着空碗走到老师身边说:"老师,我还要喝汤。"老师给他盛了一碗汤,他眨眨眼睛,很神秘地说:"老师,这汤里有光。""汤里怎么有光呢?"老师愣了一下,不明白孩子的意思,于是老师就说:"老师不知道你在说什么。快吃饭吧!"只见小强把碗放到桌上,然后喊:"老师,你快过来,我碗里的光跑到墙上了。"老师向对面的墙上看了一眼,只见光斑在墙上晃来晃去。"吃饭不要东张西望,认真吃!"老师最后还是制止了小朋友对墙上的光斑的研究。

(六)师幼互动交往模式对幼儿发展的持续影响没有引起足够重视

教育对幼儿发展的影响会产生及时和延时的效果。师幼互动作为幼儿与成人的交往模式对幼儿发展带来的是一种持续的影响和效应。幼儿个体的发展就是在幼儿与教师的交互作用和影响中主动建构的。当作为相互作用的一种方式——师幼互动成为一种固定的模式时,这种固定模式不但会影响幼儿与教师当时的互动,还会逐步内化成教师和幼儿个体的一种内在品质和交往范式,这种品质和范式就会影响日后幼儿与教师,以及与其他人的交往,从而对师幼双方的交往和发展造成深远影响。研究资料显示,教师与幼儿的交往往往带有某种固定的范式,主要表现为一种由下至上和由上至下的模式,幼儿在师幼互动中体验到的互动模式会影响幼儿日后的交往——他以后会根据角色定位,去揣摩着与人交流,从而导致交流缺乏真实性。

师幼互动作为一种人际环境具有一定的联动性和弥散性,不仅会影响互动中的教师和幼儿,也会影响到其他小朋友和教师,产生所谓的场效应。这种特性使得班级内的师幼互动往往具有一种同化作用,这种同化作用逐步体现为一种整体的互动氛围。有时候,一部分幼儿并没有和教师发生直接的师幼互动,但其他幼儿与教师的互动所形成的班级整体互动氛围也会直接或间接地影响该部分幼儿与教师的互动。下面两个案例都发生在同一个班级,都是教师照顾幼儿的生活,由于有着一定的模式,师生互动的联动性和弥散性就显现出来了。

案例11　下午2点10分,小班午睡起床后,巧巧拿了件外套去找保育员老师帮忙,保育员老师帮她把袖子套进去后就帮别的小朋友去了。不一会儿,房间里响起了巧巧的哭声,保育员老师回头一看,只见她一边扣扣子一边哭,就问他:"巧巧,你哭什么呀?"可是巧巧一个劲地哭着,问了半天也没回答一个字,保育员老师生气了:"哭有什么用!不开口告诉老师,谁知道你有什么事。"

案例12　午睡起床时,按惯例,老师先说起床,然后再请小朋友出去解小便。大部分小朋友解好小便回来后在穿衣服,保育员老师在帮忙。此时还在床上的西西发出哭声,保育员老师走到他旁边说:"西西,你要小便,快起来。"西西还是在哭,保育员老师掀开他的被子说:"西西,你快起来呀,有什么好哭的。"西西没有止住哭起声,保育员老师一边拉起西西一边说:"叫你起来,还不起来,肯定又尿出来了。"保育员老师用手一摸,说:"你看你看,又尿了,快拿裤子换掉。"保育员老师生气地拿出裤子扔给了西西……

从这两则师幼互动中我们可以看出,由于保育员老师总是带着一种厌烦的情绪和幼儿进行互动,保育员老师和幼儿之间似乎隔着一堵厚厚的墙,因此小朋友有困难或发现自己做错事的时候,总是不敢直接告诉保育员老师,而是以哭声相告。第二个互动更能体现教师和幼儿之间的主被动状态,由于一定要先说起床再解小便,幼儿不敢说尿急导致来不及上厕所而失禁。

第三节　寄宿制幼儿园师幼有效互动的促进策略

　　针对寄宿制幼儿园师幼互动情况,我园经过两年的信息收集和大量的案例剖析,从对师幼互动行为状况的观察与分析入手,全面、准确地把握了我园师幼互动的现状。从研究结果看,作为一所寄宿制幼儿园,我园的师幼关系有值得肯定的一面,但也存在大量的需要改进的问题。面对这种现状,我们不得不思考,接下来该如何促进教师与孩子们的互动? 怎么样的互动才是最有效的? 于是,我园积极开展寄宿制幼儿园有效师幼互动构建策略的实践研究,以期寻求更好的对策,使教师在教育中灵活地扮演最适宜的角色从而与幼儿积极互动;在改善教师的教育行为的同时,充分发挥幼儿的主体性、创造性,切实提高寄宿制幼儿园的育人效果。

　　"支架学习"理论认为:教师是幼儿发展不可缺少的支架,幼儿正是在教师的支持下,逐渐发展并逐步独立,其主体的建构和发展才能成为现实。可见,教师能不能完全承担与孩子进行心灵的交流、智慧的对话、生命的呼唤这一重任,能不能巧妙扮演好幼儿活动的促进者、支持者、合作者的角色,是师幼有效互动的关键。因此,优质的师幼互动需要理论功底深厚、专业修养丰富的专业型、研究型的保教人员。没有丰富的幼儿教育理论修养,保教人员又怎么能树立正确的教师观和儿童观? 一个没有深入了解幼儿年龄特征的教养者,一个没有正确把握幼儿教育问题的教养者怎么去开展积极有效的互动呢?

一、组织保教人员研读互动现状研究成果,理解建构适宜互动的意义

　　我园为期两年的"寄宿制幼儿园师幼互动行为的现状研究",全面、深刻地剖析了我园保教人员与孩子的互动状况,为幼儿园管理者和保教人员提供了重要的、全面的、真实的教育评价依据,让保教人员真实地看到我园存在的"幼儿园生活照顾中的师幼互动质量不高,保育员与幼儿的互动状况不良;互动中幼儿的主体地位得不到保障;告状与约束纪律成为寄宿制幼儿园中师幼交往的主旋律;教师与幼儿的情感交流、表白的机会少,各类互动普遍带有事务性"等问题,为教师的观念和行为的转变提供了动力。

由于优质师幼互动行为的形成需要一整套的措施来支持和保障，"转变保教人员的观念，优化他们的互动行为，构建积极有效的师幼互动策略，促进幼儿个性化的发展"就成为幼儿园迫在眉睫的大事。为此，我们组织全体教师细心研读课题研究成果，从论点到论据，从个案到观点，让他们全面了解目前师幼互动存在的问题，促使他们从评价他人转向为反省自我，从而产生"改变自己教育行为"的要求，自觉地将师幼互动策略研究视为自己业务拓展的需求。在近一个月的时间内，课题组借周二中午集体备课机会，组织教师开展互动现状系列成果研读会，让教师将一个个案例与课题组的深入剖析结合起来，又引导教师将课题组的互动总结与自己的个体行为结合起来，深入分析，深刻反思。系列研读活动带给了教师巨大的心灵震撼，这震撼带来的后续研究动力绝不亚于平时的观察和记录。

记得在一次研读会上，当大家谈到"教师的中性关注程度对幼儿行为的影响"时，一个教师立刻想到自己的一则教育片段，她不无后悔地说："小朋友都在画画，小达、小炜、小静三个也在画。画好后，他们争先恐后地拿着画来到我的身边：'老师，你说我们谁画得最好？'我看了看，随便说了句：'你们画得都不错，去吧，再去画一张。'过后，我便看到他们三个无精打采地坐在那里，也没有继续画了。孩子们的这种低落情绪完全是我这个教师的敷衍应答造成的，现在想想多么后悔！如果当时我的态度更加积极一点，不吝啬自己的言语，对每个孩子进行针对性表扬，那么孩子们就不会出现这种消极的互动反馈行为，但愿我当时的行为不影响他们以后的学习、交往活动态度……"这位教师说完后，会场上一片沉寂，因为许多教师都有与她相似的经历，以前大家都没当回事，认为这是正常的师幼互动，现在他们的内心同样受到了深深的触动。一次次的研读会对教师的教育影响是真切的，对教师研究兴趣和需求的培养也是有成效的，此时，他们对师幼互动的重要性有了更为深入的理解。

二、开展全员园本培训，切实提高保教人员综合素质

我们常看到许多幼儿教师因为缺乏正确的儿童观，缺乏相应的教育理论与技巧，缺乏"思中行、行中思"的品质，导致师幼互动状况不良、束缚孩子个性发展的案例。在促进寄宿制幼儿园师幼有效互动的工作中，我们秉持"教师的成长和幼儿的发展是一个连续体，只有教师自己持续不断地发展，才能搭建积极师幼互动的平台，才能不断地为幼儿提供有意义的学习经验，从而促进他们的发展"的理念，通过让保教人员主动参与多元园本培训，提高他们的专业知识和能力，进而培养善于反思、乐于研究的专家型教师队伍。我们相信，保教人员的观念更新了，反思能力增强了，他们就能善于发现教育实践中存在的问题，对自

己的行为进行反思,及时调整自己的教育手段和方式,对幼儿采取积极的互动行为。保教人员如果能基于自己的专业素养和孩子们产生适宜的互动,就能对一些在常人眼中所谓的调皮捣蛋的孩子多一点包容,多一点理解,多一份关心和帮助,就能使自己的言行少一份权威,少一份强制。

实施保教并重,关注孩子的健康成长——这是一条永恒不变的幼儿园工作定律,在我们寄宿制幼儿园,这点显得尤为重要。在办园实践中,我们也深刻地感悟到"保"和"教"是唇齿相依的关系。只有全面提高保教人员的综合素质,重视保教工作的协调配合,才能实现师幼的有效互动,保证幼儿的健康成长。在课题研究过程中,大量的案例表明保育员和幼儿的互动状况不容乐观,究其原因,我们发现这和保育员的学历层次、所受的教育、现有的理论修养有着极大的关系。因此,除了在招聘、任用保育员时,幼儿园要重视他们的专业背景和学历层次外,更重要的是,要将保育员纳入全员园本培训体系中。针对保育员对幼儿教育学、幼儿心理学、幼儿教学法知之甚少,在生活指导上和幼儿互动问题甚多的现状,我园在岗前培训时对保育员进行有关幼儿心理学、幼儿教育学、幼儿生理卫生学的培训。

我们坚信,好的师幼互动策略是在互动实践中研究、探寻得来的,是在保教人员正确理念的指导下成就的。秉持这样的理念,我们积极开展保教互动式培训,采用结对帮扶、教师引领的形式提高保育员的素质,充分发挥教师的传帮带作用。具体方法是让保教人员结对,以一对一的形式开展学习交流。例如,教师以带徒弟的形式向保育员传授与幼儿良好互动的"妙招";教师帮助保育员分析现阶段幼儿的心理、行为特征;教师和保育员一起就某个教育情境共同分析自身的教育行为等。通过这种全员合作参与方式,我们将研究的触角伸向保教工作的方方面面,关注保教人员的每一天、每一刻,研究保教工作的寻常时刻。教师、保育员每日主动地用研究的目光审视自己的工作,衡量相互配合的默契协调程度,观察幼儿的一日生活与活动状况,发现并提出困惑。教研组合众人之力,从每天司空见惯的事情中,研究新的问题、新的特征、新的细节。我园保教互动式教研活动层出不穷,并取得了丰硕的果实,如大班组《晨间活动中教师和保育员的协作》、小班组《我会吃饭》曾分别在台州市教研案例评比中获一、二等奖。这些有针对性的、密切联系实际的园本培训,使保育员的个体素质得到了较大提升,他们在与幼儿互动的过程中的表现也获得教师的认同。

由于保教人员性格倾向直接影响互动质量,我们设计并组织开展了一些完善保教人员性格的活动,引导他们增强自我调节情绪的能力,帮助他们学会自我减轻职业压力,保持健康心理状态。我们认为师幼互动是幼儿和教师双方言语、行为相互碰撞的过程,两者的情感性格必然会对这个过程产生影响,因此完

善教师的性格在积极有效的互动构建中也非常重要。如果一个教师性格暴躁，面对顽皮孩子的所作所为，他怎么能控制自己的情绪，而用适宜的方法去和孩子互动呢？因此，教养者在提高自己业务素养的同时，更要注意弥补自己性格的缺陷，调整自己的情感特征，完善性格倾向，以良好的心态参与到与幼儿的互动中。首先，我们加强了对保教人员的职业道德教育，培养他们的敬业精神，对他们注入"以德为先、以学为基、以教为本"的思想，并组织开展了形式多样的活动，引导教师们深刻剖析自己在师幼关系、同伴关系上存在的情绪、行为问题及思想根源，及时创造轻松、平等的氛围让他们放松心情。其次，我们经常以教工娱乐活动为平台，帮助保教人员转移工作重心，引导他们以积极的方式释放工作压力，形成健康向上的人生态度。

三、督促教师实践理论、验证理论，养成实践的良好习惯

新的《幼儿园教育指导纲要》的颁布，标志着我国幼儿园教育改革已进入一个新的阶段，学习、贯彻《纲要》必将带来幼儿园教育的深入改革。但是，在贯彻和落实《纲要》的过程中，我们急需幼儿教师素质在观念层面和实践层面上的进一步提高。我们幼儿园物质环境堪称一流，人员专业素质也在不断提高，通过学习，教师在理论上接受了许多新的观念，但在实践转化中却往往难以把握，有时还存在着诸多疑惑。虽然课题组经常组织教师学习《保护幼儿的学习心态》《走进幼儿的世界，关注幼儿的需求》等理论，但我们还会经常听到教师的嘟囔：这些理论怎么在实践中难以运用；专家们说得倒轻巧，倘若他来试试，可能还不如幼儿园老师。面对这种理论与实践脱节的现象，我们课题组主动给每位教师搭建理论与实践的桥梁，鼓励他们运用理论，督促他们反思实践，验证理论的有效性。

活动开始时，研究者观察教师的教育教学活动，及时地把教师的教育行为和理论联系起来，并在活动结束时细心地反馈给教师，与教师开展互动对话。在多次这样的反思实践中，教师们慢慢地也能独立地将实践与理论联系起来，并逐渐地学会用理论去指导自己的实践；久而久之，教师们教育教学的理论和行动就自然地统一了起来，反思的习惯也就自然形成。例如，一个教师在学习了《生成课程和预设课程的关系》《和谐师幼关系的形成》等理论文章后，结合实践撰写了这样一篇反思文章：

活动中，有个小朋友突然指着天花板大叫了一声"蜻蜓"，于是孩子们的小眼睛都齐刷刷地盯住了天花板。原来，有只蜻蜓不小心闯进了活动室，正扑腾着翅膀努力想往外飞呢。看着孩子们专注的眼神，我意识到这是一个很好的教育契机，就马上和他们坐在一起观察、讨论蜻蜓；后来，又

和小朋友一起解救蜻蜓，放飞蜻蜓。这样的做法正符合了孩子的兴趣，尊重了孩子的选择，给他们创设了一个安全愉快、和谐平等的互动氛围，使他们充分享受到了当家做主的快乐，体验到了成功的喜悦。教育是基于生命的事业，而生命的潜能是无限的。作为教师，我们首先应当对幼儿倾注尊重、了解与关怀，使他们的心灵走向自由，让他们带着愉快的情绪去学习。

这位老师倘若在活动中对孩子的"走神"马上予以制止，并按预定计划组织教学活动，那孩子们肯定不会有愉快的情绪，活动效果也会受到很大的影响。正是由于老师认识到要尊重幼儿，要善于利用教育契机去生成课程，并将这样的理念勇敢地付诸实践，他不但了创设一个良好的师幼互动氛围，而且实现了很好的教育效果。

四、引导教师认真观察记录互动行为，研究分析典型案例，共同探求对策

在寄宿制幼儿园一日的教育生活中，到处都是师幼互动的场景。善于观察，从观察中学习经验、发现问题，这是教学第一线保教人员提高素养的重要途径。为提高教师对师幼互动的认识，我园要求教师作为研究者深入到幼儿一日活动的各个环节，去观察记录大量最自然的师幼互动过程。考虑到观察记录是一项庞大的工程，因此幼儿园将教师撰写教养笔记的任务改成撰写互动案例，一方面要求教师在非上班时间深入其他班级，利用书面记录等手段记录其他教师的师幼互动情况；另一方面，要求每个教师除了观察分析别人的师幼互动外，还要对自己与孩子的互动行为进行记录反思。每次案例成型后，教师再在每周二中午的课题会议上将自己的所有记录及分析介绍给每个成员，大家围绕案例中的师生互动现象以及教师采取的互动方式积极开展探讨、交流，对有效的互动策略大家予以肯定，针对有问题的地方教师们提出更有效行动的建议，使师幼有效互动策略在个体反思、集体评析中逐渐形成。例如，在一次课题会上，一名教师边介绍别人的互动情景，边针对案例说出了自己的想法：

朱老师看见在滑梯后面站着的小冬两腿紧闭，一动不动，脚下是湿漉漉的一片，她便一边带他回教室，一边悄悄地问他："小冬，你尿裤子了？为什么不告诉老师呢？"小冬低着头一句话也不说。此时我想：孩子尿湿裤子为什么一动不动地站在那儿，一言不发呢？从他的眼神中我领悟到了其中的奥妙：每个孩子都很在意教师的一举一动、一言一行，有时教师不注意的一句话、一个动作也许会伤害他们的自尊心。也许小冬以前尿裤子时老师问他的语气有些生硬，他就以为老师是在责备他，所以就不敢再说了。这次他尿裤子了，朱老师不是也问他"为什么"了吗？也许一个"为什么"就使

孩子失去了对老师的信任和依赖,伤害了他的自尊,他就不再把你看成是他的朋友,不再相信你、亲近你,更不愿向你说出心里话。面对这样的情况,我想老师体贴的安慰可以代替鲁莽的批评,若对他轻轻地说"没事的,下次憋不住了就赶快往厕所跑,好吗",孩子就不会站在那里"无动于衷"了……

就是通过这样一次次的交流,教师们的种种有针对性的好策略就被课题组及时地记录下来,使得个人的理念及策略被大家分享,特别是对于一些年轻教师,他们从优秀教师的策略分享中收获甚大。

五、指导教师反思自己的教育行为,自觉地纠正互动中出现的一些偏颇

在教养者众多的自身特征之中,对教养者与幼儿关系状况最有影响力的不是他们的学历水平或是性格倾向,而是他们个人所具备的反思能力。教养者的反思能力是谋求构建理想的师幼互动方式中不可或缺的因素。因此要想构建积极有效的师幼互动,培养教养者的反思能力和习惯是实现这一目标的重要渠道。我们在与教师的访谈中获悉,由于他们自己的行为要展示给别人,自己也在观察记录着别人的一言一行,这种互为研究使得他们常常自觉反思自己的互动过程,并将自己指向孩子的行为是否有益于孩子的发展作为调整互动方式的标准。一个教师谈道:"每天我都要想一想自己的教育行为是不是合适,将一些印象最深的互动情景回忆再回忆,自己真的觉得有些地方做得过分,和我脑子中的理念根本不符,回想后,觉得以后可不能再这样去做了。我现在想想,由于我现在成天想着这个问题,我发现,我与孩子的关系似乎亲热多了,孩子会每天开心地围着我呢!"从这样的事例我们可以看出,如果教师能对自己的行为进行及时的反思,那么他们和孩子的互动质量就会逐渐提高。

为了提高教师对自己行为的反思能力,我园要求教师在记录师幼互动案例的基础上,研读自己以及其他老师的观察案例。教师要对师幼互动研究档案进行分析阅读,并及时地记录自己的感想。在阅读的过程中,教师们可以将一些适宜的互动策略以名言名句的形式记录,也可以将一些感触最深的案例铭记在心,然后在实践中积极运用,并经常以案例、工作日记、反思文章的形式记录实施效果,下面就是一位教师的反思工作日记。

反思日记1　放手和出手

研究中我们懂得了教学活动中适宜师幼互动的开展需要教师把握介入、指导的分寸。今天我在音乐活动"秋天"中,就真正感受到了适度介入、指导带来的快乐。当我在"风儿沙沙"音乐声中启发孩子们用肢体语言表

现树叶飞舞的样子时,不管我如何鼓励和引导,可孩子们总是不投入,有的期待着老师的直接示范,有的刚要试着创编新动作,可一接触老师的目光反而拘谨起来,结果编出的动作也仅是那么几个,效果很不理想。时间一分分地过去,我在考虑:是赶紧把自己预设的动作教给孩子,还是……最后我决定,给孩子们一些绝对自由的创作时间,在此期间,我远离孩子的视线,对他们的行为毫不干涉。教室里,优美的音乐在流淌,当孩子们发现自己拥有自由的天地时,十分兴奋。他们开始大胆地交流,大声地说话,随着音乐做出各种随心所欲的动作。有的伸开双臂,头仰得高高的,飞快地旋转,这是正在飞舞的落叶;有的双手环抱,闭着眼睛,身体左右摇摆,这是快要落下的叶子;还有的在教室里时快时慢地走动,手部的动作也适时变化……看得出,孩子们已经真正融入了自己的想象,融进音乐活动中。当我再次踏入教室时,幼儿的创作已经基本成熟,能够展示了。这时,我适时的指导加上幼儿的积极配合使活动效果远远超出了预想。我不禁为自己放手、出手的决定感到高兴。看来,良好师幼互动确实有利于幼儿的学习和发展。我牢记:教师不能凭自己的主观意志和愿望去改变、指导幼儿的行为,要学会放手、旁观、思考和判断,支持幼儿自主的活动。在确认有必要干预时,才以适宜的方式予以指导。

反思日记2　我班的壁画"高手"

赫赫小朋友特别喜欢画画,墙壁上、桌椅上到处都有他乱画的痕迹。为此,他挨了我不少的批评,总不见效。一次集体游戏时,赫赫说要去上卫生间,过去挺长时间还没有归队。我匆匆赶到卫生间,发现他又偷偷地在卫生间的墙壁上画了一幅画,画的是一幢特别美丽的房子,有四五个小朋友还在津津有味地看着他作画。我一进卫生间,他看到我就低着头准备挨批。我当时心中难免是有些情绪的,一是他长时间脱队让我担心;二是刚刚批评过他不要乱涂乱画,一转眼,他就利用上卫生间时间在卫生间里画"壁画"。我正想发火,但突然意识到旁边还有这么多小朋友看着我,我控制住自己的情绪,心平气和地问:"这是你画的?"赫赫感到很紧张,以为又要像以前那样受到老师的批评。可我话锋一转:"赫赫,你的画还是挺不错的,真漂亮!"赫赫感到意外。"不过墙上可不是画画的地方,好的画应该画在合适的地方,这样才可以让更多的人看到呀。"我让他拿了块抹布把画在卫生间瓷砖上的画擦掉,赫赫尽管不乐意,但在我的严厉的目光下,还是把墙面擦干净了。集体活动结束后,我把赫赫叫到办公室,给他准备了一张很好看的画纸,"你不是喜欢画画吗,老师也觉得你画得很好,好的画应该画在画纸上,我很喜欢你的画,你能画一幅送给老师吗?"赫赫很兴奋,高兴

地点着头。赫赫画好后,我又对他的画加以了肯定,并且把这幅画拍了照片,发给了赫赫的妈妈,感谢赫赫画了这么好的一幅画送给老师。赫赫妈妈很开心,赫赫也答应我以后不会再乱画了。经过我一段时间的观察,赫赫的确改掉了乱画乱写的坏习惯。为什么以前的批评效果不好,而我调整了师幼互动的策略后,取得了较好的效果呢?我想"赏识""肯定""引导"在其中应该是起了重要的作用,一味地对孩子批评不一定能取得好的教育效果,也不是好的师幼互动方式。

六、引导教师创设宽松、和谐、平等、尊重的互动环境

环境像大海,幼儿像小鱼,浑浊的大海会使鱼儿窒息,教条式的、呆板的、严肃的环境就如浑浊的大海一样容易使孩子畏惧。《纲要》中多次提出创设民主、平等、和谐的教育氛围,如"建立良好的师生、同伴关系,让幼儿在集体生活中感到温暖、心情愉快,形成安全感、信赖感","创造一个自由、宽松的语言交往环境,支持、鼓励、吸引幼儿与教师、同伴或其他人交谈,体验语言交流的乐趣","要创设一个能使幼儿感受到接纳、关爱和支持的良好环境","为幼儿探究活动创造宽松的环境"等。这些都充分显示了《纲要》对创设和谐、愉快环境的重视。师幼互动作为教育过程中的一个重要组成部分,其宽松的氛围也是建构高质量师幼互动的基础和前提。如果幼儿在幼儿园老师面前不敢说不敢做,见人就躲或者见了人懒得搭理,那么积极的师幼互动就没有了构建的前提,也就成了一句纯粹的口号。

创设宽松的环境首先需要教师有正确的教师观和儿童观。教师要能够摆脱那种深入骨髓的师道尊严的传统观念,努力调整自己作为管理者和控制者的角色定位。由于教师一直以来都以这种定位来发挥自己的角色职能,所以在一般的情况下,幼儿是不能违背教师的意志自由开展活动的,也因为这样,幼儿很明白自己在幼儿园日常生活中的每一个环节应该怎么做,教师也为了维持这种既定的规则而频繁开展以约束纪律为主题的互动。在这种有点戒备森严的环境中幼儿怎么能够放松地与教师开展互动呢?我们应该意识到,在寄宿制幼儿园中,教师的角色是多元的,教师不仅是幼儿的老师,更是他们平时生活的朋友、游戏的合作伙伴,有时甚至要充当孩子"妈妈"的角色。因此教师应将自己的角色定位为良好环境的创设者,幼儿发展的引导者、帮助者、支持者。教师如果能正确认识自己的角色定位,就会树立起正确的儿童观,把幼儿看成是一个独立的、自主的,又需要关爱的一个独特的个体,而不会将幼儿简单地看成是知识的接受者、规则的遵循者。在这种理念的支配下,教师就能够明智地把握自己的态度和行为,对幼儿的自主与主动行为给予适度控制、适度自由和充分的

支持、鼓励。在这样的宽松氛围中,孩子的天性就会得到保护,幼儿心中朋友式的、父母式的教师观会在与教师的互动中慢慢形成,也就更能促使他们与教师开展平等的师生互动。

在我们寄宿制幼儿园中,孩子的活动空间仅仅就是幼儿园,偶一抬头所看到的也仅仅是幼儿园这方土地的上空,所以一周中孩子们所要寻找、依靠、倾诉的对象只能是幼儿园中的物环境和人际环境,孩子们能否积极互动也只能依赖于这些对象的质量了。因此在物环境的创设上,要一改原来以教师想法、做法为主的局面,尽量让幼儿主动融入,突出师幼共同参与的特点,力求让环境成为幼儿表达情感和展示自我的平台,如在墙饰的创设上,要以幼儿兴趣为出发点,融入有价值的教育内容,在美化的同时,强调是否促使孩子获得关键性的经验,促进孩子个性、情感的积极发展。在人际环境的创设上,要充分考虑教师是寄宿制幼儿园人际环境中的主体力量,是孩子们固定的合作伙伴,他们在互动中所给予的气息、所创造的互动氛围、所构建的交往模式,对孩子的人际交往技巧、一生发展都有着深刻的影响;考虑到人际环境的弥散性影响师幼互动质量、影响幼儿健康成长的特点,应努力创设一个良好的人际关系网络,让幼儿亲历师幼互动中的和谐、尊重和平等。为此,在转变教师的儿童观、教师观的基础上,要引导教师将创设良好的互动氛围作为构建积极有效师幼互动的重要策略来实施,教师在活动中就逐渐会成为积极的旁观者、幼儿心理发展的支持者、良好氛围的创造者、综合信息交流者、平等中的首席者。在这样的师幼互动中,孩子就能回归本性,大胆、毫无顾忌地与教师交往,视教师为合作者、促进者、支持者,师幼互动氛围才能呈现一种和谐状态,孩子们才能愉快地学习着、生活着,教师们才能快乐地工作着。我们的许多案例验证了良好的人际环境在构建积极师幼互动上的成效。

案例 13 在"小青蛙"音乐游戏中,孩子们刚刚熟悉了歌曲,几个孩子便随着音乐投入地表演了起来。教师此时没有制止他们,而是用眼神示意他们:"大胆跳吧!"于是在他们的带动下,其他孩子也都跳了起来。教师不失时机地加入其中,一边仔细观察他们自编的动作,一边不时地向他们学习请教,还和他们一起讨论某个细节。最后,教师神秘地说:"我们刚学会了一个表演,你们想不想看一看?""想!"孩子们马上兴奋起来,于是教师便把幼儿的动作串在一起,完整地跳了一遍。小朋友们可高兴了,一个说:"这是我刚才教老师的!"那个说:"我还教老师捉虫子呢?"那个自豪劲儿就别提了……

案例 14 伴随着轻柔的音乐,孩子们陆续起床了,我对阳阳说:"小懒虫,起床了,要不你又是最后一名了。"这时他才慢吞吞地坐起来,我走过去

想要扶起他,可刚一摸到他的被子,我便皱了眉头,怎么湿湿的?"你是不是尿床了?"我笑着问。"没有,我没尿床。"阳阳马上大声地反驳了我的话,"我睡觉的时候太热了,所以出了好多汗,我没尿床。"阳阳的脸慢慢红了起来,并皱了皱鼻子对我笑了笑,看得出来他现在很不好意思。(阳阳平时自尊心很强,我为什么要揭穿这个只有我们两个人知道的秘密呢?)于是,我也认真了起来:"哦,原来是这样,对不起,看来你今天睡得肯定很香,所以出了这么多的'汗',是不是?"阳阳边下床边朝我不好意思地笑了笑,还肯定地点了点头。"那我们先把湿衣服换下来洗一洗,好吗?"在我的帮助下阳阳很快换了一身干净的衣服,整个下午我都没有再提此事,而阳阳也像什么都没发生一样玩得很高兴。傍晚离园时,我把湿衣服包起来交给阳阳说:"阳阳,以后睡觉时可别再出那么多汗,好不好?"阳阳挠了挠头说:"好,以后我不会再出那么多汗了。""如果要再出汗了可一定要跟老师说,好吗?"阳阳高兴地应了声"嗯"……

七、教师要学会走进孩子的世界,关注孩子的心理需求

互动是教师和幼儿双向的行为,教师能否对幼儿的行为给予关注决定着互动的有效进行。无论是成人还是幼儿,如果自己的行为得不到对方的积极回馈,就会大大降低参与的积极性,有时甚至会觉得索然无味,而导致下一次的消极参与。因此,在师幼有效互动中,教师的关注至关重要。任何低敏感度的反馈都会打击幼儿互动的积极性,阻碍积极有效互动的建立。由于长期处在嘈杂的环境中,纷繁复杂的事务使得教师有时会对幼儿的言行表现出一种麻木状态,对幼儿开启的互动熟视无睹,不会去关注幼儿现在在想什么、需要什么,更不会想到自己现在应该给予幼儿什么。这种低关注的互动倾向,长久地影响着幼儿,那么他们日后也就会形成一种低关注的互动倾向。根据研究资料中互动主题的分布情况,我们发现互动主题的分布与幼儿的年龄特征有关。因此,关注幼儿的现有状态,要深知幼儿情感发展的阶段性差异,适时适当地与幼儿开展各方面的互动,将引导、点拨、启发相结合。关注幼儿,积极参与互动,感悟幼儿的声音,了解幼儿的思想,热情地接过幼儿抛来的球,满足幼儿的需要,是建构积极有效互动的重要基础。

瑞吉欧教育创始人马拉古奇曾这样描绘我们的孩子们:孩子是由一百种组成的;孩子有一百种语言,一百双手,一百个想法,一百种思考、游戏、说话的方式,一百种倾听、惊奇、爱的方式……确实,我们的孩子是由多个一百种组成的复杂体,其中的奥秘只有走进他们的世界,才能了解。在互动中,当这个由多个一百种组成的复杂体与你交往时,我们就必须化成一只只可爱的小精灵钻进他

们的心中,做一回他们肚子中的蛔虫,用敏锐的嗅觉去嗅出他们的行为,体察他们的需求。只有这样,这些复杂体才能与你实现优质互动。有人说:教育孩子首先要理解孩子,理解孩子的想法。对于孩子的某一个独立行为,更要结合他们的个性特征及其所处的环境对他们的行为做出全面的认识。就当孩子们用不服的、渴望的、委屈的、气愤的、求助的、俏皮的种种目光来看我们时,我们不再把简单的一句话扔给孩子,不能再用短、平、快的方式应付他们,而是要蹲下来倾听孩子的表述,走进孩子的世界,用孩子们喜欢的方式去迎接他们。接住孩子抛来的球,又巧妙地将孩子的球抛回去,使孩子喜欢接受,也乐于接受,并且能捧着他们喜欢的球继续去创造、继续去想象。

　　要走进孩子的内心世界,教师对幼儿的行为必须具有一定的领悟能力。在很多互动事件中,教师虽然给幼儿以关注,但是这种关注却往往会局限于教师自身的成人思维与行为定势中,对孩子没有深入的了解就匆忙进行指导、约束,这样就有可能阻塞幼儿情感表达与行为发展的通道,阻碍幼儿和谐健康发展的进程。因此,要了解幼儿的现实内心状态,教师就要深入参与互动,在领悟幼儿的思想行为的基础上,进行有效的引导;而不是流于表面形式,没有实质性地对儿童产生作用。例如在很多的户外活动中,幼儿们高兴地玩着,教师则认真注视着(有时候也表现出百无聊赖),哪里出现情况,教师就走过去,三言两语给予解决。教师和幼儿基本上是你玩你的,我看我的,关系呈平行状态,没有交叉,也没有撞击的火花,在这样的师幼互动中,教师仅是为了某种规则、某种安全意识而消极参与。要想真正领悟和理解幼儿的行为,教师必须以一种开放性的心态,充分了解幼儿外显的以及内在的行为线索,弄明白幼儿行为的意义和理由,保证对孩子的行为做出合适的反馈,或者提出恰当的意见。

　　当我们组织教师讨论如何走进孩子的世界时,有一位教师这样谈道:教师要善于"示爱",放下教师的姿态和架子,让幼儿觉得老师和自己一样可爱;教师要乐于与幼儿一起看动画片,善于和幼儿一起讨论节目;教师要会玩,使自己贴近幼儿,把自己当成幼儿的玩伴,和幼儿一起玩他们所喜欢的玩具。其实,教师走进孩子的世界,回应了孩子的需求,就会发现,孩子是那么乐意与老师互动。例如,一位老师在组织户外互动时,孩子们有的在滚轮胎,有的在跳轮胎,忙得不亦乐乎;老师发现池池小朋友把整个轮胎背在身后,那模样活像一只小蜗牛,便夸奖他一翻,并让池池向小朋友介绍他的新玩法;池池很乐意地一一做了介绍,那股认真劲儿,真让人感觉不到他平时是个小调皮;小朋友又继续开始活动了;老师看池池刚才教得那么辛苦,就过去跟他一起研究轮胎的更多玩法,池池开心地抱着老师说:"老师,今天我好喜欢你啊!"老师问他:"为什么今天这样喜欢我? 平时都不喜欢吗?"池池一本正经地说:"我平时也喜欢你,但你今天跟我

玩了这么久,还让我做小老师,所以我今天特别喜欢你!"

八、开创师幼情感交流的多元通道,引导孩子参与多种开放型的活动

一日生活中,孩子的精力、情感宣泄是必不可少的,教师要为孩子的这种合理需求提供条件。入园前,父母是孩子情感的倾诉对象,而在寄宿制幼儿园中,教师就自然地成为孩子情感依托和交流的对象。因此教师要认识到自己和孩子情感交流是幼儿一日生活所必需的,也是孩子健康个性形成的重要环节。寄宿制幼儿园师幼互动现状的调查结果提示我们:寄宿制幼儿园中教师与幼儿的情感交流少,事务性交流居多。所以,为了促进师幼的有效互动,我们应努力拓展师幼互动空间,为师幼互动创设多元平台。

策略一:教师要懂得有意识地与孩子交谈,在交谈中研究孩子的兴趣和爱好,了解他们的想法,分享他们的情感,不时地与他们产生心灵交汇。当教师主动和孩子交谈时,孩子会在受宠若惊的同时,慢慢地感受到老师的亲和力,慢慢地也愿意找老师说说自己的悄悄话。

策略二:教师要善于参与到孩子的活动中去,与孩子共同学习、游戏、生活。我们都知道共同活动是人际关系建立的基础,教师和幼儿平等关系的建立也依赖于他们之间的共同活动。教师只有在与幼儿共同活动的过程中才能达到师幼间的沟通、理解、支持。因为教师只有参与到幼儿的活动中,才能最真实地感受幼儿的活动体验;同时,幼儿也只有在与教师的共同活动中才能增进对老师的了解,消除畏惧心理。

策略三:教师要善于为幼儿提供情感交流的机会,在一日活动中增设情感交流的小环节,慢慢地使孩子形成一种敢说、想说、乐说的习惯。教师创设的情感交流平台可以是多方面的,如我园大二班教师在每日点名的时候就巧妙地增设了情感交流的机会:

看到老师拿起点名册,孩子们就会围坐在我的身边。因为点名时,他们有很多话要说。"伊伊。""到!""今天我很高兴!""看到你笑眯眯的样子,我也很高兴。""小意。""我来了,我喜欢你""我也喜欢你,你今天梳的辫子很好看!""我是二十五号小熙,我想拥抱林老师。"

短暂的点名活动开启了孩子和教师一天的好心情,刚才还是板着脸,陷入分离焦虑当中的甜甜,在说"今天我很高兴"时露出了笑脸;平时羞于说话的萌萌,大胆地说出了"我爱你";容易激动的亮亮常宣布一些好消息,满足了他的表现欲……

有时候,我会在点名前定一个主题,比如"你最喜欢的好朋友是谁"。

于是当天的点名情形就会变成这样："到,我最喜欢小豪""我是亮亮,我的好朋友是元元"。

每个孩子都有与别人交流的欲望,我园大二班教师发现,每次点名交流时,孩子们语言完整,内容丰富,常有意想不到的精彩言论,而更重要的是,孩子和教师的情感在这温馨氛围中得到了良好的交流。

寄宿幼儿生活范围相对狭小,他们成天面对的是几张熟悉的面孔,每日的活动安排尽管井然有序,但也不免乏味。在这样单一的生活环境中,孩子有时会显得烦躁不安,由此还会产生一连串的负面影响。比如,每周临到周末的这段时间,班级纪律性明显下降,孩子告状的、对教师所开启的互动充耳不闻的现象明显增加,师幼互动质量每况愈下。对年幼的孩子来说,变化的、新鲜的活动总是更能吸引他们的注意力,面对现状,我们以举办各种开放型活动为契机,吸引幼儿积极参与,试图在幼儿的生活中投以更多的五彩石子,激起孩子们的生活的层层浪花,让这些新鲜、新颖、愉悦的活动充斥孩子的生活。各种开放型活动的举办,调动了他们的积极性,丰富了他们的生活,张扬了他们的个性,也提升了师幼互动的质量,如亲子手工、合唱表演、才艺表演、演讲、小品表演等多种开放型活动,极大地满足了孩子对多彩生活的需求。孩子是一个个活动的主体,只有在活动中才能深切体验到合作、愉悦、成功和失败。当他们看到作为帮助者和引导者的老师,辛苦地为他们的活动准备、指导时,心中就多了一份理解和感激,也多了一份情感上的依赖。快乐多起来了,他们与教师的关系就更融洽,互动也就更频繁、更积极,于是他们就更懂得如何去表达他们对教师的尊重和关爱。在开放型活动实施一段时间后,老师们总在小声嘀咕着:"咦,多搞这样的活动还真有效! 我们的孩子全像过年一样高兴,总'老师、老师'的叫个不停!"开放的多元活动锻炼了孩子的胆量,使他们多了一份自尊和自信,在与教师的互动中他们也就更加坦然自若、积极主动!

第五章 寄宿制幼儿园教师的专业发展

教师对儿童健康成长的重要意义,已经得到了社会和学界的广泛认同。对于寄宿制幼儿园的孩子来说,他们在园时间长,与教师相处时间长。有研究者曾做过统计,在一周之内,寄宿班幼儿与教师接触的绝对平均时间要比全日班幼儿多3倍。① 寄宿制幼儿园的教师既要从事教学工作,又要管理幼儿日常生活,同时还要扮演孩子幼小心灵和脆弱情感的呵护者等多重角色。在寄宿制幼儿园中,教师专业素养的高低,决定着师幼互动的质量,对孩子的健康成长具有重要影响。从我们办寄宿制幼儿园的经验可以得出这样的结论:一所优质的寄宿制幼儿园必须以师德高尚、业务精良的教师团队为支撑;通过不同路径促进教师专业发展,既是幼儿园管理者的重要工作,也是提升寄宿制幼儿园办学质量的必由之路。

第一节 实践反思与幼儿教师专业发展

反思是指个体分析自己的决策、行为及其结果的心理或智力活动,它通过提高个人的自我感知水平从而促进其能力发展。20世纪80年代以来,反思的理念逐渐为教师教育者和研究者所重视。他们认为,好的教师总是要思考自己的行为,而不是简单复制和照搬有效教学的行为标准。反思是教师自我发展,自我完善,自我改造的主要途径。教师如果缺乏批判、思考的反思能力,将永远是一个"工匠"或者"技术员",而无法实现专业自主与生涯发展②。

我们以往较重视正式的教师专业成长的形式,如系统的学习、进修等,而对非正式的教师自我专业成长形式往往认识不足。实际上,非正式的专业成长活

---

① 罗璇.寄宿制和全日制幼儿教师精神压力的比较研究[J].黔南民族师范学院学报,2007(5):71-76.

② 欧用生.教师专业成长[M].台北:师大书苑,1996:83.

动,特别是教师教学实践后的反思,对教师的专业成长十分有益,而且这些活动有时比正式的专业进修活动更富弹性、更具多样性。① 遵循波斯纳的"实践＋反思＝成长"的教师成长公式,应大力提倡实践反思的培训模式,鼓励教师进行反思性实践,将对教学活动的自我觉察作为教学行为改进的起点,通过经验获得,由探求而建构过程性知识②。

随着幼儿园教育的纲领性指导文件——新的《幼儿园教育指导纲要(试行)》的颁布,贯彻、落实《纲要》精神,创造优质的幼儿教育,成为幼教工作者新的历史任务。教师作为幼儿学习活动的支持者、合作者、引导者,是高质量幼儿教育最主要、最直接的创造者,因此新《纲要》的实施成效将在很大程度上取决于广大教师的努力。然而,目前在职的幼儿教师以前所受的专业教育或培训,以及过去的实践经历,奠定了他们教师教育观念体系的基本框架——即个人实用理论框架,这个理论框架有一股强大的惯性和吸力,不但难被改变,而且不断使新理论、新方法产生不同的变异,使教师的教育观念滞后,一定程度上会阻碍幼教事业的发展。因此,使教师转变观念、跟上时代步伐,使他们在观念层面和实践层面都有进一步提高,是当前幼儿教育发展的首要任务。而传统的师资培训制度、以评价者为主的单一的教育评价制度,都不利于教师能力的培养和提高,也难以调动教师自主学习、参与教育改革的主动性和积极性。新《纲要》明确提出:"幼儿园教育评价工作实行以教师自评为主,园长以及有关的管理人员、其他教师和家长等参与评价的制度""评价的过程,是教师运用专业知识审视教育实践,发现、分析、研究、解决问题的过程,也是促进其自我成长的重要途径"。这种新的评价体系反映了现代教育评价在重视各类人员参与评价的同时,更注重被评价者——教师的自我检查和自我评价,即教师的自我反思;同时也强调了教师的成长不是仅靠外部的灌输,还必须结合自己的实践,不断探索、研究、验证、发现,不断吸收各种信息,从而建构、整合成自己的教育理念,形成教育能力。基于上述认识,我们提出了通过培养教师的实践反思能力促进幼儿教师专业发展的思路,并开展了相关的实践探究。

一、幼儿教师实践反思的内容

幼儿教师只有在先进的教育理论的指导下,不断地对自己的教育实践进行反思,积极探索与解决教育实践中的问题,努力提升教育实践的科学性、合理

① 颜庆祥.我国中学实习辅导教师专业成长之个案研究[J].教育研究资讯,2001,8(1):98-119.
② 顾泠沅,周卫.走向21世纪的教师教育[J].教育发展研究,1999(6):6-10.

性,才可能使自己逐渐成长为专业型的教师。那么,对于寄宿制幼儿园的教师而言,反思什么、怎样反思、反思的途径有哪些,都是在以反思促进教师专业发展进程中必须要解决的问题。根据我园幼儿教师专业发展的实际情况,我们在反思素材、反思工具、反思途径方面进行了积极尝试,并在长期的实践摸索中积累了一些经验。

(一)选择有效的反思素材

经验型的教师轻理论重经验,很少对自己的实践进行梳理、重整,也很少站在理论的高度去剖析教育教学中存在的问题,因此,他们虽然对实践反思的含义完全了解,但对实践反思的具体操作内容往往难以把握。可见,探索并建立一套明确的反思内容是引导教师进行反思的开始,只有确定了合适的反思素材和内容,实践反思在促进教师专业发展上才有可能获得预期的效果。那么什么是适宜的反思素材呢?

1. 对教学活动的反思

这种反思是指教师反省教学活动中自己各种技能和技术运用的有效性,活动中存在的问题,教师的行为规范化程度等。针对具体的教学活动,教师可以反思自己对教学内容的处理是否恰当,运用的教学方法和手段是否符合幼儿的认知特点和教材本身的特点,教学中的组织和管理是否有艺术性,是否创造出愉悦的活动氛围,有没有多余、无效的组织和管理,教师的教学语言是否规范,是否有特色,是否言之有物、言之有度、言之有情,是否具有讲解性、教育性、启发性、灵活性、趣味性,教育机制是否灵活,和幼儿交往是否民主平等,师幼互动是否有效。

教学活动结束后,教师还可以问自己如下问题:这个活动是怎样进行的?是否如我所希望地发生了?怎样用幼儿教育教学理论来解释我的活动?怎样评价幼儿是否达到了预定的目标?活动中改变了计划的哪些内容?为什么会改变?对同样的内容是否会有另外的教学活动和方法更成功?下次我尝试哪一种?活动结束后,是否有些问题一直困扰着我,使我在这几天一直苦思冥想?我怎样才能找到问题的症结?根据以上这些问题教师可以判断自己是否成功地完成了活动目标。

2. 对教师个人素质的反思

这是一种以深入的自我剖析为反思素材的方法,反思者需要同时站在自己和别人的位置上对自己加以客观的、批判性的陈述。教师针对自己的剖析和诊断,若单纯从自我的角色来审视,就有可能出现"当局者迷"的糊涂效应。因此,反思者还要以儿童、同事的眼光来分析自我,这样才会出现"旁观者清"的反思效果,剖析才会彻底、到位、准确。在这种反思过程中,教师要积极大胆地质疑自己,经常问自己:我是谁? 在我的职业和生活中什么做得好? 什么做得不好? 我已经拥有什么资源? 在幼儿教师的职业岗位上我还需要什么? 我具备什么素养? 我的优点是什么? 我的缺点是什么? 目前我应该停止做哪些事情? 为什么……

下面是一位老师的反思案例:

> 我是一名幼儿园的业务骨干,在人生的舞台上我执着于我的选择,经过努力,我取得了一定的成绩,获地区大比武二等奖、地区教坛新秀、地区教学能手等荣誉。经过多年工作的积累,我能收放自如,随机应变,寓教于乐,使每个孩子都能在轻松愉快的气氛中有所收获,在原有的基础上得到不同程度的发展。但随着年龄的增长,我发现自己缺少对自己人生价值更大的追求,没有了当初那份争强好胜的劲头。作为一名新世纪的幼儿教师,我觉得自己正缺少现代教师所必需的多媒体制作和应用等方面的技能和知识,在幼儿教育的理论修养、科研水平上也有待提高,在这些方面我都觉得自己还比较薄弱。目前,我想我应该杜绝自己的职业倦怠,继续发挥自己在教学业务上的优势,争取再上一层楼。

从这则教师自我反思中,我们可以看到这位教师认识到了自己在教学技术和应用、教育理论修养和科研水平方面的不足,这种自我修养的反思可以为教师的专业发展指明方向。

3. 对关键事件、关键人物、关键时期的反思

所谓的关键事件是指在工作中的重要事件,教师围绕该事件做出某种关键性的决策,促使教师对可能导致某一发展方向的特定行为做出选择,促进教师的发展;所谓关键人物是指教师选择一位教师作为认同的对象和教育行为的基本参照;所谓的关键时期指教师内在的专业结构有重大改变或突破的时期。教师对以上三类进行反思,主要是回顾自己的经历,整理自己专业生活中的关键事件、关键人物、关键时期,并写下由此引发的思考和反省。下面的案例就是一位老师对关键事件的反思:

> 关键事件反思:老师,你也要排队
>
> 有一次午餐前,当孩子们正在有序地洗手时,我由于要准备分饭,就随便地插队而入,进去洗手。只听后面有个小朋友喊道:"老师,你怎么不排队洗手?"周围的小朋友也都应和着说:"老师你为什么不排队,你不是告诉我们,人多的时候要排队吗?"这件事虽然在我的"马后炮"中(所谓的解释中)过去了,但带给我的震撼是巨大的。从这件事上,我反省了自己的教育观念和平时的言行,在太多时候,我总是只将孩子当成孩子,总是随便地吆

喝:小平,把那本书拿过来;阳阳,小眼睛看老师。我想我太不尊重孩子的人格和权利,总是没有平等地去看待他们。自从那一天起,我就开始注意自己与孩子的交往方式,总试着以朋友或孩子中的一员的身份去和他们交往。

4.由幼儿的表现引发的反思

幼儿的行为是教师教育教学效果最真实的写照,教师通过观察幼儿的行为表现来反思自己的教育实践,检测自己的教育效果,探索一种有效的、适宜的教育行为。教师可以通过观察幼儿的表现,体会孩子的需要,走进孩子的世界。教师还可以很清晰地看到自己的所作所为,并可以冷静地站在教师角度去分析自己的言行,及时反思自己的教育教学行为。下面就是一位老师由幼儿表现所引发的反思以及她心路成长的记录:

> 自由活动时,一群男孩追逐着,打闹着,疯玩的样子看得我皱起了眉头,这群孩子真疯! 我不由自主地想去制止和批评他们(若在平时,我早就过去制止这一乱哄哄的场面了)。但看着他们投入的样子,我忽然产生了好奇心:孩子们到底在玩些什么,兴致这么高? 我开始观察他们。这是一个模仿奥特曼的游戏,星星对明明说:"我是奥特曼,你是火焰怪物。我发出激光,你被击中了。"两人分配好角色,表演开始了,星星做了一个手势,表示发出一道激光,明明"啊"了一声倒下了。不一会儿,明明站起来向星星反扑,星星飞了起来,明明追了出去。在游戏中我见识了孩子丰富的想象力:一个圆形的废弃的蛋糕盒的盖子一会儿被当成挡住激光的盾牌,一会儿是袭击怪物的飞镖,一会儿是一面大鼓。孩子们玩得津津有味。如果我们没有仔细去倾听,没有平心静气地去观察孩子,我会觉得孩子的尖叫是那么刺耳,孩子们一刻不静,让人觉得心烦。当我走进孩子的世界后,我的所见所闻告诉我:孩子在游戏中发展想象力、语言表达能力、组织能力,学习与人交往。他们在游戏中以自己的方式在成长,我们应当尊重这种方式。正如刘晶波所说:"孩子的生活世界决不像诗人所描绘的那么简单……孩子是一种特殊的人类个体的存在,他们不仅有他们自己的行为方式与准则,也有我们成人甚至'三目也难以了然'的行为意义。在开始对孩子进行教育之前,我们首先必须弄清楚孩子、孩子的生活世界究竟是怎样的,不能盲目去确立教育目标、设计教育计划。"教师应当学会倾听,在倾听中感悟儿童、认识儿童、理解儿童,不仅是倾听他们的口头语言,还要注重观察,通过观察,全面地了解儿童,并以此为信息进行分析、整理。

二、尝试合理的反思途径

反思什么是探究的内容,如何反思则是探究的重要渠道。在实践中,我们探索了一系列的反思途径。

（一）开展集体反思教研活动

我们要求各教研组每周开展一次教研活动，这是教师集体反思的一种好方式。在每次教研活动中，教师们就组内存在的某一问题，或通过观摩活动解决，或集体进行质疑、讨论、分析，开展合作—互动式的研究，即进行集体反思。在集体的反思中，同事的实践可以作为一面镜子，反射出自己的影像；而同事之间的交流使得原来个人的经验、观点成为一种可共享的资源，从而合力建成教学经验的"集体银行"。在这样的活动中大家都是"银行"的投资者——发表见解，又是"银行"的受益者——分享信息资源。教研活动中的分享和交流使得大家对问题的认识有着更高的起点，使得参与者的认知不再停留在个人认知水平上，而在集思广益的基础上达到团体认知结晶的水平，即使出现认知上的冲突也是大家智慧的碰撞、切磋学习的机会。教研活动促使教师检查、思考、重建和扩展自己的经验和理论，因此它是一条注重通过与同行的对话进行合作性反思，进而促进教师专业发展的有效途径。表 5-1 就是我园一次集体教研活动的记录表。

表 5-1　看图说话"户外活动"集体教研活动记录表

执教者	王老师	班级	小三	时间	2002 年 9 月	内容	看图说话"户外活动"
参加者	全体教师：南师大学前教育研究生						
活动纪要	执教思路	这是一次看图说话活动，我们班孩子已经玩过幼儿园中的各种玩具，我觉得孩子们应该有着一定的经验，因此我设计了这一活动，但活动后发现效果很差。活动前，我没有太多的准备，只利用图片开展活动。活动中我主要运用了言语传授的方法，去鼓励孩子大胆地看图说话。活动结束后，我才发现自己的教育教学行为存在着诸多问题，请大家多帮助。					
	讨论意见	1.提问时用的语言不适合小班幼儿的生活经验、认知特点、情感需要。例如，把"你们在玩这些玩具时用到了身体上的哪些部位"改成"你们是怎么玩的"，孩子们将会滔滔不绝地讲个不停，且会很有兴趣；把"在玩大型玩具时要注意什么"改成"从图片中你发现哪些小朋友的玩法不对，如果这样玩会发生什么事情"。在活动中，教师都没有站在幼儿的角度去设计提问。 2.没有很好地利用图片。虽然是看图说话，但教师却没有充分利用图片，引导孩子去观察、去思考、去表达见解（没有充分发挥早期阅读活动效应）。 3.教学语言、教学体态都不适合小班幼儿，如活动中老师始终坐在那儿不动。 4.活动中由于形式、策略等问题，幼儿没有主动参与活动，只有教师的传授和灌输。 5.这种活动事先应结合户外活动进行一些基本规则的说明，让孩子们在活动中了解，看图时他们就会有很多的话要讲了，也会更加有兴趣。 6.王老师应该多去听听其他老师的活动课，多学习新的幼教理论知识，还要多和孩子接触，走进孩子的世界，挖掘孩子的兴趣点，再去组织活动。					

续表

活动纪要	总体评价	这次活动应该说是一次不成功的活动,目标的达成度很低。活动形式、教师的指导策略都不适合孩子的发展和活动需求,因此幼儿在活动中的主动性和积极性无法体现,对孩子来说整个活动索然无味。原因很简单——教师的教育教学观念还是停留在那种灌输式的传授观念,没有结合新《纲要》,改变旧观念,改变自己的教育教学行为。

(二)撰写活动的环节分析和课后评析

我们改变检查教案注重活动设计的传统工作作风,而将检查的着眼点定位在计划实施后的环节分析和课后的效果评析上。教师每开展一个活动后,都要及时对自己的教学活动进行深刻的反思,把自己对活动开展的有关思考、改进的建议记录在教案的旁边和后面(如表5-2所示)。我们希望通过这种方式,引导教师用批判性的眼光分析自己教育教学行为的适宜性,通过反思、质疑、假设、验证,有时再结合我们小课的模式(同一内容分两次进行),对原来有问题需修改的环节或活动进行调整,使教师带着更深的认识和更高的水平重返课堂。教师通过实践观察幼儿的有效发展,从而验证新认识,内化新理论,促进专业水平的提升。

表5-2　小班"学做小客人"教案与评析片段记录表(节选)

教学过程	环节分析
一、引起幼儿做客人的兴趣及初步了解做客的规则: 　　昨天晚上,江老师打电话给咱们小二班,邀请大家今天去他家做客。那儿好玩极了! 你们觉得开心吗? 想去吗? 那么,你准备怎样做一位受江老师欢迎的小客人呢?	孩子们非常喜欢这样的引题,因为他们都有过做客的体验,也觉得做客好开心。
二、组织幼儿去已布置好的音体室做客,练习礼貌用语,掌握做客的一些规则	幼儿能大致讲出做客的礼节。
1.学习有礼貌地问候主人: 　　到了门口,提醒幼儿该怎么做,怎么说。	幼儿能做到敲门,但兴奋得很,说不出问候语。
2.学习有礼貌地与主人交往、与主人友好相处: 　　对主人的各种热情招待会说"谢谢"; 　　在主人家不乱翻、乱拿东西; 　　当大人在讲话时,不乱插嘴; 　　当别人提出问题时,要大方回答, 　　声音不能太响,要轻言轻语; 　　当主人与其他小朋友交谈时,要注意倾听。	发现孩子乱翻东西,教师事先应了解这一特点然后做重点展开。

续表

教学过程	环节分析
3.学习与主人告别： 　　有礼貌地告别，并能主动邀请主人去自己家做客。	孩子们还不大会邀请,我想是因为对象是老师吧!

课后评析：

　　这次活动若将幼儿人数再减少后进行,师生互动、主人与客人的互动频次就更多,有利于目标的达成,因此下次应分小组进行。客人应由大班孩子和教师一起担任,这样孩子做客会更愉悦,交往经验也会丰富,回请也会更主动。主人家的选址最好不要在偌大的音体室,教师在活动中难以对幼儿进行有效控制,幼儿也易分散注意力,下次应放在活动区里。我觉得自己在活动前还没有详细地向扮演主人的教师讲清要求,两者配合还不够好。

（三）撰写工作日记

　　实践中,我们发现活动分析和教研活动对幼儿教师专业成长有一定的作用,但如果只有这些途径,教师反思的频率相对低了些,所以还必须引导教师多渠道、多形式地进行反思。因此,我们要求教师们在每天工作结束之时,撰写工作日记,采用叙事性的方式回顾和反省自己一天的工作。当然,这不是一种记流水账的模式,教师记录的应该是一天中有印象的一些重大事件。针对事件教师反思自己教育教学行为的适宜性,并提倡问"为什么""怎么样"。下面就是一位幼儿教师的一篇工作日记:

一次手工活动后的反思

　　今天的手工活动做"皇冠",我改变了以往手工的教学模式,没有讲解,也没有示范,让孩子们自己尝试着看图示做,遇到不懂的地方再问我。孩子们一听现在就可以做了,异常开心,在音乐的伴奏下,他们全神贯注地做着自己的皇冠。皇冠上有许多小小的各种形状的珠宝,制作起来也比较费时间,由于幼儿人多、较拥挤,一会儿桌上就放满了废纸,我担心孩子一不小心会弄丢了这些小珠宝,就边巡视边拾起废纸来,"今天我来帮你们收废纸"。在我收废纸时,孩子们有的冲我笑笑,有的有礼貌地说"谢谢",也有的还指点我:"这儿还有。"(当时我心里一咯噔,小家伙也指点起我来了,但转念一想,自己平时也不是常这样指点孩子,他们不都是很乐意地接受了吗? 孩子的这一行为不正是对我平时行为的写照吗?)渐渐地,速度快的孩子已经完成了皇冠,并戴上皇冠像模像样地走起来,但没有人有帮忙捡废纸的意思。我灵机一动,说:"小皇帝们,你们都非常能干,应该非常讲卫生吧,现在你的朋友就需要你们的帮忙,看看哪些地方你能帮上忙。"孩子们

还真帮起忙来了,有捡废纸的,有帮助同伴完成作品的。这一次手工孩子们都成功地完成了,而且桌面、地面都没了纸屑。

手工活动是幼儿喜欢的一项活动之一,在以往的手工活动中,孩子常会忘了整理自己的工具、纸屑,也有不能完成的,有时请孩子来捡碎纸,他们常常很不乐意,但这次手工为什么会有这么意外的效果呢?经过了分析与反思,原因有以下几个方面。

1. 本次活动一开始就营造了一个轻松的氛围,让孩子有充分自主的表现自己的机会。中班的孩子已做了不少的手工,他们已掌握一些基本的制作方法,但我在平时的手工活动中还不够开放,也低估了孩子的能力,总想把步骤都讲清楚。实际上有些步骤孩子自己已掌握,老师再讲也会使孩子失去了兴趣,注意力不集中,导致关键的步骤没有掌握,效果也适得其反。

2. 以游戏的口吻提要求,易被孩子接受。孩子在做完手工后,很兴奋地展示自己的作品,容易忘了自己先该完成什么,再去玩。当孩子沉浸在游戏中时,即便老师提醒他们先捡纸屑再玩,但也不能使孩子很好地接受;而以游戏的口吻,能使孩子在游戏中自然而然地完成任务,兴趣又高。

3. 教师的行为潜移默化地带动了孩子,我在孩子做手工时帮他们捡纸屑,无形中引导了孩子的行为。

(四)记录幼儿档案

所谓的幼儿档案是幼儿成长过程中重要信息的记录,幼儿档案记录下的不仅是幼儿在活动中的表现和反应,同时也记录了教师在活动中对幼儿各种需要或要求的回应情况。就教师实践反思而言,幼儿在活动中的表现和反应是教师实践反思的重要内容,因此观察幼儿、记录幼儿在活动中的表现和反应是教师实践反思的重要依据。教师在记录档案、分析档案的过程中,可以不断地回顾自己的教育经历,积极地反省自己的教育行为,对师幼互动的效果和质量进行评估,在不受外界的影响下主动地进行自我调整,使自己的教学理念和行为更好地适应幼儿的身心发展需要。档案记录的内容广泛,包括活动后记录、关键事件记录等;记录方法也有多种,可以书面记录,也可以采用录音、录像的方式。下面就是我园一位教师记录的幼儿档案:

午睡时间到了,佳佳铺开了被子准备睡觉,敬敬趁佳佳不备,拿了佳佳的裤子转身对遥遥说:"遥遥送你裤子。""不要"遥遥断然拒绝。"送给你呀。"敬敬把裤子扔在遥遥的床上,遥遥马上扔了回去。敬敬见遥遥不收,把裤子塞进了两张床的夹缝里,转身对佳佳说:"佳佳,你的裤子被遥遥扔了。"(好一个"栽赃嫁祸"的敬敬!)佳佳这时才发现自己的裤子不见了,马上不明就里地叫了起来:"老师,遥遥把我的裤子扔了。"如果我没有看到前面的一幕,遥遥就会给我留下调皮捣蛋的印象:不好好睡觉还扔小朋友的裤子。遥遥受到老师的责问在所难免。不是亲眼所见,谁会想到一个小孩子会"栽赃嫁祸"呢,孩子的世界不都是很纯洁的吗? 走进孩子的世界,我们发现他们的世界并不是我们想象的那样。只有真正进入孩子的世界,我们才能了解孩子,教育好孩子。

三、实践反思的效果

实践反思是以教师为研究主体,以他们的实践为反思内容,在教育教学实践中开展的活动。因此无论是反思素材的形成还是途径的建立都要以教师自我觉察为基础。为了激发教师的实践反思意识,温岭市中心幼儿园组织教师在大量的理论学习的基础上,尤其是在新《纲要》学习的基础上,针对反思素材、反思方式开展了一系列的活动。例如针对教学活动,教师在每一次的活动后都要将自己的活动分析写在活动设计的旁边和后面,还对自己每一周最有感想的教学活动做一次详细的分析和反思,从目标、活动形式、手段、幼儿的表现、活动后引发的思考和困惑等方面,以叙述的形式详细表达,形成教学反思性的文章体例。另外,每一位教师每周还要撰写工作日记,记录幼儿档案,及时收集第一手资料,并在空闲的时候对这些材料进行反思、整理、归类。每月教师还要反思自己教育成效以及影响自己成长的关键事件、时期、人物等。每周各教研组在教研组长的领导下开展教研活动,进行合作性研究。在教师实践反思的基础上,幼儿园还选择或设计问卷,通过问卷收集来的信息,引导教师全面反思自己的教育教学情况。通过两年时间的实践,我们发现,寄宿制幼儿园教师的实践反思在促进教师专业发展方面,具有它特有的价值。

(一)反思实践促使教师教育教学行为日趋完善

教师对教育教学的反思,大致有两种结果:一是反省到自己的教育教学行为是适宜的,然后问自己为什么;二是反省到自己的教育教学行为是不适宜的,然后问自己应怎样改进。对适宜的教育行为,教师通过反思、分析、总结,将一些属于非自觉的、偶尔出现的行为在理论上加以明晰与升华,在以后的实践中逐渐将之变为自觉行为。对一些不适宜的行为,教师通过实践反思找出问题的症结,找出自己教育教学行为背后所隐含的教育观、儿童观、价值观,在反思中,使自己的观念受到冲击和重建,形成符合教育教学规律的教育思想和观念。经

过一次次的实践、一次次的反思,教师的教育教学行为质量在不断提高。教师的发展,必然会提高教育教学水平的质量,而高质量的教育教学必然会培养出高素质的幼儿。教师的不断发展,势必给幼儿的发展和健康成长带来积极的影响。下面就是一位幼儿教师通过实践反思提高教学行为质量的案例:

> 我们班正在开展早期阅读活动,各种各样的图书成了我们班活动区的主要内容。想起我带上一届幼儿时,图书角始终是一个毫无秩序的区域,抢书、撕书屡禁不止。每次我都再三嘱咐这些孩子看完书后要整理,要爱护图书,珍惜图书,可总是不管用。难道我们的孩子就这样"无知",这样"野蛮",不懂规矩,不懂"分寸"吗?我现在带的是小班,在准备开展早期阅读活动的时候,我认真仔细地去思考这个问题。我发现,以前之所以出现这些问题,有一个很大的原因就是没有创设好图书角的环境。图书角和其他活动角混在一起,不够安静,幼儿容易受其他活动特别是一些游戏性活动的影响;图书架不稳定,竖着放图书不方便;没有孩子看书时的座位;图书角内环境设计不够美观……经过一番思考和分析,我觉得应该给孩子精心创设一个图书角,一个安静美丽,但必须蕴涵某种教育要求的图书角,提醒和暗示幼儿在图书角活动的秩序。我在教室靠近窗台的地上铺上了五颜六色的塑料地毯,地毯的两边正好有两根大柱子,就像一扇门。这就在教室里形成了一个无形的领地,孩子们只有脱了鞋才能进来,而且进来太多人就坐不下了。这个"领地"帮助孩子们把握住了看书和游戏之间的区别,使他们了解自己所属的位置,自然而然形成看书的秩序。图书角中的书柜是原来放茶杯的矮柜,书就排放在上面,拿书和放书都非常方便。现在,每每饭后,或睡前,或课间,总有孩子脱了鞋,坐在地毯上看书,看完后他们还能把书排得整整齐齐的。孩子们不断增长的阅读兴趣、日益规范的阅读行为习惯、不断提高的语用能力让我明白,孩子们并不是没有"分寸",而是我们要时时帮助他们,引导他们去找到"分寸"。

(二)实践反思全方位提高了教师的专业知识水平和人格水平

成长有自然而然地成长之意,而我们这儿的成长,是指教师专业、人格上的不断发展,是教师通过人为的用心努力去实现的专业发展上的推动、促进、提升或改进。在开展反思实践前,教师们常常认为,专业的发展最主要的方式是参加各种理论学习、外出观摩别人优秀的教育教学活动;参与实践反思并切身感受到其效果后,教师们发现真正的高级学习应该是一种发现式的学习、自我提升的学习。教师转变观念,内化观念,并将之落实到行动,靠的就是不断实践、不断反思、再不断实践。在反思实践的过程中,教师适宜行为中的直觉行为发展为自觉行为,自觉行为再内化上升到理论的过程,很明显地反映了教师专业成长的历程。同样,教师对不适宜行为的分析、自我批判,即反思不适宜行为,寻找不适宜的原因,形成新观念,再用新观念指导实践形成适宜行为的过程,也反映了教师自我成长的历程。在自我教育的实践中,教师不断地自我思考、审视、反省、判断、分析、概括、总结,不断调整自己的教育教学实践,更自觉地规范自己的教育行为与师生互动,因而使自己的学习与实践具有更明确的方向,并取得更好的效果,使自己的专业素质在不断的实践和反思中得以持续、有效地提高,使自身的人格水平和教育水平达到新的高度,真正成为幼儿成长的促进者。可见,实践反思能全方位提高教师的专业知识水平和人格水平,促进教师的成长,它是教师成长与发展的重要途径。从以下的一些教师反思案例中我们可以看出反思实践对教师成长的巨大帮助。

"退休的鞋子"教学反思片段

本次活动形式新颖,注重从幼儿的角度出发,培养他们的语言思维能力和学习能力;还让他们学习互相评价,学会如何听取别人意见并改进自己,使编的故事更合理、更丰富……这些使我觉得孩子们的表现与以往进行看图讲述活动时的表现截然不同。平时我在指导孩子看图讲述时,他们是那么中规中矩,而这次却是那么活跃。我发现,不是孩子们不会说,不想说,而是我没有创造机会让他们说。他们对着威严的老师不敢说,而对着与他们平等的同伴就能大胆地说。我想,在以后的教学活动中我应该时时注意给他们创造说话的机会。

一次自选活动后的反思片段

中餐以后,孩子们就开始自选活动了,我发现七八个男孩围在一起,大声说话,情绪高涨,走近一看……

参与孩子们的活动后,我进行了反思,得到了许多启示:

1. 教师亲自参与活动并仔细观察幼儿的言行举止是十分必要的,在观察过程中教师要及时发现幼儿活动中存在的问题,并帮助幼儿寻找解决问题的切入口;

2. 在日常生活中,教师要善于捕捉教育契机,从孩子感兴趣的事情着手,努力为他们创设一个富有探究活动的情境,促使幼儿主动学习;

3. 教师要改变重结果、不重视过程的做法,要认识到学习过程比结果更重要,如在赛车的过程中,孩子们注重的已经不是比赛的结果,而是体验探索的乐趣,虽然他们对车速与力的关系并不绝对理解,但实质上他们已

经在体验着车速与力之间的关系,这对他们今后的学习起着潜移默化的作用;

4.幼儿活动的最大兴趣是操作玩耍,教师引导幼儿"自主地玩,动脑筋地玩、有创意地玩",使幼儿在玩中学会观察、思考,学会从事物的多个方面综合分析和判断,帮助幼儿逐渐形成多向思维,对事物持客观的态度。

这些启示丰富了我的教育经验,更加完善了我的教育行为,使我自己在工作中不断成长。

"温柔的暴力"反思片段

手工课上,小海撕破大家的手工作品——蜗牛后,我就让小海一个人上来,并组织小朋友展开讨论。我对小朋友说:今天小海弄坏了大家的纸工,破坏了教室的环境,我们一起来帮他改正缺点。于是小朋友就纷纷议论开了……整个下午,小海都显得很安静,活动时也没像平时那样活泼……事后,我发现自己这种发动小朋友去帮助他的行为,是一种不动手、不动脚,甚至没有亲自动口的"温柔暴力",这种暴力深深地刺伤了他。我在自责中醒悟:我对小海自我感觉良好的教育、帮助实际上是对孩子的另一种暴力体罚,并误导了全班小朋友片面地去批评他人。不管是优秀孩子还是调皮孩子,都是有自尊、有感情、与他人平等的人,只是他们所具有的不同特征在一定程度上影响着人们(包括教师和同伴)的态度。调皮孩子就如小海,他同样渴望得到教师和同伴的关注和表扬。如果当时我能冷静地分析一下小海撕破蜗牛的原因(比如是因为喜欢折纸,或是为了其他什么),再进行引导帮助的话,就不会出现后来的这种局面。如果说暴力体罚伤害的是孩子的肉体,那么,这种温柔的暴力伤害了孩子的心灵。教师在孩子心中有很高的地位,因此,在评价孩子时,教师要全面、公正地对孩子进行评价;同时要引导幼儿互相之间要多看到别人的优点,学会全面地看待他人。事后,我找了个机会,与小朋友一起找了小海的优点,希望能以此纠正小朋友对小海的片面认识,也希望小海能重新自信、"调皮"起来。

在教育过程中,这些实践反思深刻反映了,幼儿教师的人格、教育理念、教育技能在不断地成长和完善。

(三)丰富了幼儿园教师专业发展的培训机制

学习是教师成长、创造的源泉。要想提高教师的专业素养,增强教育的后劲,教师必须有终身学习的思想,幼儿园领导必须重视师资培训。这些年来,很多幼儿园也积极为教师的学习创造条件,支持、鼓励教师参与多种形式的培训。

人们以往认为成人的学习主要是间接知识的学习，是通过讲解和阅读进行的高级、理智的学习。确实，这种形式的确是师资培训的重要途径。可殊不知，在职教师的自身学习特性、工作性质和幼儿园资金人力等方面的因素，都在某种程度上限制着这一培训机制的运行，导致培训效率的下降。

教师专业发展的过程一般可以分为两个方面：一是"教师的专业成长过程"；二是"促进教师专业成长的过程"。[①] 前者是从个人发展的角度，关注教师专业发展的内在性，强调教师通过自学、进修和实践反思来不断提高自身的专业水平，达到专业成熟的过程；后者是从组织建设的角度，通过有计划的培训，采取外部措施帮助教师提高职业素质的过程。对教师而言，其专业成长的大部分时间应该是在工作以后，成人角色、需求、所处环境等因素使得在职教师的学习和职前教师及一般学生的学习有所不同。首先，在职教师的学习具有自我决定与自我导向的学习倾向，教师们清楚个人的需求，并且能够为自我的学习负责。其次，从学习内容来看，在职教师的学习偏向于"问题中心"的工作取向，希望学习的内容能够被"立即应用"在教学工作的情境中，解决工作中遭遇的问题。因此，我们在规划教师专业成长活动时，在内容上应该以在职教师的需求为重点；在形式上，职前教师教育及教师培训改革固然重要，但教师的自我学习和自我发展则更为关键。

实践反思的教师专业发展方式既省钱又面广，教师在反思中的主动性强，参与率高，学习时心情愉快。在这种学习形式中，教师既是信息的传递者，又是接收者、分析者，学习的信息传递通道最短，学习最轻松，培训造成的限制感最弱（最自由）。因此，反思实践是很有效的教师专业发展培训途径，我们可以从研究者与一位教师的访谈中证实它的独到之处：

　　研究者：你对学历进修、外出听讲座及其他继续教育活动有什么看法？

　　教师：我觉得现在的学历进修也非常重要，但这种学习往往太注重学历的获得，大家常常去走捷径，为了考试而考试，为了学历而学习，仔细回顾总觉得对自己本身专业的完善并不是很有帮助。再说，现在的继续教育太注重形式，尤其是针对我们幼儿园教师，进修培训部门也没有专门的内容对我们进行培训，往往与小学教师夹杂在一起，我觉得受益不太大。还有，我们有时候去听那些专门的有关幼教的理论讲座，由于是一线教师，专家有时候讲得太玄，听得也枯燥，学习后回到幼儿园常常会无所适从（理论和实践的脱节）。再说，这么大的幼儿园，每一个教师轮到外出培训的机会很少。

----

① 　王少非.新课程背景下的教师专业发展[M].上海：华东师范大学出版社，2005：91-92.

研究者：那么现在你对反思实践学习形式有什么想法？

教师：课题开展后，我们教师根据课题组要求经常问自己"为什么""怎么样"。我觉得这种方式挺好的。因为这种学习方式与我们的教育教学实际融合，对我们的实际工作非常有益。我们能站在实践的层面上，主动地用专业的、挑剔的眼光去看待自己的一切。实践反思不光是批判性地看自己的实践，还要结合需要不断地、主动地去进行理论学习。因此，这种自我培训有的放矢，因人而异，而且我们大家都没有那种被动学习的窒息感。

第二节　园本教研与教师专业发展

教师的教育教学素质是影响幼儿园教学质量的关键，要想提高幼儿园的教学质量，就离不开对教师成长的经营。办园至今，我们一贯重视教师素质的提高，并努力通过多元培训方式让教师展翅腾飞。自新《纲要》颁布后，幼儿园更是把师资培养作为兴园战略的大事来抓，把教学研究工作放在全局工作的重要位置上。新《纲要》倡导"教师是教育工作的研究者和创造者"，教学研究是教师的责任和权利。教学研究的过程不再是教师按照专家设计的图纸进行施工的过程，而是教和研有机结合的过程，是教师作为研究者走进教学实践，为教学而研究，在教学中研究，在研究中教学，以解决自己在实践中所面临的实际问题的过程。受这种新理念的冲击，近几年来我们对本园教师培养的多元方式进行了探索、反思和改善。

园本教研是以促进幼儿园发展、提升教师专业化水平、改善教师职业生活质量、促进教师与幼儿共同发展为目的，以教师发现、提出、研究问题为主，以幼儿园为主阵地，以本园教育教学实践问题为研究对象，融师训、科研和教学为一体的教研方式。在我们的长期教研实践中，幼儿园经过不断的努力和尝试，总结出了许多行之有效的园本教研形式。以这些各具特色的教研形式为载体，先进的教育教学理念深深地根植于我们幼儿教师的内心，真正地落实在教师的教育教学行为上，有力地推动了教师的专业成长。

一、问题诱发式教研

教学研究的本质是使教研回归教师，回归教学实践。一切脱离教育现场、脱离教育常态的研究只能是纸上谈兵，教师将无法走出惯性思维的定式，摆脱经验的束缚。在这样的理念支持下，我们常常采用问题诱发式教研，以教师在教育活动中所遭遇的各种具体问题为导火线，用相关理论指导开展实践性研究,目的是解决教师在教育教学实践中产生的困惑,急教师所急,想教师所想,使教师在教研中概括、提升、总结经验,探索新的思路与方法,让教师在"提出困惑——编辑问题——各自寻找答案——集中研讨验证假设——落实答案"的操作流程中主动学习。这样的园本教研活动能充分激发教师的教研参与热情,使他们在问题的研究和探讨上,通过与理论对话、与同行对话、与专家对话、与孩子对话、与家长对话,在质疑和释疑中产生新的认识,发现真实与美丽,体验到身为教育者的幸福。

各教研组设立了教育教学问题信箱,征集教师在实践中的所有困惑,形成疑难问题库,再根据问题的深度、广度、区域等对问题加以编辑、筛选,将归类的问题打印成册发至每个教师的手里。小问题以组内研讨形式解决,大问题则组织全园教师集体研讨解决。教师们围绕问题,或通过实地研讨,或通过寻找理论支撑点,或通过体验式参与,或通过个别骨干教师引领,或通过案例剖析等多种教研形式解决困惑。

问题库里的问题有教师们对新信息、新理论的困惑,有他们在实践中难以独自解决的问题,有他们对骨干教师成功经验迁移的迷茫,还有他们对自己经验提升和业务拓展的茫然。我园的问题库中就有诸如此类的问题:

新课程就是满足孩子的兴趣和需求,是否还需要强调目标?活动中幼儿的纪律影响了活动的正常开展,该不该停下对其进行纠正呢?在集体活动时,总有几位幼儿坐在那里一言不发,不愿主动表达,不管老师如何引导、鼓励,他们还是不愿表达见解。怎样引导这些默默无闻的孩子,让他们也变得大胆发言,主动参与集体活动?如何处理好教师预设和幼儿生成活动之间的矛盾?在全托幼儿园如何架好家园联系这座桥梁?如何对待个别差异?在小班音乐活动中,有些内容,如《碰一碰》《找朋友》等,节奏单调,无法引起幼儿对音乐活动的兴趣,影响教学活动的质量,遇到此类情况,该怎么办?对幼儿的退缩行为该如何去处理?我明明是用了邵老师的赏识教育教学策略,可为什么就达不到预期的效果呢?我是一名新教师,我都按照理论书上去做了,可为什么我的业务还是不行呢……

教师的问题一个接一个,在问题的背后是教师们对个人成长的渴望、对实践的敏锐洞察力和教学研究的团队互助精神。记得新《纲要》刚颁布时,由于缺乏实践新理念的经验和能力,教师对新生的社会领域活动产生了方法、开展时间、幼儿经验缺乏等方面的困惑,不知该如何下手,如何提高活动效益。为此,我们就开展了一系列以社会领域为主题的园本教研活动。教研内容涉及社会领域的活动形式、活动手段、活动效率、幼儿表现等,大家齐心协力,一步一步深入实践,最后教师们终于露出了胜利后的灿烂微笑。在这一过程中,由于这次

园本教研针对的是教师在实践中遇到的真实问题,教师真正参与了研究过程,体验到了真实的教育现场,这样的教研活动贴近教师的实际需要,有效地引发了教师的思考和共鸣,有效地推动了教育改革的进程。

还记得,自从本园使用《幼儿园活动整合课程》后,教师们对新教材的使用存在着诸多的困惑,如有些教材的内容适合台湾地区的民俗风情,对于本园就有些牵强;有些教材内容在班额多的情况下很难实施;有些内容在全托幼儿园很难开展活动;有些内容在大城市可以开展而在我们小城镇就有些困难……面对这样的困惑我们又开始了一轮以新教材的研讨为中心的园本教研活动。大家在活动展现、教材分析、案例剖析、同课题大家开课等形式的研究中发现,原来在使用教材时我们还需要修改和创造教材,原来并不是什么东西都可以照搬照抄的呀!

二、课题引领式教研

如今,"科研兴园"已成为大家的共识,各所幼儿园积极地把科研融入到教育教学实践当中,在实践中萌生课题,在实践中开展研究,最后又将研究成果服务于教育教学实践,推动教育教学改革的深入发展。课题引领式教研就是将教研与科研有机融合,以教育实践中遇到的问题或内容为研究对象,围绕同一专题反复研究,探询对策,逐步解决问题,以支持幼儿园将课题研究与教育教学实践相结合,改变只在教研活动日中开展研究活动的局面。

我园的教育科研以"实践性、效能性"为原则,多年来积极开展了多项国家、地市级课题研究,如参与国家"九五"规划课题子课题"健康教育"的研究,着力在健康领域打造一方天地,承担了各级的健康研讨活动,并成为台州市健康教研大组基地;如主持地市级规划课题"大小课结合教学的研究与探索",这是我们面对班额多的状况而开展的小班化形式教学的研究,研究中我们琢磨出了一套大小课结合的教学方法和策略,研究成果获温岭市教育科研成果一等奖……

在教育科研取得丰硕成果的同时,我们的教师在各级、各类课题的研究中受益匪浅,茁壮成长。课题引领式教研活动最突出的作用还是通过系列课题的开展,培养了一批教师,促进了我园教师的专业成长。我园许多大课题项目将科研、师训、教研集于一体,在研究中我们积极探索具有我园特色的教师培养策略,形成了我园"课题引领式"的园本培训模式。例如,我们根据本园教师特点,围绕教师成长这一主题专门申报了"寄宿制幼儿园师幼互动的现状与研究""实践反思与教师的自我成长""构建适宜的寄宿制幼儿园师幼互动的策略研究"等地市级课题,在课题结题后,我们仍坚持不懈地将各项科研成果融入日常教学工作中,通过科研引领教师在工作中不断地"反思——实践——反思",引领全体教师通过科研的深化不断地完善自我,走向成熟。例如,课题"实践反思与教师的自我成长"就是一个典型的课题引领式教研案例(见表5-3)。

表5-3　"实践反思与教师的自我成长"课题概况一览表

课题研究目的:

　　寻找教师成长的有效途径,使教师逐步地走向自我研究、自我教育、自我完善的征程,提高本园师资培训管理的效率,建构一支善于学习、善于实践、善于反思、善于创新的新型教师队伍,不断改进教育实践,从而全面贯彻《纲要》精神,实施新型幼儿教育,提高教育教学工作的理性程度,使教育活动更趋专业化,更好地促进幼儿的发展,从而使我园的幼教改革不断深入发展。

课题研究内容:

　　1.教学活动的反思;

　　2.教师个人素质的反思;

　　3.关键事件、关键人物、关键时期的反思;

　　4.幼儿表现所引发的反思。

课题实施策略:

　　实践反思的研究是以教师为研究主力,以教师实践为载体,在教育教学实践中开展的研究。课题组成员在大量理论学习的基础上,尤其是在《纲要》学习的基础上,针对上述的反思素材、反思方式开展了一系列的反思活动。例如,针对教学活动,教师在每一次的活动后都要将自己的活动分析、反思写在活动设计的旁边和后面,还对自己每一周最有感想的教学活动做一次详细的分析和反思,教师从目标、形式、手段、幼儿的表现、活动后引发的思考和困惑等方面,以叙述的形式详细表达,形成教学反思性的文章体例。另外,每一位教师每周还要撰写工作日记和记录幼儿档案,及时收集第一手资料,并在空闲的时候对这些材料进行反思、整理、归类。每月教师还要反思自己的人格、教育魅力以及影响自己成长的关键事件、时期、人物等。每周各教研组在教研组长的领导下开展教研活动,进行合作性研究。在实践的基础上,课题组选择或设计问卷,引导教师全面地反思自己的教育教学情况。

课题研究效果:

　　1.反思实践完善了教师的教育教学行为,提高了幼儿的素质。教师在反思、分析、总结中找出自己教育教学行为背后所隐含的教育观、儿童观、价值观,在不断的冲击中形成符合教育教学规律的现代教育思想、观念和行为。教师的专业发展同时提高了幼儿教育的质量。

　　2.反思实践全方位提高了教师的专业知识水平和人格水平。教师不断调整自己的教育教学实践过程,自觉规范自己的教育行为与师生互动,使自己的专业素质在不断的实践和反思中得以持续、有效提高,从而使自身的人格水平和教育水平得到提升,真正成为幼儿成长的促进者。

　　3.完善了幼儿园的师资培训机制。反思实践这种自我培训形式既省钱又面广,教师学习的主动性强,参与率高,学习时心情愉快。在这种形式中,教师既是信息的传递者,又是接收者、分析者。在反思实践的学习模式中,学习的信息传递通道最短,学习最轻松,培训造成的限制感最弱(最自由)。

三、学术沙龙式教研

学术沙龙式教研活动,就是组织教师围绕一个研究话题展开讨论,不强求统一的结论,旨在开阔思路,引发思考,加深教师对某一问题的认识,寻求更多的教育教学策略。这种活动因其研究氛围宽松,具有灵活、自由、富有生活情趣的特点,能突出教师群体的合作、交流与互动,让大家在聊天中探讨教育教学中的疑点、难点、热点,因此特别能吸引年轻教师积极参与。我园聚集着一群有冲劲、积极向上的年轻教师,因此经常性开展的学术沙龙式园本教研活动不仅成为幼儿教师探讨专业发展的舞台,也丰富着寄宿制幼儿教师的职业生活。沙龙式活动一般需要这样的程序:拟订论坛主题——教师分散研究——集中论坛——园长、教研员、骨干教师点评总结。记得我们曾就新课程的实施,让教师以"关爱生命、张扬个性、有效学习"为主题展开沙龙学术交流活动,并请了教研员赵老师来园点评。当时一位教师曾以"拿什么奉献给你,我的孩子"为主题,做了如下发言:

> 怎么样才能使我们的孩子生活得更轻松一些?个性更张扬一些?发展更自由一些?我想其核心问题就是:尊重孩子。说起尊重,我想到了一些经常被我们挂在嘴边的好理念、好设想和好主张,由于总是说得多做得少,逐渐就成了一种形式和口号而被人厌弃。"尊重"也几乎成了一件漂亮的摆设,很少有人将尊重孩子真正做到家。我们反思曾经做过的和正在做的一切,常常会震惊地发现我们还在忽视甚至侵犯孩子的权利、人格尊严和经验。所以,在这里就让我们一起重新拾起"尊重孩子"这一个既不时尚又不新鲜的话题吧!我这里所说的尊重,不是放任,而是有要求的尊重,是我们用尊重为孩子提供一个良好的成长环境,为孩子打开智慧的天窗。

> 我想尊重孩子的内心需求是我们走进孩子、读懂孩子的一座桥梁。

> 别看孩子小,他们的内心需求一点也不亚于我们成人,甚至有时候是我们成人所无法想象和理解的。可是我们总是很容易地忽视他们的一些需求,只是把他们当成一个纯粹的小孩。比如,很多的幼儿园都有这样的规定:一日活动中孩子的行为总是在老师的预先安排下进行;吃饭时不允许幼儿自由交谈;进了寝室要安静;出去活动要一个跟着一个走;集体活动中说话要先举手。这些对大人来说都很难做到,何况是这些天性好动的孩子。你会发现,孩子们会用他们自己的方式来"自我满足",他们常常会说自己肚子疼,然后就理所当然地去医务室溜了一圈,过了一会儿就蹦蹦跳跳地回来了,肚子也不疼了;活动结束后,他们会抢着帮你拿东西,这样就可以不用排队,潇洒地单人行;午睡前,去洗手间里看看,里面肯定会藏着

好多个假装大便的孩子,他们在使劲地唱着歌,说着话。从这些可以看出孩子们有这样那样的内心需求,但是往往由于我们的不经意而被忽视。对以上这些大人眼中的小事,其实不尊重也不会有什么特别的危害,尊重也没有什么特别具体的益处;不同的是,幼儿在受到尊重的时候,他们是轻松快乐的,在没有受到尊重的时候,他们是机械的、窘迫的。请问,我们该选择哪种方式来对待我们眼中的小事呢? 很显然,孩子的轻松愉快是我们想要的,也是孩子们想要的。

孩子在大人眼里的"小",不仅仅是年纪小、个子小,更意味着他们行为能力的不成熟。那么,我们是不是更应该尊重孩子的行为能力,相信孩子的能力和知识经验,相信孩子的自我调节和内在理性呢?

有一个小男孩,特别喜欢捣鼓东西,他家里的电风扇、录音机之类的东西都被他拆得七零八落。幼儿园里的许多东西就成了他的最爱,洗手间的淋浴喷头、水龙头、保育员老师提衣服的大篮子、晒衣服的绳子、我们老师的教具都无一能够幸免。但是,他总有与众不同的玩法:小小的一次性纸盘,被他画上几个圈就成了一张复制好的影碟,非要放在影碟机里试一试;彩色粉笔被他偷偷拿去,放在刷牙杯里泡上水,说是做颜料。面对这样的孩子,有些老师会觉得他很麻烦,常用的对策往往是控制预防、批评纠正。但我们能不能换个角度来思考呢? 他其实是在以自身的知识经验、发展水平在尝试、在探索,去解决他眼中的种种假设。如果去纠正我们所谓的错误,只会抑制他的兴趣和能力,最终泯灭了孩子创造的火花。我觉得我们应该先懂得去尊重他们的行为能力,提供机会让他们展现,创造条件让孩子自行纠正。给他关键、适当的提醒,给他更好的工具,让孩子在适应、内化的过程中,获得更强的适应能力和解决问题的能力。

在尊重孩子行为能力的同时,我们还应该考虑到尊重孩子的个性。

有一位老师说得很好:"我需要得到别人的理解,所以我认可孩子们一切个性张扬的举动。"我觉得,如果什么都是教师所主张和影响的,那么,孩子也就没有自己的个性可言了。在一个名为"心情预报"的公开活动中,一个小男孩的表现非常出众,老师也给了他很多表扬,当时小男孩非常得意,我们满以为他会用太阳来表现自己的心情,可最后他画出来的心情却是满满一大张纸的雨,从小雨到中雨再到暴雨,那么糟糕的心情,令老师们都感到很奇怪。小男孩告诉旁边听课的我,今天他感冒了,又和小朋友吵架了,心情糟透了。这就是孩子的个性体现,就应该尊重它。

在我们的身边,随时都能发现孩子那独特的个性,但他们的一百种语言、一百种活动方式是否都被我们所理解和尊重呢? 当他们在教学活动中

一高兴就蹦蹦跳跳,而使我们的活动难以继续时;当他们因为老师天天穿黑衣服而感到难受时;当他没玩够就说不认识来接他的妈妈时;当孩子说"我们为什么就要听老师的话"时,我们唯一能做的就是理解孩子、尊重孩子、接纳孩子! 让孩子们在我们的理解和尊重中,充分享受童年生活的快乐!

白云奉献给蓝天,星光奉献给黑夜,而我们拿什么奉献给你,亲爱的孩子? 就把他们当作奇特的种子吧,不需要猜测他们会长成什么样,更不要伤害他们,只要精心照料,他们就会生根、发芽、开花、结果。

最后,有几句话和大家一起分享。

我们愿走进孩子,走进童心,一起感受阳光的明媚,一起承受风雨的侵袭,孩子伴着爱成长,而我们携童心相随!

针对这位老师的发言和分享,其他老师们从"尊重"角度谈了各自的心得和体会,教研员赵老师做了总结性发言。这样的学术沙龙活动可以让教师的思维得到碰撞,智慧得到分享,创造性得到激发,自信心得到培养;也有助于提升教师的教育理念,帮助他们确立全新的教育观、儿童观。学术沙龙的讨论和交流开阔了教师视野,帮助他们从教育现象走向本质,从一般走向概括,它透着一股灵气,散发着浓浓的学术味,弥漫着教育研究的人文理念。

四、整合式教研

当新《纲要》将整合"概念"三番五次地呈现在我们教师面前时,我们知道整合不再是局限在课程内容、活动方式等方面的整合,而是在更深层次上的教师内在素质的整合。改革的春风使幼儿园与传统分科教学渐行渐远,这次改革为传统分科教学画上了句号。乘着改革的浪潮,我们很快以园本教研为载体,为教师开展了以特长展示与全面发展为专题的整合式教研活动。

在这种教研活动中,我们遵循多元智能理论,鼓励教师坚持不懈地在特长领域中钻研奋进,做出自己的特色业绩,张扬自己教学个性,展示优质的教学活动,为幼儿创造优质的教学资源;同时要求他们摒弃以前分科教学观念,潜心研究自己的弱势课程领域,在与他人研讨、分享、合作中学习、反思、实践,提升自己的教学水平。这种教研活动是希望让每位教师都能拥有自己最拿手的学习领域的课堂教学绝活,又能使每位教师在执教不同课程领域的过程中游刃有余,切实贯彻《纲要》精神。

记得整合式教研活动刚启动时,很多教师都由衷地说:"开启这样的教研活动非常必要,符合改革及新课程的需求,觉得确实应该这么做。"他们在赞赏这一方式高瞻远瞩的同时,也存在着害怕与畏惧的心理。因为从幼师毕业乃至工作以来他们都习惯于分科教学,而这一活动他们却从未经历。害怕归害怕,幼儿园开展和推行的整合式教研活动,促使教师在专业成长方面要有所展示,也要有所突破。随着整合式教研活动的开展,特长活动和探索活动层出不穷,大家以小组探讨、观点交流、经典课堂学习、亲历课堂等形式展开教研活动,教师的课程整合能力在园本教研活动的"练兵"中不断地得到提高。记得一位教师在初次涉足美术活动后,在观点碰撞时说道:"我从没向大家展示过美术活动,因为不喜欢美术,一直以来就不大上这样的内容。但今天我很高兴能在大家的帮助下开展这一活动,我想这将是我涉足美术领域活动的起点。我会在其他教师经典活动的引领下不懈努力,我相信我能行。"教育需要整合,人才需要整合,因此整合式的教研将继续带领我园幼儿教师丰盈翅膀,迎接各种挑战。

五、一课多例式教研

在认可幼儿具有个别差异性的同时,我们也不可否认教师在业务方面的个别差异,对于相同的教学内容,不同的教师在课程设计和教学实施上会有各自的风格,当然也会存在不同的问题。一课多例的园本教研方式是指相同内容多人设计并执教的系列研讨,让教师们互相观摩各自的教学活动过程,采用个别与集体相结合的形式,进行观点与经验的交流、质疑、反思、研讨。在集体的反思中,同事的实践可以作为一面学习和反思的镜子,反射出自己的影像;而同事之间的经验、观点交流使得个人的经验、观点成为一种可开发、可共享的集体教学资源,从而合力建成集体"教学智慧银行"。在这样的活动中大家都是投资者——开课、发表见解、提出质疑,又是受益者——分享别人的长处、看到自己的短处。参加教研活动的教师对教学内容都做过精心准备,参与态度非常认真,使得大家对问题的认识有着很高的起点,教研活动中的比较、分享和交流更使参与者的认知不再停留在个人原先的认知水平上,而在集思广益的基础上达到群体认知结晶的水平,并由此形成自己既具个性化又具共性化的教学风格。

例如,在歌唱学习的研讨中,大家观摩了全组各具风格的活动,最后达成以下共识。第一,"一竿子"模式最能达到教学效果。幼儿从活动开始到结束都在该歌曲的熏陶之下,多样的形式、高频的感知使幼儿能在轻松而愉悦的活动中学习歌曲,潜移默化地实现教学目的。第二,教师的清唱示范具有录音等现代教学媒体无法比拟的功用,那种零距离的亲切交流更能激发幼儿的积极参与的热情。第三,幼儿的合作学习能在歌唱活动中凸显价值,活跃气氛、激发学习兴趣等学习目标等都可在合作中达成。

六、案例分析式教研

对症下药是每个医生的治疗原则,古语道:"望闻问切,辨证施治。"案例分析式教研活动,其实也就是借鉴了医学上对症下药的原则,促使教师围绕案例进行剖析与反思,对教育行为进行全方位、多角度的观察与诊断,以此提供新的视角,帮助教师澄清认识,提高教育教学的有效性。案例分析式教研的主题来自实践,一个个鲜活的教育案例就是教师工作的真实写照,让教师剖析这些具有典型意义的日常教育教学工作片段,更能使教师明晰方向,理清思路,找准问题症结,寻找到解决问题的良方。我们可以深入到课堂,以教师现场教学为案例,也可以用文字、录音、录像等手段收集和积累案例,引导教师围绕教学案例开展分析、反思、总结活动。这类教研活动对处于特定成长期教师(如新教师)的专业发展很有意义,下面就是我们以户外活动"双人大拖鞋"为案例开展的园本教研活动。

(一) 户外活动"双人大拖鞋"教学活动展示

教学内容:户外活动"双人大拖鞋"

执 教 者:杨老师、林老师

活动目标:

1.使幼儿掌握双人大拖鞋的正确玩法,增强幼儿之间的协调能力和合作能力。

2.培养幼儿的竞争意识。

活动准备:每两人一双大拖鞋。

活动过程

活动过程	幼儿活动情况	教师组织情况	保育员协助情况	环节分析
一、教师、保育员整队带幼儿拿活动器械——双人大拖鞋;教师简单交代玩法后分发双人大拖鞋,当分到第五组,教师指定一幼儿当组长。	幼儿在等待教师分发给自己双人大拖鞋。	教师先到仓库拿活动器械,再分双人大拖鞋。	保育员看到很多幼儿领到器械了,才带领分到双人大拖鞋的幼儿排队去玩。	教师没有交代保育员一起分发器械,幼儿等待时间较长。

活动过程	幼儿活动情况	教师组织情况	保育员协助情况	环节分析
二、幼儿自由结伴玩;教师、保育员巡回指导。	幼儿以2人、3人、4人、5人一组的形式玩游戏,个别幼儿一个人在玩双人大拖鞋。不时有2人组或3人组摔倒,但幼儿摔倒后都很快爬起来继续走,有几位在教师辅导后喊着"一二一二"的节奏整齐地走。其中5人组的幼儿在喊"一二一二"时摔倒,又爬起,又摔倒,又爬起,经过2~3分钟练习才能较协调地走了。在玩2人拖鞋的幼儿想和5人组的幼儿玩,结果总是跟不上,不协调,2人组只好放弃;玩5人拖鞋的这组难度较大,幼儿在保育员辅导下喊着节奏走,还是不好,他们一致认为是一个叫瑶瑶的小朋友脚抬不高的缘故,叫他走。教师进行协调,要求瑶瑶试试抬高脚,幼儿同意后又重新玩。	教师在帮助指导4人拖鞋、5人组的小朋友练习,教师以商量的口气问幼儿:"你们组谁当组长?请组长来喊'一二一二'的口令来玩。"幼儿尝试练习,有时教师帮幼儿喊口令。教师组织部分幼儿(7对)进行比赛,指导能力弱的幼儿和他们一起走、喊口令。教师不时提醒单人走的幼儿去找朋友,并辅导单人走的幼儿与他人合作。教师为个别出汗的幼儿脱去外套。教师不停地指导,显得很忙碌。有几个幼儿想从上坡走下来,行为较危险,但教师无暇顾及。	保育员辅导活动难度较大的幼儿,对其中一组的幼儿说:"你带头玩起来。"保育员又辅导5人组幼儿,为他们喊口令。但大多时间保育员都在旁边辅导个别幼儿活动。	教师辅导幼儿开展活动,显得很忙碌。保育员也以辅导幼儿活动为主,对幼儿的生活照顾不多,无暇顾及。幼儿活动较主动,热情较高。加上教师、保育员的鼓励和辅导,幼儿一直在玩,但玩法不多变,活动量也不大。教师、保育员没能很好地协作,所以幼儿的安全情况、活动量不能被很好地观察到。
三、活动结束,整理玩具后整队回去。	幼儿排队回班级。			

（二）观摩教学活动后的案例讨论、评析和建议

园长：刚才,我们看了杨老师和林老师组织的晨间活动,现在咱们就根据刚才的活动情况,针对教研目标,谈谈我们所看到的和想到的,希望大家畅所欲言。

江教师：在活动中我一直在跟踪观察吉吉小朋友的表现,下面我说说他的活动情况。活动刚开始,在杨老师提供活动器械时,吉吉渐渐往队伍的后面退,不去拿器械,而是站在一旁静静地看着别的小朋友。活动开始了,他一个人走来走去,只是观看,而不去向老师借器具,不去和同伴交流、协商怎么玩。时间过去十五分钟后,杨老师终于发现这一情况,于是就提供给他器械。刚开始他还不敢去玩,杨老师就及时地启发、引导他,当老师离开时,吉吉小朋友能小心地学走,并稍表现出愉快的情绪。独自玩了五六分钟左右,他脱下拖鞋并将其拿在手里,看别的小朋友四人合作玩。过了很久,杨老师第二次过来引导,并叫来一个小朋友和他一起玩,然后就又离开了。在玩的过程中吉吉稍微有点进步,两人能走几步,但一会儿又不协调了,重复了好几遍,始终合作不好,但老师和保育员都无暇顾及。

朱老师：哎,主要是杨老师太忙了,所以没有能及时地顾及个别幼儿,况且保育员似乎对分发器械置之不理。

庄老师：我一直在观察林老师在晨间活动中的教育行为,下面我就介绍一下她在活动中的教育协作情况。今天的晨间活动内容是玩大拖鞋,小朋友在老师的交代和提示下,开始自由地找合作伙伴玩了起来。有五个小朋友兴致勃勃地穿上大拖鞋准备一起走,可是,五个人抬脚的高度不一样,快慢就不同,因此怎么也无法把大拖鞋向前挪移。这时,保育员林老师刚好帮一个小朋友穿好拖鞋,抬起头看见了,赶紧过来,对他们说:"小朋友,把手搭在前面小朋友的肩膀上,先一起抬左脚往前走,再用右脚走,嘴里还要喊着口令'一二一二'往前走。"小朋友在林老师的扶持下,嘴里喊着口令,慢慢地向前走去。待他们一组协调地向前走去了,林老师才松开手,去观察其他小朋友了。

园长：林老师的本身素质还蛮好的,也能够根据情况灵活处理事件,只不过她还不知道在晨间活动中怎么很好地与教师协作。

朱老师：杨老师在活动中始终处于非常忙碌的状态,一会儿分发器具,一会儿指导幼儿,一会儿又要照顾孩子的安全……我看杨老师真是太吃力了,林老师没有很好地发挥协助角色。

苏老师：我一直在认真地观察和记录整个活动过程,请大家看看我所记录中的幼儿、保育员、老师三者各自的活动情况吧。我总觉得保育员和教师如果协作不好,很不利于活动中幼儿的安全情况(分发过程实录表格)。

(三)总体评析和建议

大家在实践研究的前提下,通过认真的观察、讨论和反思,针对保育员和教师如何配合的问题,对本次活动中的师幼互动,保育员、教师的教育行为、相互配合提出了一系列评析和建议。

1.教师在活动前没有告诉保育员活动内容,导致幼儿到了活动场地,活动器材还在器械室。教师请幼儿排队站在场地,自己去拿器械。在分配器械时,保育员没有参与分配器械,而只是看着教师一人按照幼儿的排队次序分配拖鞋,她始终处于被动角色。由于保育员和教师没有协作好,拿器械、分配器械浪费不少宝贵的活动时间。

2.在活动中,教师先让幼儿自由玩,使幼儿充分体验活动器械的性能,在体验的过程中发现规律,即先迈同一方向的腿才不会摔跤。在此基础上,教师通过引导,让幼儿在轻松愉快的活动中学会交往、合作……但是教师没有很好地照顾个别差异,始终处于忙碌的状态。

3.在活动中,保育员能协助教师引导孩子怎样活动,这方面是值得肯定的,但其对孩子的照顾较少。虽然此活动的运动量不是很大,但仍有几个孩子出汗,保育员没有及时为其脱去衣服。

4.教师在指导幼儿玩的过程中能注意观察幼儿的活动量,及时为个别幼儿脱掉衣服,但得不到协助的教师难以对全体幼儿的活动量进行检查。在整个活动中,教师在积极引导,但由于幼儿人数较多,教师没有顾及全体幼儿。

5.在活动结束时,如果由保育员整理器械,教师就能及时组织幼儿进行活动小结。

针对活动中存在的问题,我们一致认为:问题的主要原因是教师与保育员的配合还不够默契。通过讨论分析,我们认为在今后的晨间活动中,保教人员要注意以下几个问题:

1.在活动前,教师要让保育员了解活动的内容,使保育员清楚此活动量的大小,便于保育员知道活动时要关注幼儿的重点内容;

2.保育员在活动中要配合教师密切观察幼儿,发现问题及时进行解决,如幼儿出汗了,要及时脱衣服;幼儿的鞋带散了,要及时系好等;

3.保育员要做好收放器械的工作,便于教师组织幼儿活动。

我园的园本教研除了采用以上的形式外,还经常开展讲座培训式教研、体验式教研、教学竞赛式教研、校际交流式教研等教研活动,极大地丰富了园本教

研内容,促使教师快速成长。

第三节　团队建设与教师专业发展

　　教师的专业发展是在个人与外在环境的社会互动中进行的,所以研究者一般将影响教师专业发展的因素归纳为两大类:个人环境因素和组织环境因素。费斯勒就认为影响教师专业发展的个人环境因素包括家庭、积极的重要事件、生活危机、业余兴趣、积累的经验等。在这些因素中,核心要素是个体的成长环境与经历。而对教学中的挫败、与同事间的关系、婚姻重要事件或危机的处理,都会对教师职业发展产生重要影响。组织环境对教师专业发展的影响,包括学校规定、管理形态、公众信任、社会期望、专业组织、教师协会等六个方面。组织环境所提供的正面支持将激励教师在其专业发展上更上一层楼;相反地,组织环境若存在一种不信任和怀疑的气氛,则会对教师的专业发展造成负面的影响。[1]

　　在寄宿制幼儿园里,孩子在园时间长,教师们需要24小时"全天候"工作,不但工作时间长,而且事务众多。虽然教师之间有专业分工,但对寄宿制幼儿园来说,总是有分工并不是那样明确但又必须执行的任务,如果没有一个高效和谐的教师团队,不但工作容易出问题,而且也容易使教师之间产生冲突,影响教师的专业成长。组织学的理论告诉我们,在未来组织成功的关键的不是"英雄式"的个别领导,而是"高效和谐"的团队。因此,建设优秀的教师团队是园长管理工作的重要部分。从我参与寄宿制幼儿园管理的经验看,一个好的管理者,要善于发现教师团队中存在的问题,通过自己的管理艺术,打造优秀的教师团队。优秀教师团队的形成,不但有利于幼儿园的管理,也有利于教师的专业发展。下面所展示的就是以幼儿园"关键问题"解决为契机,园长打造优秀教师团队的历程和心得。

一、谈话缘由——发现关键问题

　　元旦临近,小班段准备在下午开展一个亲子活动,内容有亲子包饺子、亲子舞台表演、亲子品尝饺子。一连串的活动,忙坏了小班段的所有老师们。大家忙着策划活动方案、研究实施细节,一个个精心准备着。活动前两天,她们组长

---

　　① FESSLER R, CHRISTENSEN J C. The teacher career cycle: Understanding and guiding the professional development of teachers[M]. Boston: Allyn & Bacon, 1992: 36.

向副园长提出了一个由园方出面统一调班的请求,理由是:班主任工作量大,要求上下午对调。园长听了副园长的汇报,有点不解,为什么呢? 第一,该活动已经连续搞了三年多,从来没有哪个班主任提出因工作量大而调班的请求。第二,调班后班主任的上班时间缩短了,而副班的则延长了。第三,活动是全园性的,需要三位保教人员不分彼此、全力合作,而不是精确地去衡量谁的工作量大。第四,小班段的老师在组长的带领下曾多次对园方分配的工作表示不满。尽管园长有这样的思考,但还是没有出面去处理这件事情,而是叫业务园长组织召开班主任会议,去详细了解此次活动的细节。为了不打击班主任工作的积极性,会议的议题定为研究亲子活动的细节,其实是想从侧面聆听各班主任申请调班的理由。会上园方最后决定:根据副班组织能力的强弱,由两位老师自主对调。比如,副班可以胜任组织下午亲子活动的,就无须调班。会后,组长仍然有些情绪反应,理由是:幼儿园组织的大事情理应由园方出面统一调班,对园方决定的自主调班表示不满。此时园长仍然没有出面找组长沟通,于是亲子活动就在各班的自主调班中进行了。活动当天,园长发现每个班主任都已经调换了主班时间,心想:只要圆满完成此次任务,这种工作状态也就等下次时机成熟时再来调整。可是到了下午,园长发现,老师们把亲子活动的时间提前到下午1点50分开始,下午4点半结束。这样的安排意味着孩子们午睡的时间很短,只能有一个小时,也意味着老师们能在下午4点40准时下班了。难道老师们为了准时下班而牺牲孩子们的午睡时间? 这可是决不允许的事情。于是,园长决定抓住这个机会好好地与小班段教师的组长进行沟通(因为活动计划主要是由组长制订的)。等到亲子活动全部结束后,园长赶到组长的所在班级,开展了一场谈心活动。

二、谈话实录——沟通解决问题

园长:×老师,你们段的工作我们大家有目共睹,在你的带领下大家把工作做得很认真细致,交给你们组的任务我是完全放心的! 我们行政班子也都这么说。说实在,你们对工作很负责任。对了,我觉得下午活动的时间安排有点问题,这样的安排你们是怎么思考的呢?

组长:哦,我们看出你今天下午巡视的时候有点不开心(稍微迟疑了一下),其实这个活动时间是仿效前几年的时间定下来的(有点不踏实)。

园长:不会吧! 前几年的计划我看了,没有这么早开始! 今天孩子起床的时间太早了,等于说下午的亲子活动扰乱了孩子的正常生活,这样的做法是不对的。我们搞亲子活动旨在丰富孩子的生活,如果干扰他们,那还不如不搞!

组长:嗯,是稍微提前了一下,我们当时认为太晚了对孩子不好! 嗯,嗯,其

实我们和副园长讲过的(有点如释重负)。

园长:哦,其实你们2点30分开始都不会太迟,我发现每个班的孩子到了4点20分都已经全部离园了。所以我认为,你们不该牺牲孩子午睡时间,因为我们搞活动的原则是为了孩子的健康发展。这样的安排反而影响了孩子的成长。(笑笑)方案你们请副园长审核过了?

组长:嗯,给她看过。

园长:哦,那是副园长没有把关把好!我待会儿要告诉副园长,下次在审核方案的时候要注意提醒你们。对了,你们以后在制订计划的时候也请注意,一切活动要从孩子的角度出发。

组长:园长,当时我们是预估时间,今天看下来计划和现实是有差别的,不好意思!

园长:这件事情不怪你们,因为副园长没有把好关!

组长:嗯……

园长:下午辛苦了,谢谢你们!不过最近时间我怎么总觉得你们组在工作方面有点计较呢?

组长:我们计较?这是从来没有的事情啊,我们都是认认真真地在完成工作(霎时脸红了起来,还有点儿急、有点生气)。

园长:有这么几件事情让我觉得你们组有点小心眼。第一,这次活动调班的事情总让我觉得你们有点计较。这么几年下来从没有哪个段提出因为活动要调班。如果是因为工作量大于配班老师就提出申请,那么我觉得这样的做法不适合。本来班主任和副班在职责上就有所不同,在待遇上也有所不同,我们不能因为工作量而提出这样的意见来。另外,你们这样一提对搞好主副班的关系也不利,你说是不是?

组长:(难为情)哎呀,调班事件你是不是有点误会,我们是觉得下午的活动来不及准备才要求调换的,而不是因为工作量的问题。

园长:我怎么听说你们是出于工作量的原因才提出申请的呀!难道我听错了?

组长:也不是你听错了,当时我们确实是这样提出的,认为带了上午班,下午又搞活动,还不累死……但是我们是从心底里觉得下午活动没有时间准备才提出调班的,可能讲话的方式有点不对。

园长:(故意转换成欣喜语调)这样啊,为了准备活动才要求调班,我支持。(语调下沉)不过以后你们在讲话的时候要注意分寸,明明是为了将活动搞得更好而提出的,为什么偏偏讲到工作量的问题呢?这样显得你们有点计较!另外,你们在组织活动的时候,可以衡量一下副班的能力,若副班也能组织活动的话,你们可以适当地放手培养!

组长:园长,看来我们以后讲话要注意,我们以为和副园长讲么就……还有其实副园长没有从头到尾地聆听我们小组的谈话,后来在开班主任会议的时候我们已经讲清楚了。她没有告诉你?

园长:哦,没有,她还没有向我汇报呢。对了,还有一件事情我想和你聊聊,就是上次副园长组织你们组去创设新园环境,你们好像很不开心也不积极,还发牢骚说一个园要做两个园的事情。其实啊,让你们组去新园帮忙次数是很少的,因为考虑到你们是小班。就上次一回,你们就当场表示不满,是不是有点太……另外,组长是园长与教职员工沟通的桥梁,你们应该是园长的助手、老师的帮手,一边要帮园长消除同事的不良情绪,一边要将同事们的呼声及时告诉园长,以帮助我们调整工作方案。而你们呢?当着组里同事的面发表消极言论,是不是容易引发整组的消极情绪呢?是不是你们的角色意识还不足啊?如果是这样的工作状态,等于园长就不用设立组长,凡事直接领导就成了。所以,我真诚地希望你们能有正确的角色意识和团队意识,能够成为园长的左膀右臂。你们平时要多帮园方做大伙的思想工作,多向我们传达教师的思想现状,改进幼儿园管理策略。至于一园做两园的事情,本部和新园本来就一家,这次你们帮他们,下次他们来帮你们,这是多好的事情,资源共享,你们怎么会有这样的想法呢?

组长:那天我们这样表现是有原因的。前一天,副园长用生硬的语气把我们批评后,我们才这样做的。

园长:哦,是这样啊!副园长语气生硬,确实不妥,我们大家都是同事,有话应该好好说,我会找个机会和她好好聊。其实副园长所执行的事情,就是园长的事情,因为副园长是我的左右手,所以希望你们对他们的工作表示支持和配合,相互理解。我希望以后不要再发生一个小团队集体发难副园长的事情,否则幼儿园的工作就不好开展!

组长:(有点惶恐)园长,这件事情过后,你可千万不要觉得我在拆你的台!不要对我们组有任何看法!

园长:(笑)你一个人怎么能够拆得了台呢?!(真诚)放心,我不会这样想的,你们都是我的好姐妹,工作认真积极,我离不开你们!

三、反思总结——正能量小团队打造之策略

一所幼儿园往往会由多个部门团队组成,并且各部门团队都会有自己的岗位职责和要求,幼儿园的正常、高效运转就依赖于各个团队的紧密合作。园长在管理日常事务的时候不可能做到面面俱到、亲力亲为。例如,不可能做到亲

自安排和组织每一个活动或者传达每一项任务,而重在调遣相应的部门或团队负责人去具体开展每项工作。因此每一个教学团队能够树立服从领导分配的意识,每一个岗位能够主动朝着目标开展工作,是高效达成幼儿园总体工作目标的关键所在。对园长来说,打造好优秀教师团队是日后顺利开展工作,达到事半功倍效果的首要任务。那么,园长要怎么做才能进一步打造好具有号召力、向心力的教师团队呢?

（一）园长要善于建立有效的幼儿园管理文本

一所幼儿园能够有效地运转,它和园内比较完善的、具有话语权的管理文本的制订是分不开的。因此园长在管理的过程中,要在民主商议的基础上制订一系列的管理文本,内容包括园内的管理网络、园规、各项制度、岗位职责、幼儿园发展规划等。有了这些比较完善、规范的管理文本,每个员工就可以把其作为自己的行动依据或者纲领,自主开展日常工作。比如,清晰的幼儿园管理网络图和岗位职责能使各个员工明晰自己在管理环节中的位置,明确自己的工作职责,了解上层管理指导岗位的具体科室,知道管理岗位的具体职责,那么在开展工作的过程中就可以减少很多的疑惑。一个高效的园长在管理的过程中往往依据文本规定,执行高效管理,让文本成为员工眼中的行动依据。

（二）园长要善于敏锐地搜集信息、分析信息

杭州建兰中学是一所非常有名的优秀学校,这所学校的发展和他们校长善于管理密切相关。曾听闻该校校长经常在学生用餐时为他们打餐,深受学生、家长的爱戴。其实,校长为学生打餐有多重用意,在餐厅收集学校管理的信息、改进管理策略恐怕也是这位校长的行为目的。同样作为管理者,园长切不可当一名只是坐在办公室的指挥员,而应该去各个岗位巡视,蹲点调研,通过细心观察、详细访谈、实地了解等途径,搜集各方面的详细信息,如员工的工作状态、幼儿园的发展现状、课程实施现状、幼儿一日生活现状等。在收集到各种杂事难事等信息后,园长要对它们进行梳理、分类、总结,找出重点问题及产生的根源,并将之罗列。俗话说,治表不如治根,园长对问题症结的剖析非常重要,它将影响整个事件的走向,影响团队建设的核心价值。

（三）园长要善于抓住关键问题开展引导

幼儿园教师是一个相对单纯,非常听从指令,又极具创新性和灵动性的群体,在工作的过程中会有自己的想法和做法;但他们的情感却又非常敏感脆弱,因此在日常工作中往往会出现这样那样的小状况,再加上每天要管理那么多寄

宿孩子的一日活动,吃喝拉撒、游戏、学习、家长接待等样样都要管,工作量大,导致教师产生许多烦躁情绪。如果此时恰逢各级领导部署任务,教师们就有可能闹些情绪,此时园长要正确认识这一现象,因为谁都有自己的不良感受与情绪。如果园长事无巨细地找教师谈话,那么势必造成园长一言堂、教师做事大一统的局面,最终导致教师团队的创新性、自主性逐渐消失。因此,园长在观察到一些事件后并不一定要马上出面解决,而应该静下心来仔细分析、思考:这个问题自己该不该出面调解? 如果认为该事件非要出面沟通,那么就应该果断地抓住谈话的最佳时机,做到紧抓关键事项,该出手时迅速出手,让教师们心悦诚服。关键事件往往对教师的影响是最大的,也最有利于一些不良心态、不良行为的纠正。

　　日常工作中,园长经常会面对许多杂七杂八的问题,此刻不能有任何退缩、躲避、轻视的行为,如果幼儿园的一把手不去直面问题,那么这些问题有朝一日就有可能变成大问题,从而影响教师整体利益,甚至会阻碍幼儿园的发展。假如园长对问题缺乏敏感性,那么就有可能会使一些衍生的小问题不断地积累,从而成为大问题;假如园长对问题缺乏责任感,就会使问题性质进一步严重;假如园长对问题缺乏智慧分析,就使自己对工作力不从心、束手无策。因此园长要秉持问题管理理念,依托慧眼、聪耳、明脑去筛选关键事项,智慧解决问题,做到以一击十、防患未然。总之,园长要以关键问题为管理契机,以解决问题为己任,以防范问题为宗旨,保证幼儿园健康、和谐发展,从而实现管理目标。

(四)园长要重视团队核心人物的思想提升

　　俗话说:捉蛇捉三寸,擒贼先擒王。要想打造优秀教师团队,园长首先要注重引领团队核心人物的思想提升。在打造团队工作风格的过程中,核心人物的思想引领至关重要,因为他是教师团队中大家最可信服的人,也是能替大家表达心窝话的人。在纠正团队工作作风的时候,园长千万别去找整组教师,而应该先找最具影响力、号召力、引领整组思想变化的核心人物。因此园长要先让核心人物知晓幼儿园领导在关注他在团队建设上的核心作用,引导其反思自己的引领行为,帮助他储备更多的正能量,树立并巩固团队带头人的角色意识。在谈话的过程中要先肯定他在团队建设中的核心价值,告诉他团队领导的相关职责;同时表示绝不将此事扩散并对他们有歧视,不搞秋后算账。结束时,园长应要求核心人物召开团队会议,传达园长意图,让他来建设具有工作新状态的教师团队。

　　其次,园长要对教师团队带头人的建设有一个具体的规划。根据带头人的实际发展状况,制订培养方案,有计划地、分阶段地组织他们学习,并用文本管

理方式让他们进一步明确上传下达的工作职责,明确自己是园长和组内员工沟通的桥梁和纽带。要帮助他们逐渐形成特定的领导意识,进一步理清一般教师和团队核心的角色区别,明白自己在团队工作中既代表教师也代表幼儿园。另外,园长还必须对他们进行团队管理技能培训,使他能够在教师业务发展、思想素质的管理方面具备一定的能力,方式、方法更有艺术性。只有所有的核心人物都明晰了自己在幼儿园发展中的地位和作用,他们才会运用办园理念和文化引领团队发展,才能真正成为园领导的左臂右膀,为园领导分忧解难,承担具体责任。

(五)园长要善于有理有据地巧妙运用褒贬

在与团队交流沟通的过程中,园长要注意先对他们的具体工作给予肯定和表扬,然后再有理有据地旁敲侧击或者直接批评教育,在这样的氛围中接受的教育能让教师从心灵深处有所感悟、有所启发,从而产生积极向上的正能量。在一般情况下,园长要和教师共同回顾关键事件,在谈话过程中共同剖析利弊,在褒贬双夹的过程中引导教师进一步深刻认识自我、转变思想作风。这种谈话方式容易使教师心服口服,自然内化幼儿园的相关要求。即使教师事后再次回忆谈话过程,仍然会有积极的情绪反应,并且会更清醒地认识到自己行为的偏颇。这种妙用褒贬的谈话教育,有利于提高教师工作的积极性,形成良好的工作作风。

(六)园长要善于运用团队认同感来提升组织的执行力

增强教职员工对幼儿园管理的认同感是幼儿园在建设团队的过程中非常重要的一个举措,教职员工的认同度越高,他们的正能量越容易发挥,在新常态下也极易产生新的工作状态,团队的工作的效率就越高。如何增强教职员工的认同感呢?首先在制订幼儿园三年发展规划的时候就应该组织全体教职员工集体讨论本园的发展前景、办园理念、幼儿培养目标、教师发展目标、课程发展目标、园所文化定位、实施方案等,引导大家形成共同的发展愿景。当所有员工对本园的发展方向有了认同以后,就会将所有工作要求内化为自己的自觉行为,这样大家的执行力就会达到事半功倍的效果。

作为园长,必须设法去增强成员的认同感,当然这种认同感是多维的,它包括成员对园长人格魅力的认同。所以园长必须是一个德才兼备的人,要在日常工作中不断地完善自我,提高自己全方位的素养。另外,认同感还包括教师团队成员对管理具体任务和措施的认同,如对幼儿园一些规章制度的认同等。日常工作中,园长要关注教职员工对工作分工的认同感,尽量达到先认同再执行;

如果达不到,也要做到边执行边力求认同或者在执行中认同,在认同中执行。只有高度关注他们的认同感,教师们才会产生自觉行为,以内服外,对幼儿园产生最高的忠诚度,提高团队执行力。

(七)园长要善于创建幼儿园的独特文化

园长要想建设一支具有正能量、新状态的教师团队,就必须要依托幼儿园的园所文化来熏陶、感染教师团队,最终引领其发展。在一个幼儿园,要想提升园所的文化内涵以及团队的发展内涵,有一种管理非常重要,那就是园长要实施文化管理。众所周知,文化是一个组织是否有凝聚力、是否有出色表现的关键因素,改变组织表现的唯一关键因素就是改变其文化。幼儿园文化是关乎幼儿园前途和命运,决定幼儿园活动和焕发成员生命活力的关键因素。在创建幼儿园文化的过程中,我们需要制定相应的规章制度、搭建相应的物质基础;在此基础上,我们更需要形成一种具有向心力的、本园特有的精神文化,因为精神文化是文化创建中的核心内容,也是幼儿园行为文化形成的驱动力,这种精神文化会是一盏无形的行为指向灯,制约和引领员工的思想和行为。

文化是一所幼儿园的灵魂,它渗透在每一个员工的一颦一笑、举手投足,以及整体气质中。在幼儿园管理实践中,用文化管理来打造幼儿园团队,提升办园品味,是一个园长的智慧之举,也是园长在办园的过程中面对的挑战和使命。优秀团队的打造需要文化的引领,需要幼儿园办园理念和价值观的熏陶。因此园长需要因地制宜地构建适合本园发展的园所文化,以文化来陶冶员工,提升员工全面素养,推进幼儿园的发展。

首先,园长应该以制度文化为约束打造园所文化。没有规矩不成方圆,在民主管理中也需要制度的推进。园长要通过教代会、园务会等平台制订、调整一些考核量化细则、规章制度、操作办法,凸现公平公正,体现制度约束和人性化管理理念,使民主管理更加完善。

其次,以物质文化为保障打造园所文化。园长要根据幼儿园实际,逐步分层推进幼儿园环境文化建设,在充分调研与商筹的情况下,对各类设施进行完善、优化,为创建园所文化奠定坚实的硬件基础。同时根据幼儿园教育特色,组织教师与小朋友共同创设特色环境,展现幼儿园文化内涵。

再次,以精神文化为支柱凝练园所文化。秉持"让师幼快乐工作、健康生活"的宗旨,精心组织如生日慰问、感恩家属一日游等活动,满足教职工被爱和被关怀的需求。成立以工会主席为主要执行者的校园文化创建小组,开展各种形式的理念推进活动、读书活动,丰富人的知识。同时结合特色教育方案,组织开展丰富多彩的教育活动,通过多元校园文化的创建,逐步形成园所特有的文

化内涵。

最后，以行为文化为表现践行园所文化。教师行为是园所文化动态化的外在表现之一，园长要大力深化办园理念，对教职工的行为进行规范与引导。通过会议、检查、评比、展现等途径对大家的着装、教育行为、职业修养等进行全面的改良与优化。

多年来，温岭市中心幼儿园一直把优秀幼儿师资的培养放在幼儿园核心竞争力的高度加以重视，并通过实践反思、特色园本教研活动等方式为教师提供了的成长平台，促进了我园教师的主动成长。一个学习型组织在温岭市中心幼儿园悄然形成，一支高素质的教师队伍在温岭市中心幼儿园蓬勃发展，一大批教师脱颖而出，成为教育骨干、教坛新秀。一位颇有资质的教师曾不无感慨地对我说："几年来，我们市中心幼儿园的每一位教师都成长得非常快，每位都像一只振翅欲飞的雄鹰，扶摇直上，在我们市中心幼儿园广阔的蓝天上翱翔。"期间，我园也相继荣获省一级幼儿园、国家"九五"重点课题科研基地、南师大儿童语言研究中心 ESEC 实验基地、全国婴幼儿汉字教学实验园、浙师大杭师院实验园、台州市健康教育实验园、温岭市首家省示范性幼儿园、首家台州市绿色幼儿园、首家温岭市"AAA 级学园、花园、乐园式"幼儿园、省家长学校先进单位、省卫生先进单位、省巾帼文明示范岗、台州市百家示范单位、台州市花园式单位等 50 余项荣誉称号。这些荣誉称号的获得，与温岭市中心幼儿园重视教师专业发展、有一支高素质的幼儿教师队伍密不可分。

参考文献

[1] 操太圣,卢乃桂.教师专业发展新范式及其在中国的萌生[J].教育发展研究,2002(11).

[2] 曹勤.寄宿制幼儿园培养幼儿独立生活能力的优势[J].幼儿教育,2000(4).

[3] 陈帼眉.学前儿童发展与教育评价手册[M].北京:北京师范大学出版社,1994.

[4] 陈华.寄宿制幼儿园的利与弊[J].甘肃教育,2000(12).

[5] 陈恺.家园互动有效开展幼儿亲情教育[J].商情:科学教育家,2018(1).

[6] 陈奎熹.教育社会学研究[M].台北:师大书苑,1990.

[7] 陈美姿.以儿童绘本进行幼儿情感教育之行动研究[D].花莲:台湾东华大学,1999.

[8] 陈迁.幼儿园管理的50个细节[M].福州:福建教育出版社,2014.

[9] 陈秀梅.幼教工作者以绘本进行幼儿生命教育行动研究之省思[D].台北:辅仁大学,2005.

[10] 崔改霞.幼儿安全教育的家园合作研究[D].桂林:广西师范大学,2015

[11] 戴国栋.幼儿安全教育(上册)[M].哈尔滨:黑龙江教育出版社,2017.

[12] 范国睿.教育生态系统发展的哲学思考[J].教育评论,1997(6).

[13] 冯琼娟.苏教版小学语文教材中亲情教育内容研究[D].苏州:苏州大学,2011.

[14] 傅道春.教师的成长与发展[M].北京:教育科学出版社,2001.

[15] 耿淑芳.浅谈幼儿园安全教育[J].华章,2011(23).

[16] 顾泠沅,周卫.走向21世纪的教师教育[J].教育发展研究,1999(6).

[17] 顾明远.教育大辞典[M].上海:上海教育出版社,2004.

[18] 郭恩惠.儿童与成人对儿童图画故事书的反应探究[D].台北:台湾师范大学,1999.

[19] 洪雅慧.绘本融入课程进行幼儿责任教学之行动研究[D].台北:台北教育大学,2006.

[20] 侯昆仑.贫困地区乡镇寄宿制幼儿园的调查和思考[J].陕西教育,2008(2).

[21] 胡文芳.0~3岁婴幼儿家庭教育指导初探[J].柳州师专学报,2005(3).

[22] 黄德祥.青少年发展与辅导[M].台北:五南图书出版公司,1994.

[23] 黄瀞慧.幼稚园教师图画书教学设计之研究——以艾瑞卡尔的作品为例[D].嘉义:嘉义大学,2007.

[24] 黄娟娟.认字、识字就等于早期阅读吗[M].广州:中山大学出版社,2006.

[25] 贾玉珍.寄宿制幼儿园早、日、晚间教育活动的设计与组织[J].天津市教科院学报,2007(2).

[26] 姜勇.论教师专业发展的后现代转向[J].比较教育研究,2005(11).

[27] 教育部基础教育司.《幼儿园教育指导纲要(试行)》解读[M].南京:江苏教育出版社,2002.

[28] 金小梅.多媒体读物在幼儿园早期阅读教学中的运用[J].教育导刊,2007.

[29] 凯瑟琳·斯诺.预防阅读困难:早期阅读教育策略[M].胡美华,译.南京:南京师范大学出版社,2006.

[30] 赖玉敏.图画书中的儿童友谊关系与读书会之应用[D].台东:台东大学,2003.

[31] 李菲.试论教育学的发展与教师专业成长定位的演进[J].教育理论与实践,2004,24(11).

[32] 李建岚.阅之旅:幼儿园经典绘本课程实践[M].宁波:宁波出版社,2014:5.

[33] 李坤珊.小小爱书人:0~3岁婴幼儿的阅读世界[M].台北:信谊基金出版社,2001.

[34] 李麦浪.2~3岁婴幼儿阅读的特点及影响因素的分析[J].学前教育研究,1999(4).

[35] 李甦,李文馥,杨玉芳.3~6岁儿童图画讲述能力的发展特点[J].心理科学,2006(1).

[36] 梁宵.不同阅读方式下3~6岁幼儿图画书阅读的比较研究[D].天津:天津师范大学,2012.

[37] 林崇德,杨志良,黄希亭.心理学大辞典[M].上海:上海教育出版社,2003.

[38] 林妹静.图画书应用于幼儿艺术教学之研究——以色彩游戏为例[D].台北:台北教育大学,2006.

[39] 林敏宜.图画书的欣赏与应用[M].台北:心理出版社,2000.

[40] 林生传.教育社会学[M].台北:复文图书出版社,1990.

[41] 林一钢.教师专业发展:知识与动机理论的启示[J].江西教育科研,2004
(11).

[42] 林易青.图画书融入数学教学对幼儿学习数概念效应之研究[D].台北:台
北教育大学,2005.

[43] 林真美.在绘本的花园里——和孩子共享绘本的乐趣[M].台北:远流出版
社,1999.

[44] 刘洁.试析影响教师专业发展的基本因素[J].东北师大学报:哲学社会科
学版,2004(6).

[45] 刘丽平,邓雪.新西兰《婴儿和幼儿:自信交流、勇敢探索》报告述评[J].科
教导刊,2016(2).

[46] 刘启艳,瓦韵青.幼儿教师专业能力发展策论[M].北京:中国财富出版
社,2016.

[47] 刘焱,潘月娟.《幼儿园教育环境质量评价量表》的特点、结构和信效度检验
[J].学前教育研究,2008(6).

[48] 刘耀明.试论自我指导型的教师专业发展[J].教育发展研究,2005(22).

[49] 陆国君,张苏锋.反思性教学与教师专业发展[J].南通大学学报:教育科学
版,2007(2).

[50] 罗璇.寄宿制和全日制幼儿教师精神压力的比较研究[J].黔南民族师范
学院学报,2007(5).

[51] 欧用生.教师专业成长[M].台北:师大书苑,1998.

[52] 彭懿.图画书应该这样读[M].北京:接力出版社,2012.

[53] 戚业国,陈玉琨.学校发展与教师的专业发展[J].教育理论与实践,2002,
22(8).

[54] 邱爱真.以儿童绘本增进幼儿友谊之行动研究[D].屏东:屏东师范学
院,2004.

[55] 苏玉枝.幼儿图画故事书中同侪的冲突起因、解决目标与解决策略之类型
与相互关系研究[D].台北:台湾师范大学,2007.

[56] 田春梅.浅论幼儿安全教育[J].基础教育参考,2009(7).

[57] 田秀英.家园共同保障孩子人身安全的几点做法[J].山东教育,2007(9).

[58] 铁军,方健华.名师成功:教师专业发展的多维解读[J].课程·教材·教
法,2005,26(12).

[59] 王梅.教师实践性知识与教师专业发展角色[J].教书育人,2007(3).

[60] 王少非.论我国教师专业发展的多重障碍[J].教育理论与实践,2006,26
(10).

[61] 王少非.新课程背景下的教师专业发展[M].上海:华东师范大学出版社,2005.

[62] 王文静,罗良.阅读与儿童发展[M].上海:华东师范大学出版社,2010.

[63] 王文科.教育研究法[M].台北:五南图书出版公司,1995.

[64] 王秀琴.让孩子在阅读中健康成长——谈家庭中的早期阅读教育[J].山东教育:幼教刊,2004(7).

[65] 王悦.幼儿园安全教育现状及对策研究[D].开封:河南大学,2011.

[66] 巫叶芳.幼儿园对教师专业发展需要的供应的研究[D].桂林:广西师范大学,2016.

[67] 吴海波.点亮孩子感恩的心灯——幼儿园大班幼儿的亲情教育[J].小学时代:教育研究,2012(7).

[68] 吴燕.以情感引路,呼唤童真孝心——幼儿亲情感恩教育实效性的相关思考[J].中国校外教育,2013(9).

[69] 徐丽丽,李文霞,钱志超.幼儿园寄宿生与非寄宿生社会适应能力及社交焦虑研究[J].牡丹师范学院学报(哲社版),2012(4).

[70] 徐铭泽,赵宇.幼儿园教师专业发展规划指导[M].大连:辽宁师范大学出版社,2016.

[71] 徐西森,连廷嘉,陈仙子,等.人际关系的理论与实务[M].台北:心理出版社,2002.

[72] 许卓娅.教育研究新方法:自我卷入性研究[J].幼儿教育,2001(7).

[73] 杨秀玲,杨晋芳.试论幼儿安全教育的必要性与现实价值[J].中国校外教育:基教版,2012(9).

[74] 姚捷如.寄宿制幼儿园好心情日历教育课程的实践研究[J].上海教育科研,2005(4).

[75] 易森林.教师专业发展基本途径的探索[J].外国中小学教育,2 005(4).

[76] 余珍有.日常生活中的早期阅读指导[J].学前教育研究,2005(1).

[77] 曾云森.将安全防护知识转化为能力[J].早期教育(教师版),2007(1).

[78] 张艾军.幼儿安全教育[M].武汉:武汉大学出版社,2017.

[79] 张必隐.阅读心理学[M].北京:北京师范大学出版社,2004.

[80] 张明红.学前儿童语言教育[M].上海:华东师范大学出版社,2001.

[81] 张明红.早期阅读材料的选择[J].幼儿教育:教育科学版,2007(9).

[82] 张彤.幼儿园绘本阅读教育的个案研究[D].重庆:西南大学,2009.

[83] 张秀娟.图画书导赏教学对幼儿创造力影响之研究[D].台中:朝阳科技大学,2003.

[84] 赵国宗.永恒的童趣——童书任意门导读手册[M].台北:信谊基金出版

社,2006:17.

[85] 赵立刚.阅读、反思——教师专业成长的重要途径[J].吉林教育,2010(3).

[86] 郑蓓丰,陆秋红.让墙饰成为幼儿阅读的好伙伴[J].早期教育,2002(7).

[87] 郑蓓丰,燕芳,董奇.儿童早期读写能力发展的环境影响因素研究[J].心理科学,2004(3).

[88] 周成平.给校长一生的建议[M].南京:南京出版社,2010.

[89] 周兢.论早期阅读教育的几个基本理论问题——兼谈当前国际早期阅读教育的走向[J].学前教育研究,2005(1).

[90] 周兢.学前儿童语言教育[M].南京:南京师范大学出版社,2003.

[91] 周兢.早期阅读教育的关键[J].幼儿教育,2002(4).

[92] 朱从梅,杨鲁虹.对家庭早期阅读教育现状的调查[J].早期教育(教师版),2003(7).

[93] FESSLER R,Christensen J C. The teacher career cycle:Understanding and guiding the professional development of teachers[M]. Boston:Allyn & Bacon,1992.

[94] MARJORIBANKS, K. Family socialisation and children's school outcomes:An investigation of a parenting model [J]. Educational Studies,1996,22(1).

[95] SHEEHAN R J, WHEELER E J. Peer conflict in the classroom:Drawing implications from research[J]. Childhood Education, 1994,70(5).

[96] THORNBERG R. The situated nature of preschool children's conflict strategies[J]. Educational Psychology, 2006,26(1).

后 记

　　1972 年的春天，一位小姑娘呱呱落地于一个农民家庭，她就是我——章伟君。懂事以来，我总看到父母为了养育兄弟姐妹而辛苦奔波，在这样的家庭氛围中，我逐渐养成了坚强、吃苦耐劳的性格。

　　从小父母就告诉我将来一定要"跳出农门"，于是"跳出农门"成了我小时候的梦想，也成了我那时候的奋斗目标。从小学到中学乃至到温州幼师，带着这个目标，我认真刻苦，勤奋好学，学习委员、班长等职务一直伴随我的学生时代。1987 年的夏天，我终于以全区中考第一名的成绩考入了温州幼儿师范学校，也终于达成了我的第一个人生目标——跳出农门。这离不开我的勤奋好学，离不开老师们的辛勤教育，更离不开父母对我的谆谆教诲。幼师三年的勤奋学习，让我从一个对幼儿教育毫无认识的农村孩子，慢慢地变成了基本功扎实、喜欢幼儿教育事业的幼师生。记得我的实习老师在听完我的课后，曾笑着对我说："伟君，看你上课的娴熟劲，好像你天生就是当老师的料。"

　　1990 年 8 月我带着对工作的美好憧憬，毕业了。但我迎来了一个人生的转折点——因为我被教育局分配到了一所普通高中。在分配大会上，我忍不住放声大哭，为陌生的箬横中学而哭，也为没有机会从事我喜爱的幼儿教育事业而哭。但后来箬横中学的领导和同事们那一张张亲切的笑脸和对我无微不至的关怀，使我逐渐消除了陌生感，也让我逐渐摆正了自己的位置——我是一名高中教师。面对一帮比我还要大的学生，十九岁的我没有胆怯。那时，我的奋斗目标很简单，就是想成为一位被学生认同且喜欢的有本领的老师。于是在工作中，我总是积极请教同组教师，总是与同寝室新分配的高中地理教师一起认真地相互试讲，积极反思。记得那时候的我，承任箬横中学幼师班心理学、教育学、舞蹈等多门课程的教学任务，为了使课堂教学吸引学生，我总是积极翻阅理论书籍，为我的课程充电充量；为了适应高中的课堂教学活动，我曾数次聆听赵肖锋老师执教的舞蹈课；为了不使自己脱离幼儿教育，也为了使我的课堂更加精彩，我曾要求赵老师带我一起参加地区幼儿教研活动。正是由于这样的执着,我在幼儿心理学、幼儿教育学、舞蹈、教学法等课程上的教学素养和能力在箬横中学慢慢地得到了锻炼。可以说,在箬横中学的三年工作经历是我幼师三年正规学习的延续和提升,也为我今后开启幼教生涯奠定了坚实基础。在我的辛勤努力和不懈追求下,在同伴的帮助下,我终于被幼师班学生们认可了。那时,我别提有多开心!我也终于坚定了一个信念:努力,总会给人带来收获的。

随着我工作的成熟,1991年,学校领导就让我担任幼师班的班主任,这是对我这黄毛丫头的信任和期望,也是对我工作的一种肯定。我暗暗下定决心:一定要教好书,当好这个班的"家长"。此时,我对工作更投入了,也赢得了学生的喜爱和信任。每当我生日时,我的门口总会叠着很多的小礼物,我总会收到很多甜蜜的祝福。他们既是我的学生,又是我的朋友。但在收获的同时,我深感自己学历的不足,为了更好地开阔自己的视野,我报考了浙江师范大学学前教育专业,功夫不负有心人,我考上了。那时我还是温岭市第一个考上大专院校的幼儿教师呢!

1993年8月,我又迎来了一个人生的转折。当时,闻讯江道生先生捐资兴建温岭市中心幼儿园,也获悉箬横中学不再办幼师班了,我不顾校长的挽留,毅然报名参加了温岭市中心幼儿园的教师录取考试。因为我总认为:我的专业是学前教育,就应该回到幼儿园工作,幼儿园才是发挥我才智的主阵地。经过一系列的笔试、面试、体检等程序,我在激烈的角逐中被录取了,并被正式调入了市中心幼儿园。面对新的环境、新的岗位、新的学生,我又给自己立下了一个目标——要当一名被同伴认可、幼儿喜欢、家长信任的富有爱心的好老师。我一边努力工作一边继续深造,不断获取新的养分,提升自己的专业修养。

1994年的夏天,当我从浙师大学前教育专业学习归来时,意外地被领导聘任为幼儿园的业务园长,从此我的身份变了——既是一名幼儿教师,又是一名幼儿园领导。新的角色、新的任务让我感到肩上的压力更大了。那一年我才二十三岁,正是做梦的年龄,我和其他同龄的年轻人一样爱玩、爱睡觉,总会没有任何负担地一夜睡到天亮。但是这一切,都随着我当上了业务园长而改变。我要值夜班,要负责组织孩子洗澡等众多教学事务。作为一所寄宿制幼儿园的领导,多少次的深夜两三点,都是清脆的闹钟将我从睡梦中叫起,然后我壮着胆子在幼儿园的各个班级巡视;多少次的中午,当值完夜班昏昏欲睡时,我却仍然要在澡堂组织班级洗澡,给孩子们擦身体。这样的踏实工作帮助二十三岁的我冲破了年龄的局限,我逐渐成了同事们心目中的好领导、好朋友,也因此被评为台州市优秀教师、温岭市先进教育工作者。

鲜花簇拥时,我意识到自己不仅要成为一名同事信任的好领导,还必须成为同行当中的领头雁——做一名业务精湛的好老师。于是,我身先士卒,带领广大教师投身于幼教改革,竭尽全力地在专业上给予他们帮助和引导。我以课题研究为载体,以实践为核心,探究教师成长的相关策略。在亲近教师的同时,我也不忘对他们严格要求。经过十几年的苦心经营,我们终于组建了一支业务过硬、精诚合作的教师团体。在同伴协作中,在反思实践中,我也慢慢地成熟起来,知识逐渐广博,业务日益精湛,并先后被评为浙江省教坛新秀、台州市名师、台州市211人才工程第三层次人员、中学高级教师、温岭市首届优秀青年、温岭市小学学前教育研究分会副会长。在众多荣誉面前,我仍勤奋好学,兢兢业业,几年来主持开展了近十个省、地、市级课题,撰写的二十多篇论文、活动设计、说课材料分别在省、地、市获奖,多篇被刊登于各类书刊杂志。面对取得的成绩,回顾我的成长经历,我想对我的同事们说声"谢谢",因为有了这样的团队,有了他们的支持,才有今天的我;也想对上级领导说声"谢谢",因为没有他们对我的关爱和支持,也没有今天的我;我还想对我的家人和朋友说声"谢谢",因为背后有他们的支持和帮助,才有今天的我。

这本书里的相关内容,正是我到温岭市中心幼儿园工作后,围绕寄宿制幼儿园的相关工作进行探索及思考的成果。在本书的写作过程中,我得到了温岭市中心幼儿园老师的大力支持。本书可以说是对我园"引领孩子健康成长"的办学成果的一个总结,希望能对同类寄宿制幼儿园的工作有一定的帮助。本书写作过程中引用了很多研究者的研究成果,在此表示感谢。由于学识水平有限,缺陷、错误在所难免,恳请专家、读者批评指正。